KB117857

패권의 미래

* 이 저서는 2020년 대한민국 교육부와 한국연구재단의 지원을 받아 수행된 연구임
(NRF-2020S1A3A2A01095177).

패권의 미래

미중 전략 경쟁과 새로운 국제 질서

이승주 외 지음

21세기북스

CONTENTS

1장

미중 전략 경쟁과 지경학의 국제 정치

이승주(중앙대학교 정치국제학과)

미중 전략 경쟁에는 권력 이동(Power shift)의 진행과 같은 구조적 요인, 미국과 중국의 전략적 상호 작용, 제3국들의 대응 전략 등 다양한 요인이 복합적으로 작용하고 있다. 미중 전략 경쟁은 패권적 질서가 약화되는 과정에서 나타나는 현상이다. 패권적 질서의 약화는 중국의 부상과 미국의 상대적 쇠퇴라는 하드파워 차원의 변화와 세계 질서를 선도하는 리더십의 약화라는 소프트파워 차원의 변화가 동시에 진행된 결과이다. 권력 이동을 중심으로 한 전통 국제 정치의 틀이 완전히 해체되지 않은 가운데, 새로운 쟁점을 중심으로 한 새로운 질서가 부상하는 것이 미중 전략 경쟁의 양상을 더욱 복잡하게 만든다.

미중 전략 경쟁은 구조 변동의 과정 속에서 전통적 이슈와 새로운 이슈가 혼재되어 있으며, 다양한 장을 활용하여 새로운 질서의 수립을 경쟁적으로 추진하고 패권 경쟁의 성격을 띤다는 점에서 '다차원적 복합 게임'이다. 미국과 중국이 무역과 같은 단일 쟁점을 둘러싼 갈등을 전개하는 가운데, 기술·공급망·투자 등 다양한 이슈와 연계하며, 궁극적으로 경제-안보 연계 전략을 추구한다. 미국과 중국은 기술·산업·경제 이슈에 지정학적 이해관계를 투사하고, 양자·지역·다자 차원의 연계를 추구한다. 이처럼 미국과 중국은 표면적으로는 개별 이슈에 대하여 양자 차원에서 접근하는 모습을 보이고 있으나 보다 심층적으로는 이슈의 연계와 장의 연계를 동시에 추구하는 입체적 접근을 하고 있다.

키워드
미중 전략 경쟁, 권력 이동, 신흥 쟁점, 경제-안보 연계, 공급망, 안보화

1. 미중 전략 경쟁: 이슈의 결합

1) 전략 경쟁: 권력 이동과 신흥 쟁점의 부상

이 책은 미중 전략 경쟁에 대한 입체적인 이해를 제공하는 데 그 목적이 있다. 이를 위해 원인부터 결과와 영향에 이르기까지 살펴볼 것이다. 미중 전략 경쟁에는 권력 이동(Power shift)의 진행과 같은 구조적 요인, 미국과 중국의 전략적 상호작용, 제3국들의 대응 전략 등 다양한 요인이 복합적으로 작용하고 있다. 미중 전략 경쟁은 패권적 질서가 약화되는 과정에서 나타나는 현상이다. 패권적 질서의 약화는 중국의 부상과 미국의 상대적 쇠퇴라는 하드파워 차원의 변화와 세계 질서를 선도하는 리더십의 약화라는 소프트파워 차원의 변화가 동시에 진행된 결과이다. 권력 이동을 중심으로 한 전통 국제 정치의 틀이 완전히 해체되지 않은 가운데, 새로운 쟁점을 중심으로 한 새로운 질서가 부상하는 것이 미중 전략 경쟁의 양상을 더욱 복잡하게 만든다.

권력 변동의 국제 정치는 탈냉전 시대 미국의 단극 전략과 기존 세계 질서에 대한 변화를 추구하는 결과를 초래했다. 전재성은 탈냉전 시대 단극 체제에서 미국의 패권적 지위가 더욱 강화되었으나, 미국이 패권적 역할의 행사보다 미국 우선주의를 추구함으로써 리더십을 약화시키는 결과를 자초했다고 설명한다. 단극 체제하에서 미국이 압도적인 국력을 보유했음에도 지구적 차원의 공공재 제공을 소홀히 하고 일방주의적 행태를 보인 결과 규범적 리더십을 상실하게 되었다. 단극 체제하의 미국 패권의 쇠퇴를 세력 분포상의 권력과 규범적 권력 사이의 불일치 결과로 설명할 수 있다는 것이다. 2008년 글로벌 금융 위기는 미국이 주도한 세계화와 자유 무역의 한계가 극명하게 노출된 사건이었다.

한편, 중국은 2001년 WTO 가입과 함께 세계 경제에 본격적으로 편입되면서 경제적 부상의 기회를 포착했다. 글로벌 금융 위기는 미국의 대내외적 위기와 대비되어 중국이 국제무대에서 존재감을 키우는 계기가 되었다. 위기의 당사자였던 미국은 문제의 원인을 대외로 돌리는 과정에서 중국을 조준했다. 글로벌 금융 위기의 근본 원인은 지구적 불균형(Global imbalance)에서 찾을 수 있고, 지구적 불균형의 한가운데 중국이 있다는 것이다. 중국은 특히 관세 및 비관세 장벽, 보조금, 산업 정책 등 다양한 수단을 활용하여 불공정 무역을 지속한 결과 특히 미국을 상대로 대규모 무역 흑자를 갖게 되었고, 지구적 차원에서는 지구적 불균형을 초래했다. 더 나아가 이러한 방식에 힘입은 중국의 경제적 부상은 자유주의적 국제 질서의 근간을 약화하는 결과를 초래했다. 글로벌 금융 위기는 미국과 중국의 갈등적 관계를 표출시킨 요인이 된 동시에 갈등의 원인이 구조적인 것임을 드러내는 계기가 되었다. 그리고 구조적 문제에 대한 미국과 중국의 이견이 비단 무역 분야에 국한된 것이 아니라는 점이 드러나는 데는 오랜 시간이 걸리지 않았다.

미중 전략 경쟁은 구조 변동 과정에 전통적 이슈와 새로운 이슈가 혼재하며, 다양한 장을 활용하여 새로운 질서의 수립을 경쟁적으로 추진한다는 점에서 패권 경쟁의 성격을 띤다. 이승주는 이를 '다차원적 복합 게임'으로 설명한다. 미국과 중국은 무역과 같은 단일 쟁점을 둘러싼 갈등을 전개하는 가운데, 기술·공급망·투자 등 다양한 이슈와 연계하며, 궁극적으로 경제-안보 연계 전략을 추구한다. 미국과 중국은 기술·산업·경제 이슈에 지정학적 이해관계를 투사하고, 양자·지역·다자 차원의 연계를 추구한다. 이처럼 미국과 중국은 표면적으로는 개별 이슈에 대하여 양자 차원에서 접근하는 모습을 보인다. 그러나 더 심층적으로는 이슈의 연계와 장의 연계를 동시에 추구하는 입체적 접근을 하고 있다.

2) 미중 전략 경쟁의 국내적 기원

미국이 패권적 역할이 아니라 자국 우선주의를 추구한 데는 국내 정치·경제적 변화와 관계가 있다. 1980년대 이후 미국 내에서 지속적으로 악화된 경제적 불평등과 정치적 양극화와 같은 정치·경제적 문제들이 일시에 표면화되었다(Piketty 2017). 미국이 자체적인 문제에 대한 해결책을 모색하는 과정에서 내향성이 증가했고, 세계 질서를 선도하는 리더십 약화는 불가피한 결과였다. 이러한 국내 정치적 상황에서 등장한 트럼프 행정부는 자유주의적 국제 질서에 대한 미국 내 지지의 약화를 증명하는 것이었다. 이것은 미국 우선주의보다는 미국의 고립을 초래했다.

한편, 김용신은 미중 무역 전쟁의 원인을 2000년대 이후 중국 정부의 혁신 전략과 대외 경제 정책의 연계에서 찾는다. 1990년대까지 중국은 외국 기업들과의 연계를 통해 세계의 공장으로 부상했다. 그러나 2000년대 이후 중국 정부는 외국 기업 의존도를 줄이기 위해 국내 기업의 혁신 역량을 향상시키려는 산업 정책을 전략 산업 분야를 중심으로 추진했다.

중국 정부는 중국의 거대한 내수 시장에 대한 접근을 기술 획득을 위한 지렛대로 활용하는 전략을 통해 외국 기업의 투자를 유치하고, 수출 산업을 육성할 수 있었다. 그러나 이러한 전략은 외국 기업에 대한 기술 의존도를 높여 토착 기술 역량의 향상을 지연시키는 결과로 이어지기도 했다. 이러한 문제를 해결하기 위해 중국 정부는 2006년 이후 '자주창신(自主創新)'으로 상징되는 산업 정책을 적극 추진하게 되었다.

중국의 산업 정책 확대와 무역 분쟁의 증가는 동전의 양면이다. 중국 정부는 국내 기업의 토착 기술 및 산업 역량을 향상시키기 위해 다양한 정책 수단을 동원했다. 이 가운데 덤핑, 보조금, 국영기업 등은 중국의 무역 상대국들과 다양한 문제를 초래했다. 여기서 주목할 점은 WTO 체제에서 중국이 피소국과 제소국의 분쟁 건수가 모두 증가했다는 것이다.

중국 정부는 산업 정책을 추진함으로써 무역 분쟁의 원인을 제공했다. 이와 동시에, 다른 국가들의 불공정 무역 행위에 적극 대응하는 양면적 모습을 보였다. 중국이 WTO 체제의 틀 속에서 수동적 행위자에서 공세적 행위자로 전환하고 있음을 뜻한다.

WTO 체제는 중국이 미국에 대한 수세적 대응에서 벗어나, 공세적 대응으로 전환할 수 있는 효과적인 장이었다. 중국이 제소한 사례 가운데 거의 절반이 미국을 상대로 한 데서 중국의 WTO를 활용한 공세적 전략이 잘 나타난다. 김용신은 이를 중국의 '공세적 법리주의'로 설명한다.

중국의 공세적 대응 전략은 미국의 양자적 접근을 초래했다. 중국의 공세적 대응에 직면한 미국이 WTO 분쟁 해결 메커니즘의 한계를 절감하고 양자적 방식을 추진하게 된 것이 미중 무역 전쟁을 초래한 구조적 원인이라는 것이 김용신의 설명이다. 특히, 시진핑 정부가 '중국제조 2025'를 통해 핵심 기술에서 혁신 역량을 획기적으로 제고할 것을 공표한 것은 미국의 경계를 더욱 심화시켰다. '중국제조 2025'는 WTO가 부상하는 중국을 견제하는 데 효과적이지 않다는 미국 정부의 인식을 강화시킨 결과, 양자 차원의 갈등이 불가피하게 되었다.

2. 기술 경쟁과 신흥 안보

1) 경제-안보 연계

미중 전략 경쟁에 대한 입체적 분석을 위해서는 미중 양국의 상호작용에 대한 이해가 선행되어야 한다. 미국과 중국은 전략 경쟁에 돌입하는 과정에서 개별 이슈에 대한 접근 차원을 넘어섰다. 이슈들을 상호 연계하고, 하나의 장보다는 복수의 장이 긴밀하게 연계될 것임을 상정하여 전략을 수립했다. 전통적 이슈 연계는 협상 당사국들이 정책적 우선순위가 상이하다는 데 착안하여 이슈들을 교환함으로써 '윈-윈(Win-win)'하거나, 상이한 이슈들을 연계하는 데 있어서 힘의 비대칭성을 활용하여 상대국 압박하는 것을 말한다(Aggarwal 2013).

그러나 미중 전략 경쟁에서는 개별 영역을 넘어 경제와 안보가 연계된다는 데 특징이 있다. 중국의 부상이 경제는 물론 안보적 함의까지 강하게 내포하게 된 것이다. 미국이 '경제 안보가 곧 국가 안보'라는 시각을 드러낸 것이 경제-안보 연계의 인식적 기반이다(Navarro 2018).

미국과 중국이 기술을 경제와 안보를 연계하는 넥서스로 활용하고 있다는 점 역시 기존의 이슈 연계와 차별화되는 미중 전략 경쟁의 특징이다. 4차 산업혁명의 핵심 기술인 5G, 반도체, 배터리, IoT, 데이터, 우주항공, 퀀텀 컴퓨팅 등은 미중 양국의 산업 경쟁력뿐 아니라 군사력에도 미치는 영향이 지대한 겸용 기술(Dual use technology)이다. 따라서 경제와 안보를 분리하여 접근하기 어렵다.

김상배는 특히 미국과 중국의 갈등을 격화시키는 요인으로서 신흥 기술(Emerging technology)에 주목한다. 신흥 기술은 미국과 중국의 첨단 산업은 물론 미래의 국력 경쟁에 지대한 영향을 미치기 때문에, 안보화되는 추세를 보이고 있다. 5G 네트워크 장비를 둘러싼 미중 갈등은 첨단 기술의 안보화를 보여주는 대표적인 사례이다. 미국과 중국은 5G를 중심으로 한 사이버 안보화에서 데이터 안보화로 전선을 확장하고 있다. 첨단 기술이 산업과 경제, 더 나아가 안보 등 주요 영역을 아우르는 넥서스로 작용하는 것이다. 이러한 면에서 김상배는 신흥 기술의 부상을 계기로 세계는 기업 간 경쟁을 넘어 갈등 관계에 있는 국가들 사이의 경쟁이 전개되는 '디지털 지정학'의 시대로 진입하고 있다고 진단한다.

2) 코로나19와 보건 안보의 지정학

코로나19가 세계 질서의 변화를 촉진하는 중대 사건이라는 점에는 이론의 여지가 없다. 코로나19가 미중 전략 경쟁에 미치는 영향과 전략적 대응의 방향성에 대해서 다양한 견해가 분출되고 있다(Green and Medeiros 2020; Haass 2020; Nye 2020). 코로나19가 미국의 리더십 쇠퇴를 촉진하고, 더 나아가 자유주의적 국제 질서를 대체하는 새로운 질서의 수립을 촉진할 것이라는 전망이 다수 제시되었다. 이는 중국이 새로운 국제 질서를 주도할 것이라는 견해와 결합되어 미국 중심의 기존 질서의 쇠퇴를 예고하기도 했다. 반면, 코로나19는 상대적으로 베일에 싸여 있던 중국 내부의 문제를 적나라하게 드러내는 계기가 되기도 했다.

중국이 코로나19에 대한 초기 대응 과정에서 보여준 인권 침해, 데이터의 불투명성, 폐쇄적이고 권위주의적인 대응은 중국 체제 차원의 문제로 비화되었다. 또한, 코로나19의 기원을 둘러싼 논쟁과 마스크 외교(Mask diplomacy)의 사례처럼 인도주의적 지원을 전략적으로 활용하려는 중국의 외교 공세에 대한 우려가 광범위하게 확산되었다. 특히, 코로나19 발생 이후 홍콩, 신장, 대만 등에 대한 중국 정부의 공세적 대응은 서방 국가들의 중국에 대한 우려를 증폭시키는 결과를 초래했다.

코로나19 이후 경제-안보 연계 추세가 더욱 가시화되었다. 첨단기술이 경제-안보 연계의 넥서스로 작용했다(이승주 2021). 트럼프 행정부에 이어 바이든 행정부도 화웨이의 5G 장비 사용을 제한하기 위한 국제 협력을 한층 강화했다. 코로나19 이후 중국 경계론이 확대된 결과 미국의 협력 요구에 동참하거나 화웨이 장비를 비공식적으로 제한하는 국가들이 증가했다.

이후 미국과 중국의 기술 경쟁은 반도체·배터리·우주 등 전방위적으로 확대되었다. 첨단 기술 경쟁이 미중 전략 경쟁의 핵심으로 부상한 것이다. 미국과 중국은 자국의 혁신 역량을 강화하는 전략을 추구하는 가운데 상대국을 견제하기 위한 국제 협력을 동시에 추구했다. 기술 경쟁이 미중 양국에 국한되지 않고 국제화하는 과정을 거치게 된 것이다.

코로나19는 미중 전략 경쟁을 보건 안보 영역으로 확장시켰다. 코로나19 이후 미국과 중국이 자국 내 확산을 방지하는 데 주력한 결과 국제 협력을 위한 리더십의 공백이 발생했다. 초유의 팬데믹으로 인해 초국적 대응을 위한 협력이 가장 절실히 요구되는 시점에 문제 해결을 선도해야 할 미국과 중국은 물론 대다수 선진국이 자국 우선주의에 몰두한 것이다. 리더십 공백은 문제의 해결을 더욱 요원하게 했을 뿐 아니라, 보건 안보를 새로운 전략 경쟁의 장으로 변모시켰다.

마스크 외교에 이어 백신 외교(Vaccine diplomacy)의 사례에서 나타나듯이, 미국과 중국이 백신의 해외 보급을 전략적 활용의 수단으로 삼기 시작하면서 '보건 안보의 지정학'이 대두되었다. 화이자

(Pfizer)와 모더나(Moderna)가 미국과 선진국들을 중심으로 보급된 반면, 시노백(Sinovac)이 중국과 남미 및 동남아시아의 개도국 등 일대일로 참여국들을 중심으로 보급된 데서 미국과 중국의 전략 경쟁이 보건 안보 영역으로 확대되고 있음을 보여준다.

3) 공급망의 안보화

코로나19의 전 세계적 확산으로 인해 드러난 공급망의 취약성 또한 경제-안보 연계의 현실적인 필요성을 획기적으로 높였다. 자원과 소재, 공급망, 첨단 기술 등의 분야에서 상호 의존을 무기화할 가능성이 현실화된 것이다(Farrell and Newman 2019). IT 기술의 발전으로 빠르게 확대되었던 기존 공급망은 효율성 극대화에 초점이 맞추어져 있었기 때문에, 코로나19와 같은 팬데믹 또는 대규모 자연재해의 충격에 매우 취약했다. 세계적으로 촘촘하게 연결된 공급망 가운데 일부 지점에 문제가 발생할 경우, 전체 공급망이 마비되는 현상이 발생한 것이다.

코로나19는 미국을 포함한 서방 국가들이 생필품과 주요 의료제품의 공급을 해외에 의존하는 현실을 자각하는 계기가 되었다. 공급망의 교란을 예방하고 복원력을 확보하는 것이 국가 안보의 문제로 치환된 것이다(Martin 2021).

공급망의 안보화는 다양한 형태로 전개되고 있다. 필수품, 의료제품, 의료 장비 등 코로나19로 인해 수요가 급증한 품목뿐 아니라,

'21세기 제조업의 쌀'이라 불리는 반도체 분야에서도 공급망의 안보화가 빠르게 진행되고 있다. 바이든 대통령이 취임한 직후 반도체를 포함하여 4대 분야의 공급망 검토를 명령하고, 반도체 CEO 정상 회의를 소집하여 반도체의 안정적 공급과 미국 내 생산 역량 증대를 위한 리쇼어링에 착수한 것이 이를 대변한다.

공급망의 안보화는 소재와 자원에서도 대두되었다. 김연규는 주요 첨단 산업의 공급망에서 핵심적 영향력을 행사하는 출발점이 희토류를 둘러싼 미중 경쟁이라는 점을 분석한다. 희토류는 채굴 → 분리 및 가공 → 산화물 제조로 이어지는 상류(Upstream)와 합금 제조 → 제품화로 이어지는 하류(Downstream)의 공급망으로 형성된다. 1980년대까지 주로 원재료 공급 단계에 치중했던 중국이 1990년대 이후 점차 부가가치가 높은 하류 부문으로 확장하면서 공급망 내의 영향력이 커졌다.

중국이 희토류 공급망을 장악할 수 있었던 데는 풍부한 국내 매장량을 효과적으로 활용하기 위해 대규모 투자를 단행한 산업 정책이 주효했다. 그리고 2010년대 이후 태양광 발전 및 전기차 보급 확대 등을 위해서 희토류의 생산 증대가 필요했기 때문이다. 또한, 미국을 포함한 선진국들이 1990년대 후반 상대적으로 저렴한 생산을 위해 희토류 생산 시설을 중국으로 이전했다. 이 역시 중국이 희토류 공급망에서 지배력을 높이는 의도하지 않은 결과를 초래했다.

중국은 희토류 공급망에 대한 높은 지배력을 활용하여 주요 첨단 산업의 필수 소재인 희토류를 무기화하기도 했다. 김연규는 희토류의 무기화에 직면한 미국이 중국의 희토류 공급망에 대한 지배력을 약화시키기 위해 자체 생산 역량의 증대를 목표로 한 리쇼어링을 추진하는 한편, 호주·캐나다·일본 등과 희토류 생산 동맹을 추진하고 있으나, 이러한 대응 전략이 가시적 효과를 내기 위해서는 10여 년의 시간이 걸릴 것으로 전망한다.

3. 장의 연계

미국과 중국의 전략 경쟁은 이슈 연계를 넘어 다양한 장에서 전개되었다. 미국과 중국은 전략 경쟁을 전개하는 과정에서 양자 차원은 물론, 지역과 다자 차원의 경쟁을 동시에 전개했다. 더 나아가 미중 양국은 양자 차원의 전략을 수립·실행하는 데 있어서 지역 및 다자 차원과의 연계를 염두에 두었다. 무역 전쟁은 양자 간 갈등과 협상으로 진행되었는데, 여기에는 국내 정치적 요인과 협상 전략 차원의 고려가 작용했다.

트럼프 행정부가 무역 불균형의 문제를 완화하기 위해 양자 전략을 추진한 것은 결과를 신속하게 도출해야 할 국내 정치적 필요성이 컸기 때문이다. 트럼프 행정부는 중국을 자유주의적 국제 질서 속에서 순치시키려던 기존 대중 전략의 한계를 신랄하게 비판했다. 양자 전략은 중국을 직접적으로 강하게 압박하면서 결과를 신속하게 도출할 수 있는 대안으로 부상했다. 더욱이 트럼프 행정부가 동원한 양자 전략은 국내 제도적으로 의회 절차를 우회할 수 있다는 점에서 속도의 이점을 기대할 수 있었다.

양자 전략은 협상 측면에서도 타당성이 있었다. 미국이 대규모 대중 무역 적자를 중국을 압박하는 무기로 활용할 수 있었기 때문이다. 트럼프 행정부가 중국산 제품에 고율의 관세를 부과하자, 중국 정부 역시 미국산 제품에 보복 관세를 부과하는 맞대응을 했다. 그러나 미국의 대중 수입 규모가 중국의 대미 수입 규모를 큰 폭으로 상회했기 때문에 관세 전쟁은 미국에 유리한 전형적인 비대칭 게임이었다. 미국은 무역의 비대칭성을 활용하여 중국에 대하여 공세를 취할 수 있었던 반면, 중국은 보복 관세 부과를 지속하는 데 한계가 있었다. 무역 전쟁이 초기 양자 게임을 중심으로 전개된 것은 이 때문이다.

무역 전쟁이 기술 경쟁으로 확대되어 본격적인 전략 경쟁의 모습을 띠자, 미중 양국은 다양한 차원의 연계하는 전략을 추구했다. 미중 양국은 단기적으로 양자 게임을 통해 최대한의 이득을 실현하는 데 초점을 맞추었다. 그러나 자국에 유리한 국제 정치적 환경을 조성하고 다른 국가들과 협력을 강화하기 위해 지역 및 다자 차원의 전략을 병행하는 전략이 필요했다. 인도·태평양 전략과 일대일로는 미국과 중국이 전략 경쟁을 수행하는 핵심적인 지역 전략으로 부상했다(Campbell and Doshi 2021). 미국과 중국이 인도·태평양 전략과 일대일로를 구체화한 결과 이슈별로 일대일 대응 구도가 형성되었다. 지역 전략은 규범 형성과 규칙 수립의 측면에서도 중요하다. 미국과 중국은 양자는 물론 지역 차원에서 자국에 유리한 규범과 규칙을 수립함으로써 향후 다자 세계 질서를 재편하는 데 유리한 준거점으로 활용하는 전략적 구상을 하고 있다.

4. 세계 질서의 변화와 한국

미중 전략 경쟁의 영향은 전 지구적이다. 미중 전략 경쟁이 초래할 결과와 영향에 귀추가 주목되는 것은 이 때문이다. 미중 양국은 현시점의 상호작용이 미래 경쟁력과 세계 질서에 미치는 영향을 고려하지 않을 수 없기 때문에, 특정 영역의 득실이 다른 영역에 미치는 영향에 대해서도 매우 신중하게 접근한다.

미중 전략 경쟁의 영향은 체제적 차원과 개별 국가 차원으로 나누어 검토할 필요가 있다. 우선, 미국과 중국의 양자 관계에 대해 전략적 디커플링(Strategic decoupling), 관리된 상호의존(Managed interdependence), 경쟁적 재편(Competitive recoupling) 등 다양한 방안이 제시되는 것은 미중 관계의 특수성을 반영한 것이다.

전략 경쟁이 격화될수록 미국과 중국은 각각의 세력권을 확보해야 할 현실적 필요성이 더욱 커질 수밖에 없다. 다만, 미국과 중국이 독자적 영역을 추구하더라도 냉전기 미소 관계와 달리 단절적 관계를 형성하지는 않을 것으로 보인다. 미국과 중국의 상호 의존이 과거 미국과 소련의 상호 의존에 비교할 수 없을 정도로 높은 수준으로 형성되어 있다는 점에서 관계의 단절에서 오는 비용이 매우 크기 때문이다. '철의 장막'으로 분리된 미소 관계와 달리 미중 관계는 분리된 가운데 상호 교류가 이루어지는 '투과성 장막(Porous curtain)'이라고 할 수 있다(Liu and Liu 2019).

유인태는 미중 양국이 장의 연계를 시도하는 현상을 '경쟁하는 다자주의'의 관점에서 설명한다. 미국과 중국은 모두 기존 세계 질서에 일정한 변화를 추구하는 과정에서 새로운 질서에 대하여 합의하기 어렵기 때문에 자국에 유리한 제도를 수립하기 위한 경쟁에 돌입한다는 것이다.

미국이 자유주의적 국제 질서의 근간이 되는 '메타 레짐(Meta regime)'을 유지하는 가운데 규칙과 규범의 변화를 선호하는 반면, 중국은 메타 레짐을 포함한 보다 근본적인 개혁을 선호한다. 미국과 중국이 기존 세계 질서의 변화 필요성을 공통적으로 인식하고 있음에도, 새로운 세계 질서 수립이 어려운 이유가 이것이다.

미국과 중국은 새로운 다자 세계 질서를 수립하는 데 유리한 입지를 확보하는 수단으로 양자 또는 지역 제도를 활용하는 모습을 보인다. 이러한 현상은 디지털 무역 질서의 수립을 둘러싼 미중 경쟁에서 잘 드러난다. 디지털 무역과 관련하여 미국은 데이터의 자유로운 이동을 기반으로 디지털 무역을 활성해야 한다는 의견이다. 반면 중국은 만리방화벽이 상징하는 디지털 공간의 주권을 보호해야 한다는 입장을 고수하고 있다. 디지털 무역을 관장하는 메타 레짐에 대한 미중 양국의 인식이 극명하게 대조된다. 이러한 차이는 미국과 중국이 자국이 선호하는 디지털 무역을 촉진하고 새로운 디지털 무역 규칙을 수립하는 수단으로써 양자 또는 지역 차원의 무역 협정을 추구하는 결과로 나타난다.

이러한 설명에 기초하면, 미국과 중국이 어떤 관계를 형성하든 현재와 같은 하나의 단일한 세계 질서를 유지하기 어렵다. 문제는 미중 관계가 어떤 방향으로 재편되든 그 체제적 결과가 세계 질서의 분리, 심지어 파편화로 귀결될 가능성이 크다는 데 있다. 미국과 중국이 5G 네트워크를 분리하고 주요 첨단 산업 분야에서 공급망을 재편하는 데서 이 가능성 가운데 일부는 이미 나타나고 있다. 스플린터넷(Splinternet)이 현실화되고 있는 것이다(Nye 2016). 세계 질서의 분리 또는 파편화는 기존 세계 질서가 근본적 변화의 기로에 진입했음을 의미한다.

문제는 자유주의적 국제 질서의 변화가 불가피함에도 그 대안적 질서에 대한 이해관계를 일치시키기 위한 국제 협력이 이루어지지 못하고 있다는 점이다. 미국과 중국의 리더십이 대폭 약화된 상황에서 표류하는 세계 질서는 향후 국제 관계의 불확실성을 증폭시키는 요인으로 작용하게 될 것이다.

미중 전략 경쟁은 두 당사국은 물론 세계 질서의 향방에 미치는 영향이 지대하다는 점에서 한국에도 당면한 이슈이다. 한국의 전략적 대응은 미중 전략 경쟁의 원인과 결과에 대한 엄밀한 분석의 토대 위에서 가능하다는 점에서 희망적 사고와 낙관적 전망은 경계의 대상이다. 문제는 미중 전략 경쟁의 양상이 다면적이고 그 영향이 지구적인 만큼 다양한 해석의 가능성이 열려 있다는 데 있다. 미중 전략 경쟁에 대한 백가쟁명은 이론적인 차원에서는 논의를 풍성하게 하는 효과가 있으나, 실천적인 차원에서는 객관적이면서도 엄밀한 분석을 토대로 한 전략의 도출에 어려움을 가중시킨다.

미중 전략 경쟁으로 인해 촉발된 세계 질서의 재편 과정은 대다수 국가가 직면할 중대한 도전이다. 대부분의 국가가 미국과 중국 가운데 하나를 선택하는 상황을 최대한 회피하려고 시도하고 있다는 점에서 헤징(Hedging)은 미중 전략 경쟁에 대응하는 국가 전략으로 부상하고 있다(Wilkins 2019).

헤징이 원칙적으로 선택의 딜레마를 완화할 수 있는 유력한 전략이기는 하지만, 개별 이슈 차원에서 헤징을 실행에 옮기는 것이 결코 쉽지 않다는 데 문제가 있다. 이러한 점에서 헤징을 구체화하고 보완하는 전략의 필요성이 더욱 커진다. 미중 전략 경쟁에 대하여 유사한 우려를 공유하는 국가들 사이의 협력, 21세기 현실에 부합하도록 20세기 규칙을 개정하기 위한 모범적 리더십, 지구적 차원의 지속 가능성을 제고하는 데 실질적으로 기여하고 규범의 형성을 선도하는 규범적 리더십 등과 같은 중견국 외교가 하나의 대안이 될 수 있다.

2장

신세계 질서와 세계 안보: 미국의 전략

전재성(서울대학교 정치외교학부)

이 글은 냉전 종식 이후 형성된 국제 정치 질서의 변화 과정을 추적하고 미국의 단극 패권 전략의 흐름을 살펴본다. 패권 국가의 지위를 가진 미국에서, 네오콘과 트럼프 대통령이 미국 우선주의를 주창하면서 국제적 리더십이 약화된 과정 그리고 바이든 정부가 패권 회복을 위한 새로운 전략을 모색하는 과정을 살펴본다. 미국과 중국 간의 전략 경쟁은 이미 시작되고 있었지만 코로나 사태 이후 가속화되었다. 이 과정을 살펴보고 미국의 외교 안보 전략이 중국을 겨냥한 대중 전략으로 변화되는 과정을 살펴본다. 또한 미국의 안보 전략의 대강이 인도·태평양이라는 새로운 지역 개념을 바탕으로 중국의 반접근·지역 거부 전략을 주된 대상으로 하면서 지구적 차원의 안보 질서가 변화되고 있음을 논의한다.

키워드

탈냉전, 패권, 단극 체제, 우세 전략, 미중 패권 경쟁, 반접근 지역 거부

1. 무너진 기대

냉전이 종식된 1991년의 세계 질서와 2022년 현재의 세계 질서는 큰 차이를 보이고 있다. 미소 간 치열한 냉전이 미국의 승리로 끝나면서 41대 부시 대통령은 '신세계 질서(New World Order)'의 시작을 언급했다. 세계는 강대국 간 군사적 충돌이 없는 평화를 기대했다. 초강대국 진영 갈등이 사라진 세계에서 비서구 국가들이 자신의 발전에 좀 더 몰입하며 빈곤이 줄어드는 공정한 시장경제를 원했다. 그리고 민주화 물결 속에서 국가 간의 평화와 자유주의적 다자주의 국제 질서의 형성을 희망했다.

2022년의 세계는 미중 간 군사 충돌이 예견될 만큼 지정학 갈등이 첨예해졌다. 이미 9·11 테러로 악화된 세계 안보 질서는 여전한 테러의 존재, 중동의 지역 질서 악화, 지속되는 내전, 다양한 영토 분쟁 등으로 한층 더 악화되었다. 그리고 러시아의 우크라이나 침공으로 유럽 안보 구조 재편의 양상이 새롭게 시작되었다. 신자유주의 세계화로 지구적 불평등이 심화된 것은 물론 선진국 내부에도 경제 불평등이 심화되어 기성 정치에 대한 반감은 포퓰리즘으로 이어지고 정치 양극화도 일상적인 일이 되었다. 반세계화의 흐름과 미중 전략 경쟁, 코로나 사태를 거치면서 신자유주의 세계 경제 질서는 약화되고 지정학적 단층에 영향을 받는 새로운 경제 질서가 자리 잡는 중이다.

2019년 말에 시작된 코로나 사태는 그 자체로 위기였지만 향후 새롭게 다가올 더 큰 보건 위기, 기후 변화와 환경 위기의 암울한 미래를 보여주는 전초전의 성격을 가지고 있다. 문제는 전 지구적 위기에 대해 국가 간 협력에 기초한 다자주의적 대응이 지극히 미미했다는 점이다. 국가들의 각자도생을 넘어 이 위기를 자신의 국익에 활용하려는 모습을 보였다. 이는 이미 약화되던 다자주의 세계 질서가 더욱 경쟁적이고 제로섬 게임의 성격으로 바뀌어가는 경향을 적나라하게 보여주었다. 2020년 《이코노미스트》 6월호는 현재의 세계를 "신세계 무질서(New World Disorder)"라고 표현하기도 했다.

코로나 사태 자체는 일회적 위기일 수 있지만 더 넓은 시각에서 보면 자연을 대하는 근대인들의 자세에서 비롯된 문명적 위기이다. 자연을 착취의 대상으로 보고 인간의 이익을 위해 활용하면서 예상하지 못했던 위기를 맞게 된 것이다. 자연과 인간의 관계를 재설정하지 않으면 같은 위기가 반복될 수 있다는 점에서 국가 간의 자국 중심주의 그리고 미국의 리더십 경쟁은 우려할 만하다. 코로나 사태처럼 극적인 현상을 보이고 있지는 않지만, 기후 변화와 환경 파괴의 결과는 코로나 사태보다 더욱 근본적이고 장기적이다. 국가들은 여전히 환경 파괴라는 공공 악재에 대해 전적인 협력보다 상대적 손실을 더 크게 생각하고 있으며 심지어 트럼프 정부하의 미국은 파리기후협약에서 탈퇴해버린 전력도 있다.

냉전 종식 직후 급상승했던 세계 질서에 대한 기대감이 해결책조차 보이지 않는 혼돈과 갈등으로 귀결된 이유는 무엇인가. 그리고 이러한 문제가 세계 질서의 각 분야에 어떠한 영향을 미치고 있는가. 이 글은 세계 질서 변화의 원인을 찾아보고, 특히 안보 영역에서 나타나고 있는 변화를 더욱 구체적으로 살펴본다.

2. 탈냉전기 30년의 세계 질서와 미국 패권 안보 전략

1) 미국 패권 전략의 변화와 단극 패권 체제의 문제

2022년 현재 신세계 질서, 혹은 신세계 무질서를 논하게 된 데에는 단극 체제를 이끌어온 미국의 전략적 패착, 단일 리더십의 엄청난 부담, 그리고 냉전기 누적된 모순들의 폭발 등을 주원인으로 들 수 있다. 탈냉전 30년은 미국의 압도적 힘과 규범 제정 행위에 기반을 두었다. 이러한 미국의 정책은 기존 국제 질서를 재편하는 다양한 노력으로 나타났다. 미국은 지구상의 단일 세력으로서 인류 역사상 유례가 없을 정도로 큰 국력을 소유하고 있었다. 진정한 단극 체제를 이루었는데 그 과정에서 미국이 행한 전략은 세계 질서를 좌우하는 전략이었다. 미국의 전략에 대한 세계 각 국가와 지역의 수용성·민감성은 매우 컸고, 미국은 자국의 안전과 패권의 유지를 위해 다양한 전략을 구사했다(Monteiro 2011/2012). 우선 미국의 국력을 보자.

탈냉전 이후의 세계는 세력 배분 구조의 측면에서 압도적 단극 체제였다. 미국은 군사력과 경제력에서 세계 전체의 40%에 육박하는 국력을 가지고 있었고 2위 국가는 미국의 힘에 훨씬 미치지 못한 상태였다. 더욱이 2위부터 10위까지의 국가 대부분은 미국의 동맹국이었다. 세계은행 자료를 보면 1990년 미국의 GDP는 약 6조 달러였고, 2위인 일본은 약 3조 달러였던 것이 2000년에 이르면 미국은 10조 달러를 넘어서고 일본은 4조 8,000만 달러에 이른다. 2005년에는 미국이 13조 달러, 일본은 4조 7,000만 달러로 차이는 더욱 벌어졌다. 2010년 미국은 약 15조 달러, 일본을 제치고 2위를 차지한 중국은 5조 8,000만 달러를 기록했다.

2010년대에 오면서 탈냉전 직후 2위의 2배였던 미국의 경제력은 새롭게 등장한 2위 중국의 3배를 기록하게 된 것이다. 이후 미중 간 경제력 격차는 줄어들고 있지만 미국이 경제 부문에서 단극 체제를 이룩했다는 점에서는 주목할 만하다.

미국은 군사력 부문에서 군사비를 기준으로 세계 군사비의 40% 안팎을 지출했다. 미국 다음 국가들의 10위권 내 군사비를 합친 것보다 많은 군사비를 통상 지출했다. 2020년 현재에도 미국의 군사비는 다른 주요 군사 강대국의 군사비를 합친 것보다 많은 상황이다. 군사 기술 면에서도 중국의 빠른 군사 현대화에도 불구하고 전반적으로 세계 군사 강대국의 지위를 유지하고 있다.

힘의 배분 구조와 국제 질서의 기초를 이루는 규범·규칙·제도를 형성하는 것은 반드시 일치하지는 않는다. 즉, 세력 배분 구조에서 단극 체제를 유지한다고 해서 반드시 패권적 지위를 유지하는 것은 아니다. 패권은 강한 국력에 기반하기는 하지만, 세계 질서의 기초를 제공하기 위해 규칙과 규범을 제공하는 역할을 하는 국가가 행사할 수 있다. 강한 힘을 기반으로 무정부 상태의 근대 국제 질서에서 세계의 모든 국가가 필요로 하는 국제 공공재를 제공하는 것인데, 이는 공공재 제공의 원칙과 이를 소비하는 국가들의 자발적 동의가 필요하다. 일방적이고 약탈적인 방식으로 공공재를 제공하거나 공공재 제공의 대가를 원하면 진정한 의미의 공공재가 되기보다는 패권국의 지배에 동의하는 국가들에 대해 선별적으로 제공하는 선별적·배제적 공공재, 혹은 클럽재의 형태를 띠게 된다.

미국은 2차 세계대전 이후 자유 진영의 국제 질서에 기본적인 규범과 규칙을 제공해왔다. 자유주의 경제 질서와 함께 세계에 걸친 동맹 네트워크를 형성·유지하여 냉전기에는 자유 진영에 안보 공공재의 최종 제공자 역할을 했다. 또한 인권과 민주주의에 기반한 이념을 제공하여 막강한 소프트파워를 소유해왔다. 이러한 힘들을 바탕으로 패권적 질서 부여자의 역할을 해오다 냉전이 종식된 이후 자유 진영을 넘어 전 세계로 미국의 힘을 투사한 것이다. 유럽에서는 나토의 확대를 추진했고, 동아시아에서는 기존의 동맹 바큇살 체제를 유지하면서 적이 사라진 세계에서 집단 안보적 동맹을 유지했다. 경제적으로는 1990년경에 시작된 소위 워싱턴 컨센서스를 유지하면서 신자유주의 세계화를 전 세계에 걸쳐 추진했다.

문제는 미국이 단극 체제하에서 때때로 일방주의에 기반한 패권 전략을 추진했고 그 과정에서 다른 국가들의 협력과 동의 속에 추진한 기존의 질서를 자국 일방주의적으로 재편했다는 것이다. 탈냉전기에 등장한 새롭고 심대한 국제 질서의 문제들을 인식하고 대처할 리더십의 진화를 추구하는 대신, 자국의 패권 영속을 위한 군사적·경제적·이념적 기반을 다지는 데 몰두하고, 당면한 단기적 문제 해결에 집중하는 모습을 보였다. 이러한 전략은 외교적 수단보다 군사적 수단에 과도하게 의존했고, 결국 세계를 운용하는 단극으로서 부담도 엄청나서 미국의 경제력을 약화시키고 미국 국민의 패권 지지 여론도 급격히 악화시키게 된다.

다른 국가들과 새롭게 형성해야 할 국제 질서가 형성되지 못한 결과 지정학적 강대국의 경쟁 공간을 열어주었다. 미국의 패권 전략에 직접적으로 부정적 영향을 받는 소위 불법 국가들 그리고 테러 집단의 도전도 더욱 빈번해졌다. 물론 권위주의 경쟁국의 도전과 불법 국가들의 대량 살상 무기 개발, 그리고 테러 집단의 도전은 그 자체로 국제 규범에 어긋나는 현상이지만, 더욱 강화된 국제 질서 속에서 이를 해결하지 못하게 된 현실은 단극 체제하 패권 국가가 가지게 되는 문제점과 모순을 잘 보여주고 있다.

탈냉전기 미국의 패권 전략은 주로 43대 부시 대통령의 네오콘 세력과 트럼프 대통령의 자국 우선주의 세력에 의해 결과적으로 많은 비판에 직면했다. 빌 클린턴 행정부는 탈냉전 직후의 성과를 누리면서 국내 정치와 경제 발전을 추구했고, 비서구 국가들, 특히 아프리카와 중동 지역의 불안정 문제들에 개입하는 문제로 많은 자원을 소비했다. 기존의 공산권 국가들의 자본주의 이행을 촉진하고 미국의 영향력을 확장하여 단극 패권의 기초를 다지는 외교 전략을 추진했다. 이러한 세계 전략을 '개입과 확대'의 전략이라고 명명하고 미국 패권의 기반을 다지고 전 세계에 걸친 질서 부여자의 역할을 하게 된 것이다.

9·11 테러 이후 미국의 네오콘 세력은 미국 본토 안보에 대한 위협을 축으로 더욱 본격적인 일방주의 패권 전략을 추진해나갔다. 네오콘 외교 안보 전략의 핵심은 미국의 패권을 장기화하기 위한 우세 전략, 미국의 절대 안보를 확보하기 위한 선제공격 전략 등 강화된 군사 전략, 일방주의, 그리고 전 세계, 특히 비서구 지역에 대

한 민주주의 확산 전략 등이었다. 테러 사태로 미국 본토 안보가 처참하게 무너진 충격도 있었지만, 미국은 이를 기회로 절대 안보를 추구하는 독트린을 만들어갔고, 이 과정에서 선제공격을 합리화하고 기존의 군사 억지 전략을 우회하고자 하는 모습을 보였다. 현존하는 국제법과 상충하는 논리들 때문에 많은 비판을 받았지만 미국의 우세 전략 속에서 정책화되었다.

민주주의 확산 전략은 비서구 지역의 안보 질서 문제에 대한 근본적 몰이해에서 비롯된 것이다. 냉전 종식 이후 여전히 근대 주권국가 형성 과정에서 고통받고 있던 비서구 국가들은 때로는 내전을, 때로는 전쟁을 겪으면서 새롭게 문제 제기를 하고 있었다. 베스트팔렌 이행이 불완전한 비서구 국가들의 군사적 충돌과 기존의 국제법 규범에 어긋난 폭력 행위, 민주주의 저발전 등의 문제를 해결하기 위한 더 근본적인 대안들, 그리고 미국의 외교적 수단이 충분히 실현되지 못한 채, 외부로부터의 민주주의 이식은 많은 문제를 초래할 수밖에 없었다(Schmidt and Williams 2008).

오바마 정부는 9·11 테러로 인한 미국의 군사 안보 위기, 정당성 위기, 그리고 2008년 경제 위기 등 3중의 위기를 안고 출범한 정부였다. 과도한 개입을 줄이고 다자주의 리더십을 부활하고 경제 위기로 야기된 국내의 문제와 세계적 경제 위기를 해결해야 할 과제를 안고 출발했다. 중동에서 점차 철수하면서 중국의 위협에 대항하기 위한 아시아 중시 전략을 채택하고, 이란과 핵 협정을 맺었으며, 다자주의를 복원하면서 새로운 리더십을 제시하여 정당성 위기를 상당 부분 극복했다. 경제 위기 해결을 위해 G20과 같은 다자 해법을 강조하고 오바마 케어 등 국내 경제·복지 문제에도 힘을 기울였다(Campbell 2016).

그러나 중국의 부상에 따른 대처가 초기 단계여서 여전히 후속 조치들이 필요했고 G20 역시 미국 자본주의의 근본 문제를 해결하기에는 역부족이었다. 미국의 경제 위기가 유로존으로 확대되면서 미국의 리더십은 더 많은 부담을 안게 되었고 오바마 정부 8년으로는 단극 체제의 리더십 부담을 헤쳐나가기에 한계를 보였다. 특히 비서구 지역의 탈식민 문제, 불안정성 문제는 지속되었고 중동에서 시작된 민주화의 흐름 역시 다시 역전되는 현상을 보였다.

2) 미국 패권의 굴곡

단극 체제라는 유리한 환경 속에서 미국의 패권적 역할이 약화된 역설적 현상은 어떠한 이유에서 비롯된 것인가. 기존의 패권 주기론은 한 국가가 패권의 역할을 하면서 국제 공공재 생산에 지나친 국력을 소진할 경우 경쟁국의 성장에 따라 세력 전이가 발생하고 패권이 이양된다는 점을 밝히고 있다. 패권의 조건이 국력이라는 점에서 패권의 기간 동안 과대 지출이 이루어지면 국력이 약화된다는 점에서는 의심의 여지가 없다. 탈냉전기 미국의 경우 9·11 테러 발생 이후 군사 지출이 천문학적으로 증가했고 이것이 미국 경제를 약화시켰다는 점에서 이러한 이론을 적용할 수 있다. 9·11 테러 이후 미국의 비용이 6조 4,000만 달러에 달한다는 연구가 나오는 등 미국의 국력 약화와 함께 막대한 세금 지출로 인한 미 국민의 패권 유지에 대한 의지 약화의 경향을 볼 수 있다.[1]

미국의 패권이 과도한 군사적 지출과 정책 경향에서 비롯되었다는 사실은 오바마 정부 국방부 장관을 지냈던 로버트 게이츠의 주장을 통해 잘 드러난다. 게이츠 장관은 9·11 테러 이후 미국이 세계적 차원에서 반테러 전쟁을 벌여 많은 군사력을 투자한 것은 물론 이후의 사태에서도 과도하게 군사력에 의존했다고 비판하고 있다. 시리아나 이라크, 그리고 이슬람국가(IS)와 대결에서 외교적 수단을 사용하고 중동 국가들에 경제적 지원을 하면서 문제의 근본을 해결하기보다는 전쟁에 쉽게 의존했다는 것이다(Gates 2020).

비용 측면에서도 미국의 안보 전략은 국방비만 산출해서는 안 된다고 본다. 오히려 국무부의 외교적 수단에 더 많은 투자가 이루어져야 하고, 21세기 초 부시 행정부 들어 삭감된 대외 원조비 역시 다시 증가시키고 유능한 인력도 증가시켜야 한다고 본다. 이러한 점에서 미국 의회 조사국(CRS)이 미국의 안보 비용을 비군사적 수단을 포함하여 산정한 것을 고려하면, 미국의 안보 전략이 포괄적인 수단에 의존하는 것으로 보아야 한다는 주장이 설득력 있다. 즉, 국방부가 지출하는 예산이 7,300억 달러라고 한다면 국방부가 아닌 국무부나 국토안보부 등 관련 부처의 예산인 2,340억 달러 역시

〈그림 2-1〉 군사·비군사 부문 총괄 미국의 군사비 추계

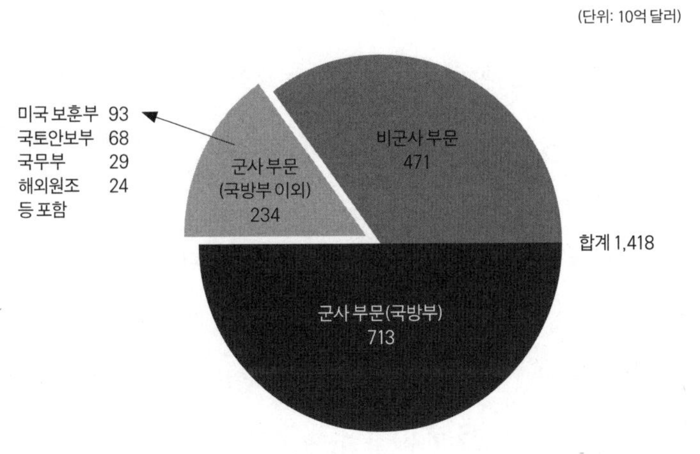

출처: Congressional Research Service. 2020. *COVID-19: National Security and Defense Strategy*. 2020. April 30. p.2.

포함되어야 하며, 비군사적 안보에 해당하는 비용 역시 4,710억 달러에 달한다는 것이다.

그렇게 보면 미국 국방비를 대략 7,000억 달러 이상으로 추산하던 것이 전체로 2배 이상으로 증가하게 된다. 미국이 패권국으로서 세계 안보를 총괄적으로 이끌어가기 위해서는 군사에 직접 관련된 2배 이상의 안보 비용을 지출하고 있으며, 또한 그래야 한다는 것이다. 그리고 군사 부문의 지출보다 비군사 부문, 인간 안보 부문에 대한 투자를 늘리는 정책의 전환이 있어야 한다고 볼 수 있다.

테러와의 전쟁은 미국 국력 소진의 대표적인 단일 변수이다. 브라운대학의 전쟁 비용 프로젝트 연구에 따르면 이라크와 아프가니

스탄에서 9·11 테러 이후의 군사 행동에 대한 연방 지출은 2020 회계 연도까지 6조 4,000억 달러에 이른다고 추산된다. 이 중 5조 4,000억 달러는 전쟁 비용이고, 1조 달러는 퇴역 군인을 위한 비용이다. 이러한 연구는 국방부가 발표하는 전쟁 수행 비용보다 훨씬 더 많은 액수이다. 국방부는 전쟁 관련 직접 비용만 계산하지만, 이 연구는 관련 비용 전체를 추산했기 때문이다. 2019년 3월, 국방부는 이라크, 아프가니스탄, 시리아 전쟁으로 인해 현재까지 미국 납세자 한 명당 약 7,623달러가 소요되었다고 추정한 바 있다. 이 액수도 많은 액수이지만 사실 더 큰 비용이 들었다고 볼 수 있다(Watson Institute 2019).

전쟁의 범위에서도 반테러 전쟁은 실제 전쟁과 작전을 합쳐서 볼 때 80개국 이상에서 시행되어 말 그대로 지구적 반테러전이었다. 이라크와 아프가니스탄뿐 아니라, 시리아를 비롯한 중동 지역 전체에 걸쳐 시행되었고 아프리카, 필리핀 등 동남아 국가들도 포괄한다.

이 연구는 반테러 전쟁에 드는 비용은 전시에 국한된 것이 아니고 2020년 전쟁이 모두 종식된다 하더라도 향후 미국 납세자의 부담은 수십 년 동안 계속 증가할 것으로 보았다. 2019년까지 9·11 이후 대테러전에 참전한 군인은 총 410만 명으로 보훈국에 기록된 모든 참전 용사 중 약 16%를 차지하는 것으로 되어 있고 이들에 대한 사후 지원 및 의료 비용을 생각하면 큰 비용이 들 것이다.

〈그림 2-2〉 지구적 대테러전 비용 추산(10억 달러 단위)

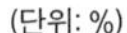

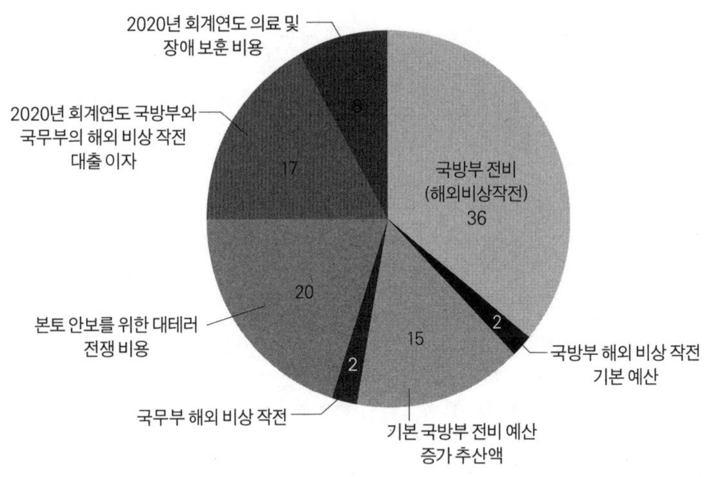

출처: Neta C. Crawford. 2019. *United States Budgetary Costs and Obligations of Post-9/11 Wars through FY2020: $6.4 Trillion*. Watson Institute, Brown University. p.6. https://watson.brown.edu/costsofwar/files/cow/imce/papers/2019/US%20Budgetary%20Costs%20of%20Wars%20November%202019.pdf

인적 비용도 엄청나서 80만 1,000명이 넘는 사람들이 전투의 직접적인 결과로 사망했고, 이 중 33만 5,000명이 민간인이었다고 본다(Zeballos-Roig 2019).

전체 비용을 보면 국방부의 해외 비상 작전(Overseas Contingency Operations, OCO)은 전체 추산의 36%에 불과하다. 본토 안보와 전비 이자 지출, 그리고 기본 예산 중 전비와 관련된 비용 등이 많은 비중을 차지하고 있다. 이들을 모두 산정할 때 전쟁 비용은 미국 정부의 공식 발표보다 훨씬 증가하는 것이다.

문제는 대테러 전쟁의 막대한 비용이 미국의 안보를 얼마나 증진시켰나 하는 점이다. 9·11 테러로 9,300명이 사망하여 많은 인명 피해를 낸 것은 사실이지만 이후 테러로 인한 사망은 미국뿐 아니라 세계적으로 큰 비중을 차지하지 않는다고 볼 수 있다. 2017년 기준 테러로 인한 사망은 이라크에서 4.3%로 가장 많고 아프가니스탄·시리아·소말리아 등의 국가가 1% 이상의 테러 사망자를 기록하고 있을 뿐이다.

전 세계적으로는 테러 사망자는 0.01%에 불과한 수준이다. 이는 미국의 반테러 전쟁의 성공을 암시하기도 하지만 미국이 반테러전으로 상실한 외교적·정치적 자원은 매우 크다. 2021년 8월 바이든 정부는 아프가니스탄에서 전격적으로 철수했고 뒤이어 탈레반 정권이 아프가니스탄 전역을 장악했다. 테러의 온상으로 지목된 아프가니스탄을 민주화하고 미국의 영향력하에 두려는 애초의 전략은 온전히 실패했고 아프가니스탄인들은 잠시 민주화 흐름을 경험하고 이제 다시 탈레반의 지배와 내전의 소용돌이 속으로 휘말려 들어가게 되었다. 미국은 반테러 전쟁을 수행하면서 '아랍의 봄'과 함께 중동 지역의 민주주의 확산에 기대를 걸었지만 10년이 지난 지금 민주화의 흐름 역시 역풍을 맞아 민주주의 확산이라는 미국의 전략은 빛을 잃게 되었다.

이러한 상황에서 2022년 현재 미국이 단극 체제를 유지할 만큼의 국력을 소유하고 있는가에 대해서는 논란의 여지가 있다. 군사적으로 미국의 군사비나 군사 기술, 그리고 동맹 체제를 고려할 때 여전히 단극으로서 힘을 유지하고 있다고 볼 수 있다. 그러나 경제적으로 2020년 기준 미국의 명목 GDP는 21조 4,000만 달러이다. 중국은 14조 달러로 미국의 3분의 2 경제력을 소유하게 되었다. 구매력 기준 PPP로 보면 미국은 21조 달러인 반면 중국은 27조 3,000만 달러로 미국을 이미 추월했다.

향후에도 중국의 경제 성장률은 상당 기간 미국을 추월할 것으로 예상된다. 더욱이 코로나 사태로 미국이 중국에 비해 더 심각한 경제적 타격을 입고 있으므로 미중 간 경제 격차는 중국에 유리한 방향으로 진행될 것으로 보인다.

단순히 국력 면에서 패권이 약화된 것일 뿐 아니라 패권을 유지하고자 하는 의지의 측면에서도 미국의 패권은 불확실성에 직면하고 있다. 가장 강력한 국력을 소유한 탈냉전기 미국에서 태어난 밀레니얼 세대들은 안보·경제·보건 모두에서 가장 심한 위기를 겪고 있다. 1990년생 미국인의 경우 11세에 9·11 테러를 겪고, 17세에 미국발 경제 위기를 겪었으며, 19세에 코로나 사태를 겪고 있는 셈이므로 미국의 세계적 개입 정책이나 패권 정책에 자신의 세금을 지출할 동기가 약화될 것은 명백하다.

실제로 여론 조사를 보면, 트럼프 정부 시기를 거치면서 미국의 세계 개입에 대한 반대 의견은 전체적으로 증가하고 있으며 젊은 세대일수록 더 높다. 퓨리서치의 조사 결과를 보면 2013년 51%에 달

〈그림 2-3〉 미국의 지구적 역할 반대에 대한 양당별 차이

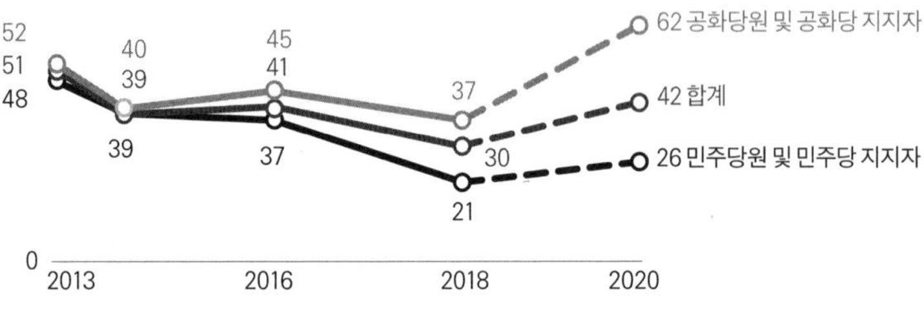

주: 점선은 조사 방식의 변화를 나타냄. 2013-2018년은 전화 조사이며 2020년 조사는 온라인 조사임.
출처: https://www.pewresearch.org/global/2020/05/21/americans-give-higher-ratings-to-south-korea-and-germany-than-u-s-for-dealing-with-coronavirus/

했던 국제주의 경향의 여론은 2020년 42%로 줄어들었다. 특히 공화당 지지층의 개입 반대 여론은 단기적으로 눈에 띄게 강화되었다. 민주당의 경우 2013년의 48%에서 2020년의 26%로 크게 증가했다.

세대별 편차도 흥미로운 변화이다. 1945년 이전에 태어난 고령층(Silent generation)의 경우 높은 대외 개입 지지의 여론을 보이며 베이비 붐 세대(1944~1964년 출생) 역시 비교적 높은 지지를 보이고 있다. 반면 X세대(1965~1979년 출생)는 이보다 약한 지지 경향을 보이고, 밀레니얼 세대(1980~1994년 출생)는 가장 소극적인 경향을 보이고 있다. 향후 미국 사회의 주축이 될 새로운 세대는 미국의 패권

〈그림 2-4〉 미국의 지구적 역할 지지에 대한 세대별 인식

세계 사안에 대한 적극적 역할
미국이 세계 문제에 적극적 역할을 할 때 국익에 도움이 된다고 생각하는 비율

(단위: %)

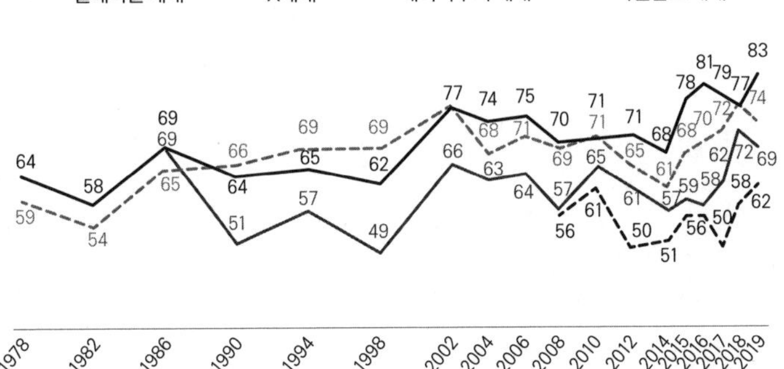

출처: https://www.thechicagocouncil.org/publication/lcc/ok-boomer-youth-hesitant-use-force-shun-us-exceptionalism-foreign-policy

적 역할에 소극적일 가능성이 크다는 것이다.

바이든 정부가 들어서면서 트럼프 정부의 미국 이익 우선주의를 패권 재건으로 바꾸고 동맹과 전략 파트너의 관계를 중시하면서 미국의 패권 리더십에 대한 노력이 재개된 것은 사실이다. 미국은 중국과 러시아를 전략적 경쟁자로 규정하고 양국에 대한 강한 견제 전략을 내세우고 있다.

두 국가가 아시아와 유럽에서 권력을 강화하고 기존의 자유주의 국제 질서를 약화시키면 궁극적으로 미국의 국익에도 해가 된다는 인식을 가지고 있다. 미국은 러시아의 우크라이나 침공에 대해 직접

군사적 개입은 하지 않지만 나토 동맹의 강화, 러시아에 대한 국제적 경제 제재 주도로 자유주의 질서를 유지하면서 미국의 리더십을 강화하고자 노력하고 있다.

2021년 10월 7일 바이든 정부 등장 이후 시카고국제문제협의회(CCGA)에서 시행한 여론 조사에 따르면 대다수의 미국인은 미국 외부의 위협(19%)보다 미국 내부의 위협(81%)에 대해 더 우려하고 있는 것으로 나타났다. 또한 공교육 개선(73%), 민주주의 강화(70%), 인종(53%) 및 경제적 불평등(50%)을 줄이는 것이 미국의 지구적 영향력을 유지하는 데 매우 중요하다고 생각한다는 통계가 추출되었다.

그러나 동시에 미국인의 64%는 기후 변화와 코로나19 전염병을 포함하여 세계에서 가장 시급한 문제를 해결하는 데 미국이 주도적인 역할을 하기를 원한다고 말하고 있다.[2] 또한 대선 때 아프가니스탄에서 미군의 철수를 지지했음에도 불구하고 미국인들은 전 세계에 기존 미군 주둔을 유지하는 것을 선호한다고 답변하고 있다. 대만과 우크라이나와 같은 동맹국을 방어하기 위해 미군을 사용하는 것을 지지할 가능성이 크다는 점도 나타나고 있다. 이러한 추세를 볼 때 미국 정부의 리더십이 미국 국민의 패권 전략에 대한 지지도에 일정한 영향을 미치는 현실을 보여주고 있다. 바이든 정부에 들어서면서 미국의 지구적 개입에 대해 더 긍정적인 비중이 늘어나고 있는 것이다.

전반적으로 볼 때 단극 체제는 필연적으로 패권의 역할 강화를 초래했지만 시간이 지나면서 미국의 패권적 역할에 대한 능력과 의지는 서서히 약화되고 있다. 탈냉전기 패권국이 제공해야 할 국제 공공재는 매우 다양한 수요를 보였다. 9·11 테러는 중동 지역 국가들의 다양한 요구를 보여준 것이었고 비록 폭력 사태가 해결되었다 하더라도 여전히 중동의 지역 질서는 혼돈을 거듭하고 있다. 2008년 경제 위기는 미국 패권의 경제적 기초가 신자유주의 세계화로 유지되기에는 한계가 많다는 것을 보여주었다. 코로나 사태나 우크라이나 사태 역시 미국의 역할에 대한 수요가 예상치 않게 증가하고 있음을 증명하고 있다. 향후 바이든 정부가 미국의 리더십을 회복할 전략적 대안 및 정책 수단, 그리고 미국 내 국내적 지지를 확보할지가 중요한 문제이다.

3. 트럼프/바이든 시대의 미 패권 전략과 신세계 질서

1) 트럼프 정부 전략의 공과

트럼프 시대는 미국의 외교 대전략이 근본적으로 바뀔 수 있다는 점을 전 세계에 인식시켰고, 소위 트럼프주의에 대한 미국 내 지지가 매우 견고함을 보여준 사건이었다. 2022년 현재 바이든 민주당 대통령이 집권하고 있지만, 2024년 대선에서 트럼프 전 대통령이 다시 출마할 경우 미국 외교 대전략의 방향이 대격변을 겪을 가능성이 있다.

트럼프 정부의 정책은 한마디로 단극 체제하의 패권 역할 방기, 즉 단극·비패권 체제의 한 측면을 보여주었다. 트럼프 대통령의 당선은 이미 약화되던 자유주의 국제 질서와 미국의 패권적 리더십에 비판적이던 여론의 흐름을 반영한 것이었다. 트럼프 대통령은 다자주의 제도로부터 탈퇴하고 미국의 국제적 공공재 제공의 역할에서 후퇴하면서 미국의 국익 충족을 위해 정책 노선을 변경했다. 향후 미국의 국력 추이에 따라 단극의 유지 가능성도 불투명하다. 단극 체제를 유지할 수 있는 미국의 국력이 약화되고 패권적 리더십에 대한 국내적 지지가 약화된 가운데 탈냉전 30년간의 단극 패권 체제가 부활할 가능성은 미지수다.

이러한 흐름은 이미 이전부터 형성되어왔다. 기존의 미국 정부의 외교 노선과 상당히 예외적으로 보였던 트럼프 정부의 외교 대전략도 이러한 구조적 흐름을 반영한 것이다. 부시 행정부는 이미 일방주의적 세계 전략을 추진했고 이 과정에서 시혜적 패권의 성격은 점차 강압적 패권의 성격으로 변화되었다.

2001년 10월 아프가니스탄 전쟁 개시 때에는 국제연합의 승인과 많은 국가의 지원이 있었지만 2003년 3월 이라크 전쟁을 개시할 때에는 국제연합의 승인을 얻지 못했을 뿐 아니라, 독일·프랑스·러시아 등 주요 국가들의 반대가 존재했다. 지구적 반테러 전쟁은 미국이 이끄는 소위 자발적 연합(Coalition of the willing)에 의한 것이었지만 이라크 전쟁을 기점으로 이미 미국이 제시한 반테러 전쟁의 규범은 기반이 약화되기 시작한 것이다. 군사 부문에 이어 경제 부문에서도 미국의 위상은 2008년 경제 위기 이후 약화되었다. 미국 패권의 기반이 되었던 워싱턴 컨센서스, 혹은 신자유주의 세계화는 미국 자본에 유리한 국제 환경을 제공해주었지만 결국 미국 내부의 경제 문제를 야기시키는 힘이 되었다. 미국은 경제 위기 이후 G20을 만들어 세계 경제의 문제를 해결하려 했지만 결국 G20은 애초에 기획한 다자주의적 경제 질서 재편에 성공하지 못하고 현재에 이르고 있다(Rodrik 2011).

트럼프 정부가 4년간 추진했던 전략은 1945년 이후 미국이 설립해온 자유주의 국제 질서를 근본적으로 변화시키고 있다는 점에서 향후 전개에 따라 세계 질서의 변곡점으로 기록될 수도 있다. 자유주의 국제 질서의 핵심은 다음과 같은 많은 정책이 유기적 전체를 이루면서 추진된 것으로 개별적으로 추진되거나 부정되기는 어렵다. 즉, 국가의 영토 불가침과 무력 또는 강압에 의한 국경 변경의 불가 원칙; 무력이나 강압의 사용이나 위협 없이 국제법과 일치하는 방식으로 국가 간 분쟁의 평화적 해결; 국제법, 글로벌 규칙 및 규범 및 인권을 포함한 보편적 가치에 대한 존중; 국제법, 글로벌 규칙 및 규범, 보편적 가치의 지지 및 구현을 위한 강력한 국제기구; 개방적이고 규칙 기반의 경제 참여, 개발, 성장 및 번영을 진전시키기 위한 자유주의(즉, 규칙 기반) 국제 무역 및 투자 시스템의 활용;

영해, 우주 공간, 사이버 공간 등 국제 공유재에 대한 존중 등이다(CRS 2020, 2).

트럼프 정부는 소위 미국 이익 우선주의와 힘을 통한 평화를 가장 중요한 전략적 요소로 제시했다. 미국 우선주의는 다음과 같은 요소들을 포함해서 논의한다. 즉, 글로벌 리더십의 자발적 후퇴 또는 포기; 일방주의에 대한 더 큰 의존; 국제 또는 다자주의 기구와 협정을 통해 일할 의지의 감소; 미국 고립을 수용하면서 국제 문제로부터 거리 유지; 동맹의 가치에 대해 좀 더 회의적인 견해; 권위주의적인 정부나 자유주의적인 정부에 대한 덜 비판적인 견해; 보편적 가치를 촉진하고 방어하기 위한 노력의 축소 또는 선택적 접근법; 다른 외교 정책 관심사에 비해 양자 무역 수지, 중상주의적 고려 사항, 통화 거래 및 자산 소유에 대한 관심 증가; 힘에 기초하여 형성되는 국제 질서에 대한 수용 등이다(CRS 2020, 6).

앞서 살펴본 대로 이러한 경향이 반드시 트럼프 정부와 더불어 시작되었다고 보기는 어렵다는 견해도 존재한다. 이미 이라크·아프가니스탄으로부터 철수를 주장하는 목소리와 정책이 높아졌고, 시리아의 행동에 대해 레드라인을 설정하고 이를 지키려는 노력은 약화되었으며, 러시아의 우크라이나 공세, 크림반도 합병 등도 제한적인 반응만을 불러일으켰고, 중국·러시아의 비우호적·대립적 행동도 상당 부분 받아들이는 추세였다는 것이다.

트럼프 정부의 미국 이익 우선주의 정책을 둘러싼 공과를 두고 다양한 평가가 가능하다. 부정적인 평가를 보면 미국의 힘과 외교 정책 능력 특히 소프트파워를 약화시키고 있다는 점, 미국의 동맹을 약화시키고 다자주의 제도에 대한 참여를 소극적으로 만들었으며 미국의 행동이 예측 불가능하게 되어 '미국 고립(America Alone)'의 결과를 초래했다는 점, 미국 주도 자유주의 질서가 약화되고 힘을 우선하는 질서가 만들어졌다는 점, 민주적 가치와 인권 존중이 약화되고 권위주의와 비자유주의의 영향력이 강화되었다는 점, 미국 패권에 대한 국내적 합의가 약화되었다는 점, 국제 리더십의 공백이 생겨 중국과 러시아는 물론 프랑스·터키·시리아·이란 등의 영향력이 점증했다는 점 등을 든다.

그러나 미국의 국익의 차원에서 특히 향후 미국의 패권 전략의 변화를 추구하거나 아예 비패권 강대국으로서 미국의 위상을 재정립하려는 시각에서 볼 때는 긍정적인 평가도 가능하다. 즉 미국 국력의 한계에 걸맞은 현실주의적 정책으로 귀환했다는 점, 미국의 행동을 적대 세력에게 예측 불가능하게 만들어 억지 효과를 증가시켰다는 점, 미국 외교 정책의 지표로 주권을 강하게 부각시켰다는 점, 미국의 동맹국들이 스스로의 힘으로 더 많은 공헌을 하도록 종용했다는 점, 중국에 대한 대항을 강조하고 인도·태평양 지역의 안보 아키텍처를 강화하고 자유 항행을 강조했다는 점, 러시아 및 북한과의 타협 가능성을 모색했다는 점, 그리고 미국에게 공정한 무역 질서를 만들어냈다는 점 등이 그러한 긍정적 평가의 기반들이다

(CRS 2020, 8-10).

이러한 장점은 코로나 사태로 빛이 바래기는 했지만, 트럼프 정부의 경제적 성과에서 두드러진 바 있다. 미국 경제는 역사상 가장 긴 경제 성장을 기록하면서 2019년 말까지 번창했다. 실업률이 50년 만에 최저치를 기록했고, 일자리가 계속 늘었다. 비록 느린 속도지만 실질 임금은 계속 증가했다. 주가지수는 계속해서 기록적인 수준에 도달했고 물가는 연방준비제도이사회(FRB)의 2.0% 목표에 근접해 상승했다. 세계 경제의 빈약한 성장을 감안할 때 미국 경제의 실적은 실로 놀라운 것이다. 중국·독일·영국과 같은 미국의 주요 교역 상대국 중 몇몇은 그들의 각각의 경제에서 부진한 성장이나 심지어 불황을 경험했다.

미국 경제 성장은 당연히 국방력 강화에 공헌했다. 미 행정부의 2020 회계연도 예산안은 강력한 전력 증강에 초점을 맞춘 국방 전략(NDS)에 부응하기 위해 국방비 인상을 계속한 바 있다. 향후 미국 정치 지형의 변화에 따라 트럼프 정부의 다양한 정책, 특히 경제정책이 새로운 형태로 다시 부활할 가능성도 부정할 수 없다.

2) 바이든 시대의 세계 전략

바이든 정부는 트럼프 정부의 미국 우선주의를 강하게 비판하면서 트럼프 정부가 약화시킨 자유주의 국제 질서를 회복하는 것을 목표로 내세웠다. 자유주의 질서의 축인 다자주의 국제 제도의 수호, 규칙 기반 질서의 강화, 자유롭고 공정한 국제 경제 질서의 유지, 동맹 및 전략 파트너와의 협력에 기초한 세계 안보의 유지 등을 중요한 정책 목표로 제시했다. 이러한 정책이 지향하는 목표는 미국 패권의 재건(Build Back Better)이지만 동시에 패권 전략을 뒷받침할 수 있는 국내적 기초 특히 중산층의 재건이다. 바이든 정부는 중산층의 재건, 국내 경제의 재활성화를 위한 외교 정책이라는 목적하에 산적한 국내 문제의 해결과 지구적 영향력 확보를 위한 대외 정책 간의 연계를 강조하고 있다.

바이든 정부는 중국과 러시아를 강력한 전략적 경쟁자, 이란과 북한을 국제 질서를 위협하는 세력으로 보고, 테러리즘과 같은 비국가 행위자의 위협을 막는 것을 가장 중요한 외교 정책의 목표로 설정하고 있다. 동시에 코로나 사태나 기후·환경 위기처럼 초국가적 위기가 팽배하므로 이에 대처할 수 있는 다자주의 국제 제도의 강화를 또한 강조하고 있다.

동맹과 전략적 파트너는 이러한 중요한 문제를 해결할 중요한 협력자들이다. 미국은 혼자의 힘으로 급증하는 국제적 공공재 수요를 충당하기에 부족하다는 점을 충분히 깨닫고 있으며 국제 사회와 동맹의 도움을 강조하고 있다.

탈냉전 30년 동안 미국이 일방주의를 앞세우고 군사력에 의존한 문제 해결에 치중한 것을 비판하면서 2021년 8월 아프가니스탄 철군을 단행했고 이후에도 직접적인 군사력 사용에 의한 문제 해결에는 매우 신중한 태도를 보이고 있다. 2022년 2월 24일 러시아의 우크라이나 침공은 우크라이나의 안보는 물론 유럽의 안보 질서, 나토 회원국들의 안전, 그리고 자유주의 국제 질서를 뒤흔든 커다란 사건이었지만 바이든 정부는 군사 개입의 대안을 선택하지 않고, 나토 회원국들과 공조하여 우크라이나에 대한 물자 지원, 러시아에 대한 강력한 경제 제재로 문제에 맞선 바 있다. 비군사적·외교적 방법에 의한 해결이 쉽지 않고 국제 사회와 동맹의 힘을 빌려 리더십을 행사하는 것도 어렵지만, 바이든 정부는 트럼프 정부와는 다른 정책 수단을 사용하고자 노력하고 있다.

바이든 정부는 미국의 번영과 안보에 가장 큰 위협이 되는 것은 중국의 도전이라고 본다. 다른 위협도 무시하기 어렵지만, 중국은 아시아는 물론 전 세계에 걸쳐 미국 주도의 자유주의 질서를 위협하고 다른 국가들을 강압으로 굴복시키는 수정주의 세력이라는 것이다. 미국은 트럼프 정부가 시작한 〈인도·태평양 전략〉을 계승하고 쿼드와 같은 4개국 협의체를 이어받아 중국에 대한 강한 견제 전략을 유지하고 있다.

극단적인 미국 내 정치 양극화에도 불구하고 중국에 대한 견제 전략에서는 국내적 합의가 비교적 공고하게 유지되고 있다. 미국은 권위주의 국가들에 맞서는 자유주의 국가들의 연대를 이루어 가치와 규범의 측면에서 중국을 견제하고 중국과 첨단 기술의 격차를 유지하여 중국의 추격을 따돌리며 굳건한 공급망 구축을 통해 중국과 선택적 탈동조화를 추구하고 있다. 중국에 비해 월등한 군사력을 바탕으로 중국의 도전을 막고 미국의 패권을 유지한다는 것이 바이든 정부 외교 전략의 핵심 부분이라고 할 수 있다.

3) 코로나 사태와 새로운 세계 질서

코로나 사태는 예측하지 못한 변수로 세계 질서에 큰 충격을 가하고 있다. 사회 거의 모든 부분에 근본적인 변화를 가져오고 국가 간 세력 균형, 세계적 리더십, 각국의 위기 관리 모델의 장단점, 미중 간 패권 경쟁에 큰 영향을 미쳤다. 그러나 코로나 사태는 이미 진행되고 있던 세계 질서의 변화를 더욱 부각시키고 가속화하는 경향도 띤다는 점에서 기존의 경향을 완전히 바꾸는 힘을 가지고 있다고 보기는 어렵다.

세계 질서, 특히 안보 질서와 관련하여 코로나 사태는 각 국가의 안보 부담을 증가시켰다. 미국의 경우 기존의 대테러 전쟁의 안보 부담은 코로나 사태 속에서 더 크게 작용할 수밖에 없었다. 코로나 사태로 불거진 신안보 이슈는 매우 시사적이다.

코로나 사태는 미국 안보 전략의 기반을 흔들 뿐 아니라 다른 지역, 특히 미국 중동 정책의 핵심인 이라크의 안보 지형도 크게 변화시킨 바 있다. 일례로 미국이 상당한 자원을 투자한 이라크의 경우 코로나 사태로 그간 미국이 투입한 노력이 성과를 거두지 못하는 결과를 가져왔다. 이러한 상황에서 이라크의 안보를 위협하는 것은 군사적인 문제가 아니라 보건 문제였다. 이라크의 공공 및 민간 보건 시스템은 중대한 결점과 제한된 능력만을 가지고 있다. 세계은행에 따르면 이라크는 1,000명당 약 0.8명의 의사와 1.3개의 병상을 보유하고 있는데, 이는 각각 전 세계 평균인 1.5와 2.7 미만에 비해서도 적은 편이다.

코로나 사태가 불거지면서 세계 유가가 급격히 하락하여 국가 재정을 위협하고 있다. 그런데 이라크는 예산 수입의 90% 이상을 석유 수출에 의존하고 있으며, 그중 상당 부분은 공무원과 퇴직자에게 급여와 복지 혜택을 지급하는 데 쓴다. 따라서 정부 유지의 위기에 직면하기도 했다.

이러한 상황에서 이라크를 축으로 한 미국의 중동 안보 전략은 더 이상 군사적 측면에만 의존할 수 없고 더욱 광범위한 신안보 전략을 구사해야 하는 상황에 놓였다.

코로나 사태를 겪으면서 미국이 국가 안보의 우선순위는 기존과 같을 수는 없다. 코로나 사태를 해결하기 위한 9·11 위원회와 같은 코로나 사태 위원회 결성, 반테러 전쟁이라는 '끝없는 전쟁'을 끝내기 위한 확실한 노력, 그리고 글로벌 보건 프로그램 확장, 세계보건기구 지원을 위한 확실한 정책, 다자주의적 세계 대응을 위한 노력, 미국의 부적절한 의료 시스템을 개혁하기 위한 정책, 무엇보다 국가 안보의 개념 자체의 변화를 촉구하는 목소리가 커진 것이다(Hathaway 2020).

4. 미중 안보 경쟁의 심화와 새로운 안보 질서

1) 중국을 겨냥한 미국 안보 전략의 변화

탈냉전의 지난 30년이 미국 패권 전략의 변화 혹은 약화로 특징지어진다면, 미국 단극 패권 질서 속에서 성장한 중국이 미국에 도전할 수 있게 된 것은 미국 주도 질서의 약화라는 배경 속에서 가능한 것이었다. 더욱이 코로나 사태로 미국 리더십의 문제 및 공백이 명확해지면서 미중 간 전략 경쟁은 본격적인 패권 경쟁으로 변화되는 경향을 보이고 있다.

미국은 이미 코로나 사태 이전부터 안보 전략의 중점을 대테러 전쟁에서 중국과 지정학 경쟁으로 점차 변화시키고 있었다. 오바마 행정부 후기부터 미중 간의 강대국 협력 관계가 어려워진다는 진단을 하고 있었고 이러한 미중 관계 변화는 미중 모두의 안보 전략을 일정 부분 변화시키고 있었다. 코로나 사태는 미중 모두의 공통 위협인 보건 위기를 축으로 협력을 촉진하기보다 미중 전략 경쟁을 패권 경쟁으로 격화시키는 역할을 하고 있다. 트럼프 정부는 중국에 대해 공정 무역을 기치로 관세 압박을 가해왔고 중국을 전략적 경쟁자로 규정한 바 있다.

중국을 경쟁국으로, 더 나아가 전략적 적대국으로 삼는 경향은 이미 오바마 행정부의 2015년 6월 '국가 군사 전략(National Military Strategy)'에서 표출되었고, 이후 트럼프 행정부의 2017년 12월 '국가 안보 전략(National Security Strategy, NSS)' 및 2018년 1월 '국방 전략(National Defense Strategy, NDS)'의 중심에 놓이게 되었다.

트럼프 정부는 기존의 대테러 전쟁보다 중국과의 경쟁을 최우선 과제로 두었다. 대체로 중국·러시아라는 지정학적 경쟁자, 이란·북한과 같은 핵무기 개발 및 위협 국가, 그리고 대테러 전쟁을 주요 안보 위협으로 설정했다. 중국·러시아 등 지정학적 경쟁자에 대한 방어를 일차적인 국방 위협으로 삼으면서 다음과 같은 경향이 더욱 중요해지게 되었다. 즉 외교 대전략과 지정학 경쟁을 국방 전략의 최우선으로 삼고, 국방부 내의 조직 변경을 추구하며, 핵무기 및 핵억제에 관심을 증가시키고, 지구적 미군 배치 조정 및 새로운 미군 작전 개념을 추구하고, 인도·태평양 지역의 미국 및 연합군 군사 능력을 증대하며, 유럽의 미국 및 NATO 군사 능력을 강화하는 데 더욱 큰 관심을 기울였다. 또한, 소위 고급 재래식 전쟁을 수행할 수 있는 능력을 배가하는 것을 목표로 하면서 재래식 무기 기술에서 미국의 우월성을 유지하는 것을 목표로 했다.

그리고 미국 무기 시스템 개발 및 배치의 혁신과 속도 향상에 힘을 기울이고 야전 무기에서 미국의 우위를 유지하고자 추진했다. 장기적이고 대규모 분쟁을 위한 동원 능력을 확보하고 외국에 대한 의존을 최소화하는 공급망을 추구하는 것을 목표로 한 바 있다. 특히 중국을 의식하여 하이브리드 전쟁에 대비하고 중국의 회색 지대 전략에 대응하는 능력을 향상하고자 노력했다.

미국의 국방 전략은 유라시아 지역에서 미국의 영향력을 배제하는 지역 패권이 출현하는 것을 방지하는 것이다. 미국의 영향력하에서 지역 강대국이 등장하는 것은 좌시할 수 있지만 미국의 영향력을 차단하는 지역 패권의 출현은 군사적으로 막고자 한다. 이 경우 장거리 폭격기, 장거리 감시 항공기, 장거리 공수 항공기 및 공중 급유 탱크를 보유한 공군, 그리고 상당수의 항공모함을 보유한 해군이 중요하게 부상한다. 또한 핵 동력 공격 잠수함, 대형 육군 전투 부대, 대형 상륙함 등이 중요한 무기 체계가 된다.

전략 면에서 중국과 러시아의 군사 능력에 대응하는 배치에 더 중점을 두기 위해 미군의 지구적 배치에 더 힘을 기울이고 있다. 오바마 행정부는 전략적 재조정 혹은 아시아 중시 전략의 일환으로 이라크와 아프가니스탄에서 미군 배치를 줄이고 아시아·태평양 지역에 대한 미군 배치 증가를 촉진하기 위해 노력했다.

트럼프 행정부는 주독 미군을 줄이는 한편, 중동에 대한 미군 배치를 줄이고자 하는 의지를 피력한 바 있다. 이는 해외 주둔군 감축이라는 일반적 목표도 있지만, 인도·태평양 지역에 대한 재배치의 하나로 해석할 수 있다. 트럼프 행정부의 아프리카와 남미에 대한 병력 배치 감소 제안 역시 부분적으로는 중국이나 러시아의 영향력에 대항하기 위한 것으로 해석하기도 한다.

이러한 경향은 바이든 정부에서 기본적으로 계속되고 있다. 바이든 정부는 출범하자마자 다양한 전략 문서를 작성하여 중국에 대한 견제 기조를 확고히 표명한 바 있다. 〈잠정 국가 안보 전략 지침(Interim National Security Strategic Guidance)〉, 미 의회의 〈혁신 경쟁 법안(The US Innovation and Competition Act, USICA)〉, 〈인도·태평양 전략(Indo-Pacific Strategy of the United States)〉, 〈해외 주둔 미군 재배치 계획 요약본(Global Posture Review)〉 등 여러 전략서에서 미국은 중국을 전략적 경쟁자로 규정하고 견제전략을 명확히 하고 있다. 2022년 2월에 공표된 〈인도·태평양 전략〉에서 미국은 중국이 인도·태평양 지역과 세계에서 가장 영향력 있는 강국이 되기 위해 경제·외교·군사·기술 역량을 결합하고 있다고 평가하고 있다. 또한, 중국의 강압 전략이 전방위적으로 시행되어 호주에 대한 경제적 강압, 인도와의 국경 갈등, 대만에 대한 압력 증대, 동중국해와 남중국해의 주변 국가 이익 침해 등 미국의 동맹국과 파트너가 상당한 비용을 치르고 있다고 본다.

그리고 중국이 인도·태평양 지역의 안정과 번영을 가져온 원칙뿐만 아니라 항행의 자유를 비롯한 인권과 국제법도 훼손하고 있다고 비판하고 있다. 여기서 미국은 정책 목표가 중국을 변화시키는 것이 아니라 미국, 동맹국 및 파트너 국가들이 공유하는 이익과 가치에 최대한 유리한 영향력의 균형을 구축하는 것이라고 규정하고 있다. 미국은 소위 3C로 불리는 중국과의 협력·경쟁·대결의 복합 전략을 추진하며 기후·환경·핵 비확산 분야에서 협력의 가능성도 열어놓고 있기는 하다. 또한, 2021년 11월 미중 정상 회담에서 경쟁을 하더라도 대결로 치닫는 위험을 막기 위해 보호막을 설치하고 전략적 안정성을 추구한다는 논의를 한 바도 있다. 그러나 군사·경제·가치 등 여러 분야에서 미중 간 경쟁이 치열해지는 가운데 과연 협력의 기조가 제한된 영역에서라도 발휘될 수 있을지 여전히 미지수이다.

2) 미국의 대중 군사 전략

미국의 군사 전략은 트럼프 정부에 들어서면서 본격적으로 중국을 대상으로 진행되었다. 이는 바이든 정부에서도 지속되고 있는 구조적 변화이다.

미국은 오바마 정부 때부터 시작된 아시아 중시 전략의 맥을 이어서 트럼프 정부에 들어서도 인도·태평양에서 미군 역량을 강화하기 위한 다양한 국방 조치를 취하고 있다. 인도·태평양 지역에서의 작전을 증가시키고 더 많은 훈련과 전쟁 실험을 수행하며 새로운 무기, 무인 차량 및 기타 기술을 개발하는 데 주력하고 있다.

미국은 중국의 반접근, 지역 거부(A2AD) 전략에 대응하기 위한 새로운 작전의 개념 개발에 초점을 맞추어왔다. 새로운 운영 개념에는 육군 및 공군의 다영역 작전(Multi–Domain Operations, MDO), 공군의 신속 전력 배치(Agile Combat Employment) 개념, 해군과 해병대의 광범위 해양 작전(Distributed Maritime Operations, DMO), 경쟁적 환경에서의 연안 작전(Littoral Operations in a Contested Environment,

LOCE), 해병대의 전진 원정 기지 작전(Expeditionary Advanced Base Operations, EABO) 등을 채택하고 있다. 이러한 개념들은 육지·공해·우주·전자기·정보 및 사이버 공간 등에 걸쳐 미군 기능을 더욱 완벽하게 통합하는 데 초점을 맞추고 있다.

이러한 노력은 미국 인도·태평양 사령부의 예산 및 활동 증가로 이어지고 있다. 2020년 4월 인도·태평양 사령부 사령관 필립 데이비슨 제독은 인도·태평양 지역에서 미국의 군사 능력을 향상시키기 위한 투자 계획을 의회에 제출하고 전체 개요를 〈우위의 재탈환(Regain the Advantage)〉이라는 보고서로 공개한 바 있다. 데이비슨 사령관은 2020 회계연도 국방 수권법 1253조에 따라 2022~2026 회계연도에 필요한 활동 및 자원에 대한 사령관의 독립적인 평가를 제공하는 보고서를 제출하게 되어 있다. 사령관은 인도·태평양 지역에 대한 국방 전략을 실행하고 중국에 대한 미국 군사 우위를 유지 또는 복원하고, 국방부의 비상 계획 실행과 관련된 위험을 총체적으로 평가하는 것이다.

사령관의 계획은 미 국방부가 제안한 2021년 예산에서 요구하는 것보다 추가 자금 제안으로 약 16억 달러를 요청하고 2022~2026 회계연도에 대한 투자로 약 185억 달러를 요청하는 것으로 알려졌다. 또한, 유럽 억지 이니셔티브(EDI)와 유사한 태평양 억지 이니셔티브(Pacific Deterrence Initiative, PDI) 또는 인도·태평양 이니셔티브(Indo-Pacific Deterrence Initiative, IPDI)라는 개념을 통해 미국의 군사력 향상을 추구하는 것으로 알려졌다.

더불어 비슷한 수준의 군사 능력을 가진 적에 대한 대규모·고강도의 기술적으로 정교하고 앞선 재래식 전쟁을 수행하는 것을 목표로 하고 있다. 공군 무기 획득 관련해서는 F-35 JSF(Joint Strike Fighter) 및 차세대 장거리 폭격기와 같은 고급 항공기를 조달하기 위한 노력을 기울이고 있다. 해군과 관련해서는 버지니아급 공격잠수함 및 DDG-51급 이지스 구축함과 같은 고성능 전함 등이 중요한 대상이다. 또한, 탄도 미사일 방어(BMD), 장거리 지상 공격 및 대함 무기, 레이저와 같은 새로운 유형의 무기로서 레일 건, 초고속 발사체 등도 논의되고 있다. 새로운 정보·감시 및 정찰 능력, 군사 우주 능력, 전자전 능력, 군사 사이버 능력, 극초음속 무기, 그리고 로봇 공학과 자율 무인 차량의 군사적 사용, 양자 기술, 인공지능(AI) 등 4차 산업혁명 관련 기술 모두 재래식 전쟁 능력 향상과 직결되어 있다. 이러한 미국의 변화에 대해 중국은 장기적인 국방 발전 전략 목표를 제시하고 있다. 이는 시진핑 주석이 19차 당 대회에서 밝힌 장기 국가 목표와 일치하는 것으로 2013년 이후 중국이 추구해온 군사 개혁과 궤를 같이하고 있다.

첫째, 2020년까지 크게 향상된 정보화와 전략 능력으로 기계화를 달성한다는 것이다. 둘째, 국가 근대화와 함께 군사 이론, 조직 구조, 군사력, 무기 및 장비의 현대화를 종합적으로 진전시키고 기본적으로 국방 및 군사의 근대화를 2035년까지 완료한다는 것이다. 마지막으로 2049년을 기점으로 하는 21세기 중반까지 군사력을 세계 수준으로 완전히 변모시킨다는 것이다.

중국은 건국 100주년을 내다보며 2020년, 2035년, 2049년에 주요 경제·정치 이정표를 세웠고 중국의 군사적 야심도 이와 연관되어 있다는 것이다. 그리고 2035년까지 중국은 군사 현대화를 완료하고 2049년까지 세계 정상급 군대를 설립한다는 목표를 설정해 놓고 있다. 이를 위해 중국은 현재 진행되고 있는 4차 산업혁명 기술을 강조하며 군사 기술 현대화에 큰 방점을 두고 있다. 《국방백서》는 새로운 기술 혁명과 산업혁명에 힘입어 인공지능(AI), 양자 정보, 빅데이터, 클라우드 컴퓨팅 및 사물인터넷과 같은 최첨단 기술이 군사 분야에 빠르게 적용되고 있다고 분석한다. 이에 따라 국가 간 군사 경쟁도 격화되고 정보화 기반의 첨단 군사 기술이 급속하게 발전하고 있으며, 정보화 전쟁·지능형 전쟁이 진행되고 있다고 평가한다. 반면 중국 인민해방군은 여전히 기계화 작업을 완료하지 못했으며 정보화를 시급히 개선할 필요가 있다고 본다. 그리고 기술의 세대 격차 증가로 인한 어려움에 직면해 있다고 평가한다.

해군력 증강은 미국의 진출을 막기 위한 핵심 전력이다. 베이징 최초의 항공모함 그룹이 2019년 중국 해군에 합류하고 렌하이(RENHAI)급 미사일 순양함은 2017년에 진수되었고 2018년 3척이 추가되어 중국 해군의 주력군이 되었다. 또한, 최근 항공모함 함대를 지원하는 푸위(FUYU)급 고속 전투 지원함도 완성되었다고 보고하고 있다. 더불어 대함 탄도 미사일(ASBM), 대함 순항 미사일(ASCM), 잠수함, 수상함, 항공기, 무인 차량 및 통제, 통신, 컴퓨터, 정보, 감시 및 정찰 시스템 개선 등도 추진하고 있다.

중국의 해군 현대화 노력에는 유지 보수 및 물류, 교리, 인력 품질, 교육과 훈련 개선도 포함된다. 해군 현대화 노력을 포함한 중국의 군사 현대화 노력은 필요하다면 군사적으로 대만과의 상황을 해결하기 위한 능력을 개발하는 것을 목표로 하는 것으로 평가된다(Talmadge 2017). 특히 남중국해에 대한 중국의 군사 전략이 가속화되고 있다. 200해리 해상 배타적 경제 수역(EEZ)에서 외국 군사 활동을 규제할 권리가 있다는 중국의 견해를 강화하기 위해 중국의 상업 해상 통신선(SLOC), 특히 중국과 페르시아만을 연결하는 선을 방어하기 위해 노력하고 있다.

미국은 중국이 2018년 4월 미사일과 전자전파기 등 중국의 전력 투사 능력을 한층 강화하는 첨단 군사 시스템을 배치해 전초기지의 군사화를 지속했다고 보고 있다. 또한, 수차례 스프래틀리 군도에 군용 수송기를, 파라셀 군도에 장거리 폭격기를 착륙시켰고 중국 해안 경비함들은 현재 중앙 군사위원회의 지휘를 받아 필리핀과 다른 지역 국가들의 어선들에 공세 행위를 하고 있다고 본다. 그리고 남중국해에 대한 영토 주장도 지속되고 있으며 수상 전투 순찰도 높은 수준을 유지하고 있다고 판단한다.

이는 서태평양에서 미국의 영향력을 대체하기 위해 중국이 지역을 주도하는 강대국이자 세계의 주요 강대국으로서의 지위를 주장하는 노력과 상통한다. 중국 해군은 또한 중국의 근해 분쟁에서 미국의 개입을 막을 수 있는 부대로 대만에 대한 미군 개입의 효율성을 감소시키는 것을 목적으로 한다. 중국 해군의 추가 임무에는 해적 보안 작전 수행, 필요한 경우 중국 국민을 외국에서 대피시키고 인도적 지원을 하는 일, 재난 대응 작전 수행 등이 포함된다.

공군력으로는 중국 최초로 5세대 스텔스 전투기인 J-20이 2018년 2월에 개발되었고, 6세대 전투기도 개발 중으로 알려져 있다. 2016년에 국내에서 생산된 중장비 항공기인 Y-20이 배치되어, 이전 항공기보다 상당히 큰 적재 능력과 범위를 가지며 중국의 전략적 공수 능력을 증강시킨 것으로 보인다. 또한, 2018년 4월 러시아에서 도입한 S-400 첨단 지대공 미사일 시스템은 400km(250마일) 범위를 가지고 있어 대만 해협 및 다른 지역에 대해 항공 적용 범위가 확장될 수 있다고 언급된다.

중국은 첨단 무기 개발에도 주력하여 극초음속 비행체, 유도 에너지 무기, 전자기 레일건, 무인·인공지능 장착 무기 등을 계속 추구하고 있고, 미국의 탐지 능력과 방어 무기의 효과를 크게 줄이려는 노력도 지속하고 있다. 중국은 2014년부터 WU-14를 포함한 초음속 미사일을 시험했으며 속도는 마하 10에 근접했다. 또한, 2018년 8월 중국 정부는 최초의 초음속 항공기를 성공적으로 시험했다고 설명했다.

데이비슨 사령관에 따르면 중국은 핵전력 능력도 현대화하고 있다. 중국 3세대인 096형 핵 추진 탄도 미사일 잠수함(SSBN)이 JL-3 해상 발사 탄도 미사일(Sea Launch)로 무장하고, 2020년대 초반부터 건조에 들어갈 것으로 보인다. 그리고 중거리 탄도 미사일 DF-26이 이동식 발사대 배치된 것으로 보인다. 제2도련(알류샨 군도 남부, 북마리아나제도연방, 괌, 팔라우공화국, 파푸아뉴기니 북부 연결선)까지 정밀 타격 능력을 확대했다고 보고하고 있다. 중국은 최대 사거리 약 1만 5,000km(9,300마일)의 DF-41 이동식 대륙간 탄도 미사일(ICBM) 실험을 계속하고 있다.

중국은 '중국제조 2025' 전략 및 국가 지원 투자를 통해 전략적 산업에서 글로벌 리더십을 추구하고 있다. 예를 들어 2030년까지 인공지능 분야의 세계적인 리더가 되고자 하고 중국이 목표로 삼고 있는 핵심 기술 중 다수는 여러 산업에서 발생하는 급속한 기술 변화에 필수적이다. 이러한 능력은 경제 성장뿐만 아니라 군사적 이점을 유지할 수 있는 미국에게도 핵심적인 고려사항이다(전재성 2019; U.S. Department of Defense 2018).

바이든 정부는 2022년 3월 2023년도 국방 예산을 편성하여 중국 군사력 강화에 대응하고 있다. 바이든 정부는 총 7,730억 달러 예산 요청을 통해 강력한 통합 억지 개념을 실현하고 합동군을 현대화하겠다고 표명하고 있다. 더 구체적으로 살펴보면, 공군 플랫폼 및 시스템에 565억 달러를 요청하고 9척의 추가 전투함을 포함한 해상 전력에 408억 달러 이상, 육군과 해병대 전투 차량 현대화를 위해 126억 달러, 첨단 기술·사이버·우주·인공지능에 대한 대비 태세를 강화해야 할 필요성을 바탕으로 사상 최고인 1,301억 달러 이상의 연구개발비를 요청하고 있다. 중국의 군사적 위협이 특히 두드러지고 있으므로 미국은 인도·태평양 사령부, 군사 건설, 괌 방어, 미사일 경고 및 추적 아키텍처, 다국적 정보 공유를 위한 임무 파트너 환경(MPE) 프레임워크를 포함한 태평양 억제 이니셔티브에 61억 달러를 요청하고 있다. 또한, 태평양 다영역 훈련 및 실험 능력 제고를 중요한 목표로 내걸고 있다.

3) 미중 충돌 위험의 상존

미중 간 전략 경쟁은 트럼프 정부와 바이든 정부를 거치면서 점차 근본적인 변화를 맞고 있다. 코로나 사태로 중국의 약진이 두드러지고 미국의 보건 위기를 경험하는 가운데 중국이 미국의 패권에 도전하는 양상이 더욱 강화된 것이다. 미국은 점차 현재의 중국과 평화로운 공존이 어렵다고 보고 이념적·전략적 대결 양상을 부각시키고 있다. 특히 중국의 주권과 관련된 핵심 이익 사안들인 대만·홍콩·신장 등에 관련된 조치를 취하고 있고 남중국해에 대한 입장도 더욱 강화하고 있다.

트럼프 정부는 중국을 마르크스-레닌주의 공산주의 국가로 규정하고 세계 질서를 권위주의적으로 재편하고 있는 세력으로 이념적 공격도 가한 바 있다. 바이든 정부 역시 중국의 권위주의 정권의 성격을 비판하면서 자유주의 정상 회의를 개최하는 등 가치의 진영화가 두드러진 현상이 되고 있다. 세계의 진영을 미중이 중심이 된 배타적 양 진영 체제로 보게 하는 이러한 논의는 정책의 차원에서 미중 간 다차원적인 탈동조화(Decoupling) 위험으로 다가오고 있다.

경제·기술·정치·문화·금융·에너지 등 각 분야에서 가중되는 경쟁과 대결 양상은 근본적으로 군사 안보 문제로 번질 위험을 내포하고 있다. 핵심적인 지역은 대만과 남중국해이다. 미국은 홍콩에 대한 중국의 강압적 조치를 보고 대만이 독립 선언을 하지 않았을 때도 중국이 강압적 병합을 시도할 수 있다는 우려를 강화하고 있다. 자유민주주의를 발전시키고 TSMC와 같은 첨단 반도체 기업을 가지고 있는 대만이 중국의 영향력에 들어가는 것을 극도로 경계하며 외교적·군사적 지원을 강화하는 추세이다.

남중국해 역시 동남아 세력 균형의 핵심 지역이다. 미국은 남중국해가 매년 거의 4조 달러의 무역이 통과하는 지역으로 그중 1조 달러 이상이 미국 시장과 연결되어 있다고 본다. 또한, 그 해양에는 약 2조 6,000억 달러에 달하는 해양 석유와 가스가 있다. 동남아시아 연안의 약 370만 명을 고용하는 세계에서 가장 부유한 어장이 존재하는 지역이기도 하다.

남중국해는 미국이 중국과 군사 충돌을 단기·고강도 분쟁으로 봉쇄하면서 승기를 잡을 수 있는 전장이기 때문에 향후 이 지역에서의 미중 간 군사 충돌 가능성은 점증하고 있다. 만약 이러한 충돌이 현실화된다면 미중을 축으로 한 아시아 국가들의 양대 진영화는 더욱 촉진될 것이고 미중 관계 역시 화해가 어려운 탈동조화를 향해 한 걸음 더 나아갈 것이다(Gompert·Cevallos·Garafola 2016).

미국은 중국이 남사군도(南沙群島)의 인공섬을 더욱 군사화하며 일방적인 조업 금지를 발표하고 분쟁 지역을 둘러싼 분쟁 수역에서 군사 훈련을 시행하는 점 등을 주목하고 있다. 더 많은 인공섬을 강압 작전의 기지로 사용하여 동남아시아 연안 국가의 연안 석유·가스와 어업 접근을 줄여나가는 등 소위 회색 지대 전략도 강하게 추진하고 있다고 말한다. 미국은 남중국해에 대해 아래와 같은 주장에 입각한 정책들을 추진하면서 중국의 현상 변경 정책을 계속 견제해나가고 있다.

첫째, 중국은 중재재판소가 판결한 것처럼 필리핀 배타적 경제수역 또는 대륙붕에 속한 해역에 대해 어떠한 권리도 가질 수 없다고 본다. 필리핀 어업 및 해양 에너지 개발에 대한 중국의 불법 행위를 중단해야 하며 중국은 필리핀 관할하에 있는 미스치프환초(Mischief Reef) 또는 세컨드토마스사주(Second Thomas Shoal)에 대한 법적 권리를 가지고 있지 않다는 것이다.

둘째, 중국이 남중국해에서 제기하는 스프래틀리섬 기준 12해리 영해 이상의 해역에 대한 중국의 주장을 거부한다는 것이다. 미국은 베트남 부근의 뱅가드 해역(Vanguard Bank), 말레이시아 부근의 로코니아 모래톱(Luconia Shoals), 인도네시아 지역 나투나 부샤르 섬(Natuna Besar), 또는 브루나이의 배타적 경제 수역에서 중국의 주장을 거부한다는 것이다. 다른 국가들의 어업 또는 탄화수소 개발을 방해하는 행위는 모두 불법으로 간주한다.

셋째, 중국은 말레이시아의 제임스 암초에 대해 합법적인 영토 또는 해상 소유권을 주장할 수 없다고 본다. 그러나 중국은 이를 '중국 최남단 지점'이라고 주장하며 해군 선박을 배치하고 있는데 이는 불법적 행위라는 것이다(Stilwell 2020).

미국의 안보 전략이 중국을 주된 대상으로 하면서 현상 유지를 추구할 것으로 보는 견해가 여전히 많기는 하지만, 향후 양국의 국내 정치 및 현안 등 다양한 변수를 통해 미중 간 군사 안보 관계가 더욱 악화될 수 있다. 그렇다면 기존의 미국 패권 전략 변화로 야기된 세계 질서의 흐름과 맞물려 미중 간 안보 경쟁은 새로운 세계(무)질서를 결정하는 중요한 요인이 될 것이다.

5. 앞으로의 미중 전략 경쟁

탈냉전 30여 년 동안 미국은 최강의 국력으로 패권 전략을 추진했지만 테러와 경제 위기, 코로나 위기 그리고 강대국 지정학 강화 흐름 속에서 지구적 리더십을 유지하는 데 어려움을 겪고 있다. 이에 대한 대응으로 트럼프 대통령이 자국의 경제적 이익을 우선시하면서 동맹국들을 압박하여 더 많은 방위비 분담을 하도록 유도했던 것과는 달리, 바이든 정부는 다자주의 세계 질서의 복원과 동맹국들과의 협력을 강조하고 있다.

미국 내에서는 미국의 본토 안보는 물론 자국의 영향력 강화를 위해 기존의 동맹을 유지하고 공고히 해야 한다는 인식이 여전히 강하게 자리 잡고 있다. 더욱이 테러나 중국·러시아의 군사적 도전, 이란과 북한의 핵 개발과 같은 안보 문제가 존재하고 있는 지금 미국은 동맹국의 도움이 절대적으로 필요하다는 인식을 가지고 있다. 트럼프 대통령은 안보에 대한 대안이 명확하지 않은 상황에서 경제적 이익을 위해 동맹국들에 대한 압박과 비판을 수시로 가해왔는데 바이든 정부는 이와 상반되는 노선을 펴고 있다.

미국 외교 전략의 흐름은 단극 체제의 구조적 모순이나 미국 사회 전체의 변화와 같은 구조적 변수가 결정하는 부분이 있지만, 미국의 전략적 선택이 구조를 형성하는 부분도 크기 때문에 향후 미국의 안보 전략은 매우 중요한 변수이다.

바이든 정부가 국내 문제를 어느 정도 해결하고 미국 경제의 새로운 활로를 찾을지, 그리고 국제 사회와 동맹국들의 도움에 힘입어 주요 외교 문제들을 해결해나갈지, 무엇보다 중국과 인류 공통의 문제에 직면하여 경쟁과 공존·협력의 새로운 길을 찾아 나갈지가 향후 지켜보아야 할 관건이 될 것이다.

3장

신흥 기술 안보와 미중 패권 경쟁

김상배(서울대학교 정치외교학부)

미래 글로벌 패권을 둘러싼 미중 경쟁의 파고가 점점 더 높아지고 있다. 특히 최근 4차 산업혁명 분야의 '신흥 기술(Emerging technology)'을 둘러싼 양국의 갈등이 더욱 거세지는 양상이다. 미중 기술 경쟁의 외연이 넓어지고 내용이 다양화되는 가운데, 최근 두드러지게 나타나는 현상은 기술과 안보의 만남이다. 신흥 기술 분야의 주도권을 놓고 벌이는 양국의 경쟁이 안보라는 구도에서 이해되고 있다. 다시 말해, 신흥 기술 변수가 미래 국력 경쟁에서 차지하는 비중이 커지는 것만큼 기술 경쟁력이 국가 안보의 프레임에 투영되어 해석되고 있다. 실제로 최근의 미중 경쟁을 보면 기술 변수가 경제와 산업의 경계를 넘어서 안보와 외교의 문제로 자리매김하고 있으며, 이러한 과정에서 안보적 함의를 지니는 기술 분야의 기업 간 경쟁과 갈등이 국가 간의 지정학적 위기마저도 초래하는, 이른바 '디지털 지정학'의 요인으로 부각하고 있다.

이러한 문제의식을 바탕으로 이 글은 넓은 의미에서 새롭게 부상하고 있는 미중 양국의 기술 안보 갈등을 글로벌 패권 경쟁이라는 시각에서 살펴보았다. 실제로 양국 간에는 이러한 갈등 사례들이 양적으로 늘어나고 있을 뿐 아니라 다양한 이슈와 연계되면서 질적으로도 심화하고 있다. 최근 미중 경쟁의 불꽃이 무역을 넘어 관세·환율·자원 그리고 군사 안보와 동맹 외교, 국제 규범 등 관련된 분야로 번져가고 있다. 이러한 과정에서 미중 경쟁은 일부 분야에 국한된 이해 갈등이 아니라, 양국의 사활을 건 패권 경쟁의 의제로 진화하고 있는 모습이다. 이러한 변화가 중견국 한국에 새로운 도전을 제기하고 있음을 간과하지 말아야 할 것이다.

키워드

신흥기술, 미중경쟁, 디지털 패권, 사이버 안보, 데이터 안보, 첨단무기, 우주안보

1. 다차원적 국력 경쟁 양상

미래 글로벌 패권을 둘러싼 미중 경쟁의 파고가 점점 더 높아지고 있다. 특히 최근 4차 산업혁명 분야의 기술을 둘러싼 양국의 갈등이 더욱 거세지는 양상이다. 그중에서도 핵심은 인공지능, 무인로봇, 빅데이터, 모바일, 클라우드 컴퓨팅, 사물인터넷, 가상현실, 3D 프린팅 등과 같은, 이른바 '신흥 기술(Emerging technology)'의 주도권을 놓고 벌이는 경쟁이라고 할 수 있다.

이러한 신흥 기술 경쟁은 민간 기업이 벌이는 경쟁의 차원을 넘어서 양국의 정부, 어떤 경우에는 양국의 국민까지도 참여하는 다차원적인 국력 경쟁의 양상을 띠고 있다. 다시 말해, 좁은 의미의 기술과 산업의 경쟁을 넘어서 무역과 금융, 그리고 정책과 제도 등을 포괄하는 복합경쟁이 펼쳐지고 있다.

미중 기술 경쟁의 외연이 넓어지고 내용이 다양화되는 가운데, 최근 두드러지게 나타나는 현상은 기술과 안보의 만남이다. 신흥 기술 분야의 주도권을 놓고 벌이는 양국의 경쟁이 안보라는 구도에서 이해되고 있다. 다시 말해, 신흥 기술 변수가 미래 국력경쟁에서 차지하는 비중이 커지는 것만큼 기술 경쟁력이 국가 안보의 프레임에 투영되어 해석되고 있다.

실제로 최근의 미중 경쟁을 보면 기술변수가 경제와 산업의 경계를 넘어서 안보와 외교의 문제로서 자리매김하고 있으며, 이러한 과정에서 안보적 함의를 지니는 기술 분야의 기업 간 경쟁과 갈등이 국가 간의 지정학적 위기마저도 초래하는, 이른바 '디지털 지정학'의 요인으로 부각되고 있다.

최근 기술 변수가 안보 문제와 만나 디지털 지정학의 이슈를 제기한 대표적인 사례는 사이버 안보였다(김상배 2018). 2010년대 들어 해킹 공격과 이에 대한 방어의 문제는 단순한 기술과 공학의 문제를 넘어서 급속히 군사와 외교, 그리고 국가 안보의 쟁점이 되었다. 완벽한 방어가 어려울 뿐만 아니라 공격자를 밝히기조차 쉽지 않은 특성상 사이버 안보는 일찌감치 국가 안보 이슈로 '안보화'되었다. 이러한 연속선상에서 2010년대 후반을 장식한 것은 중국 기업 화웨이가 제공하는 5G 인프라의 신뢰성 문제였다. 화웨이 5G 장비에 심어진 백도어를 통해서 국가 안보를 위협할 데이터와 정보가 빠져나갈지도 모른다는 우려가 제기되었다.

화웨이 장비에 대한 수입 제재 조치와 더불어 화웨이의 공급망을 옥죄는 수출 통제 조치도 취해졌다. 안보를 빌미로 한 양국 간의 기술 갈등은 반도체, CCTV, 드론, 소셜네트워크서비스 등으로 확장되었다. 이는 지구화 과정에서 구축된 글로벌 공급망의 와해를 우려하게 했다. 게다가 미국은 전통적인 정보 동맹인 파이브 아이즈(Five Eyes) 국가들까지 동원해서 중국의 기술적 약진에 맞불을 놓으려 했다. 최근에는 미국이 대중국 견제의 전선에 민주주의 가치와 인권 규범의 변수까지 동원하는 상황이 나타나고 있다. 더 나아가 군사적 함의를 갖는 우주 경쟁과 인공지능(AI)을 장착한 자율 무기 체계 경쟁도 기술 안보의 이슈로 가세하고 있다.

이렇듯 신흥 기술과 관련된 안보 문제는 해킹 공격, 인프라 및 공급망 보안, 데이터 안보, 사이버 동맹과 디지털 규범, 우주 경쟁과 AI 무기 군비 경쟁 등을 아우르는 포괄적인 의미를 지닌다.

이 글은 넓은 의미에서 새롭게 부상하고 있는 미중 양국의 기술 안보 갈등을 글로벌 패권 경쟁이라는 시각에서 살펴보고자 한다. 실제로 양국 간 이러한 갈등 사례들이 양적으로 늘어나고 있을 뿐 아니라 다양한 이슈와 연계되면서 질적으로도 심화하고 있다. 최근 미중 경쟁의 불꽃이 무역을 넘어 관세·환율·자원 그리고 군사 안보와 동맹 외교, 국제 규범 등이 관련된 분야로 번져가고 있다. 이러한 과정에서 미중 경쟁은 일부 분야에 국한된 이해 갈등이 아니라, 양국의 사활을 건 패권 경쟁의 의제로 진화하고 있는 모습이다.

이러한 변화가 한국 외교에 새로운 도전 요인으로 작용하고 있음을 명심해야 한다. 실제로 2018년 발생하여 2019~2020년에 정점에 이르렀던, 이른바 화웨이 사태는 한국에게도 5G 통신 장비 도입 문제가 단순한 기술·경제적 사안이 아니라 외교·안보적 선택이 될 수도 있음을 보여준 사건이었다.

미중 신흥 기술 갈등은 바이든 행정부에서도 지속되고 있다. 실제로 최근 미국의 사이버 동맹 외교가 구체적으로 공세의 고삐를 죄고 있으며, 이에 대한 중국의 대응도 만만치 않게 제기되고 있다. 이러한 맥락에서 화웨이 사태와 같은 도전이 다시 한번 제기된다면 한국은 어떻게 대응해야 할까? 신흥 기술 안보에 대한 국가 전략적 고민이 깊어질 수밖에 없는 대목이다.

이 글은 크게 세 부분으로 구성되었다. 첫째, 미중 5G 기술 경쟁과 여기서 파생된 공급망 안보와 수출입 통제 및 사이버 동맹 외교를 살펴보았다. 이와 함께 최근 벌어진 사이버 안보 분야의 주요 사건들과 이에 대한 미중의 국내외적 대응도 검토했다. 둘째, 디지털 플랫폼의 주도권을 놓고 벌이는 미중 양국의 경쟁을 살펴보았다. 이러한 과정에서 제기되는 이른바 '분할 인터넷(Splinternet)'의 가능성과 데이터 안보의 이슈를 짚어보았다. 셋째, 자율 무기 체계 분야의 미중 경쟁과 수출 통제의 동학을 살펴보았다. 아울러 우주의 군사화와 상업화 및 국제 규범 형성의 현황을 소개했다. 글 끝에서는 이 글의 주장을 종합·요약하고, 신흥 기술 안보의 미중 패권 경쟁에 대응하여 한국이 추구할 국가 전략의 방향을 중견국 외교의 시각에서 간략히 지적했다.

2. 미중 기술 경쟁과 공급망 및 사이버 안보

1) 디지털 기술 안보와 동맹 외교

5G 기술 경쟁과 공급망 안보

최근 신흥 기술이 안보의 대상으로 떠오른 대표적 사례는 5G 이동통신 장비이다. 미래 디지털 인프라인 5G 기술 분야에서 중국 기업인 화웨이가 앞서가고 있다. 이러한 화웨이의 기술적 공세에 대해서 미국은 국가 안보를 빌미로 제재를 가했다. 화웨이 제품에 심어진 백도어를 통해서 미국의 국가 안보에 큰 영향을 미칠 데이터와 정보가 빠져나간다는 것이었다.

이런 점에서 화웨이 문제는 '실재하는 위협'으로 '안보화'되어 부각했으며, 이러한 담론에 근거해서 대내외적으로 화웨이 제재의 수위를 높여갔다. 이에 대해 화웨이와 중국 정부는 화웨이 제품에 대한 미국 정부의 의심과 경계는 객관적인 근거가 없으며, 오히려 주관적으로 위협을 과장함으로써 이를 통해 달리 얻고자 하는 속내가 있다는 논리로 맞섰다(Gu at al. 2019; Johnson and Groll 2019).

화웨이에 대한 제재를 두고 제기된 논란은 오래전부터 있었으나 이 일이 외교적 현안으로 급부상한 것은 2018년 초였다. 2018년 2월 CIA, FBI, NSA 등 미국의 정보기관들이 일제히 화웨이 제품을 사용하지 말라고 경고했다. 이어서 2018년 12월 화웨이 창업자 런정페이의 맏딸인 멍완저우 부회장 겸 최고재무책임자(CFO)가 캐나다에서 체포되며 논란이 시작됐다.

2019년 5월에는 트럼프 대통령이 행정명령으로 화웨이와 68개 계열 기업을 거래 제한 기업 목록에 포함하는 조치를 단행했다. 화웨이에 주요 부품과 운영 시스템을 공급하고 있는 구글, 인텔, 퀄컴, 자이링스, 브로드컴 등 미국 기업과의 거래를 제한함으로써 화웨이의 5G 경쟁 계획은 물론 통신 장비 시장에서 화웨이의 영향력 확대에 제동을 걸겠다는 의도였다.

이러한 조치는 화웨이 통신 장비가 미국으로 수입되어 사용되는 것을 중단한 조치와는 질적으로 다른 파장을 일으켰다. 화웨이가 글로벌 공급망에 크게 의존하고 있는 상황에서 부품 공급 차질에 따라 장비와 소프트웨어의 업데이트 등이 막힌다면, 화웨이는 미국의 의도대로 5G 이동통신 시장에서 완전히 축출될 가능성도 배제할 수 없었다. 그러나 전문가들은 이러한 수출입 규제 조치의 여파가 예상했던 범위를 넘어설 것이라는 우려도 제기했다. 일각에선 트럼프 행정부의 압박이 오히려 중국의 보호주의적 대응을 초래하고 자체 기술 개발을 촉진할 것이라는 전망도 나왔다.

중국이 반도체, 항공 기술, 로보틱스의 자급화를 모색함으로써 글로벌 공급망의 분절화(Fragmentation)가 초래될지도 모른다고 우려했다(Luce 2018). 이러한 경향이 지속되면 기업들은 각기 상이한 시장을 놓고 상이한 제품들을 생산하는, 이른바 '기술의 발칸화(Balkanization)'가 발생할지도 모른다고 경계했다(Knight 2019). 이러한 지적들은 미국의 제조업과 긴밀히 연결된 수천 개 중국 기업 중의 하나인 화웨이만을 염두에 둔 근시안적 조치가 낳을 부작용을 우려했다(Rollet 2019). 특히 이러한 행보가 미국과 중국이 지난 수십 년 동안 긴밀히 구축해온 글로벌 공급망을 와해시키고 경제와 기술의 '신냉전'을 초래할지도 모른다는 경고도 나왔다(Lim 2019).

이러한 글로벌 공급망의 디커플링 문제는 반도체 산업에서 제일 두드러지게 나타났다. 반도체 원천 기술의 우위를 점하고 있는 미국은 반도체를 대중 압박의 핵심 수단으로 활용했다. 반도체 분야와 관련된 미국 정부의 화웨이 제재는 크게 세 차례에 걸쳐서 확대되는 형태로 전개되었다.

1차 제재는 2019년 5월 21일에 이루어졌는데, 화웨이 및 계열사(68개)를 거래 제한 명단(Entity list)에 등재했다. 그 내용은 미국의 수출 관리 규정(EAR) 적용 대상 품목을 수출 또는 재수출하는 경우 중국으로 수출하는 것을 제한하는 조치였다. 화웨이가 미국으로부터 반도체를 수입하는 것을 차단하는 조치를 핵심으로 했다. 구체적으로는 미국에 생산 시설이 있는 반도체 기업이 화웨이와 거래하려면 미 상무부의 사전 승인을 받아야 한다는 것이었다. 그해 8월에는 46개 사를 추가로 등재하여 제재 기업의 수가 총 114개가 되었다.

2차 제재는 2020년 5월 15일에 이루어졌는데, 해외 기업들도 미국 기술과 부품을 이용한 제품을 화웨이에 수출할 경우, 미 상무부의 승인을 받도록 FDPR(Foreign Direct Product Rule)을 개정했다. FDPR은 미국산 기술 또는 소프트웨어를 사용하여 해외에서 만들어진 제품(즉 외국산 직접 제품)에 대해 미국의 수출 통제를 적용(수출 시 미국의 허가 필요)하는 규정이다. 새로운 규정에 따라 미국의 특정 기술 또는 소프트웨어를 사용하여 화웨이가 외국에서 개발 및 생산한 직접 제품이 화웨이 및 관련사를 목적지로 하여 수출할 경우, 미 당국의 허가가 필요하다는 것이었다. 이 조치의 구체적 목적은 화웨이가 반도체 설계 후 외국 파운드리 업체에 위탁 생산하는 방식마저도 차단하려는 데 있었다.

화웨이의 해외 계열사 38곳을 거래 제한 명단에 추가 등재(총 152개)한 3차 제재는 2020년 8월 17일에 단행되었다. FDPR을 추가 개정하여 허가 대상, 거래 범위 및 통제 품목을 확대했다. 화웨이가 생산·구매·주문한 품목을 사용하거나 화웨이와 관련된 모든 외국산 직접 제품의 거래를 차단하는 조치였다. 이 제재를 통해서 화웨이가 미국 외 국가로부터 완성 반도체를 구입하는 것도 차단되었다. 이는 화웨이가 자체 기술을 이용해서 자체 생산한 제품만 사용할 수 있게 되는 것을 의미했다.

미국의 기술과 부품을 직간접적으로 활용한 제품 일반을 화웨이에 수출할 경우 미국의 승인을 받도록 더욱 확대됨으로써, 삼성전자나 SK하이닉스 등 한국 메모리 반도체 업체들의 화웨이 납품도 중단되었다. 화웨이에 대한 1차 제재와 2차 제재가 화웨이 스마트폰용 시스템 반도체에 타격을 주었다면, 3차 제재는 메모리 반도체 등으로 확대됨에 따라 한국 기업에도 영향을 미쳤다.

미중 반도체 공급망 갈등

이러한 제재 확대 과정에서 첫 번째 타깃은 대만의 파운드리 업체 TSMC였다. 미국은 2020년 5월 화웨이와 TSMC의 거래도 막았다. 화웨이의 우군이었던 대만 TSMC는 화웨이의 위탁 생산을 중단했다. 화웨이가 독자 설계한 반도체 부품을 TSMC를 비롯한 세계 어느 파운드리 업체에서도 생산할 수 없게 한 것이다. 7월 17일 세계 파운드리 생산 1위인 대만의 TSMC는 9월 14일 이후부터 화웨이에 반도체를 공급하지 않겠다며 화웨이와의 거래 중단을 처음으로 공식화했다. 이에 따라 화웨이는 통신 장비, 스마트폰, PC, 서버 등에 반드시 들어가야 하는 반도체 부품 조달에 비상이 걸렸고 향후 신제품 출시에도 많은 어려움을 겪게 되었다. 이러한 미국의 조치는 반도체 생산 시설이 없는 화웨이가 TSMC에 스마트폰용 반도체 등의 생산을 맡기는 것을 막으려는 방편으로 해석되었다.

미국 정부는 2020년 9월 중국 반도체 업계의 대표 주자인 SMIC를 "그 반도체 기술이 중국군에 이용될 수 있다"라며 거래 제한 명단에 올렸다. SMIC는 중국 최대의 파운드리 전문 반도체 기업이다. 시장 조사 업체 트렌드포스에 따르면 2020년 2분기 시장 점유율이 4.8%로 파운드리 분야에서 대만의 TSMC(51.5%), 삼성전자(18.8%), 미국 글로벌 파운드리, 대만 UMC에 이은 세계 5위 기업이다. 미국의 중국 기술 굴기 견제가 중국 통신 장비 업체 화웨이에 대한 반도체 공급 제한 조치에서 시작해 반도체 업체인 SMIC에까지 확대된 것으로 해석할 수 있다.

2025년까지 반도체 자급률 70%를 목표로 하는 중국의 '반도체 굴기'에도 차질이 생겼다. SMIC가 중국 반도체 굴기의 핵심 기업이었기 때문이다. 이로써 SMIC는 미국 기업에서 반도체 기술·장비를 수입할 수 없게 됐고, 반도체 생산 차질도 불가피해졌다.

SMIC는 중국 정부의 반도체 국산화 정책의 핵심으로, 중국 내수 스마트폰, 디스플레이, 지문 인식 등을 위한 칩을 적극적으로 공급하며 점유율을 확대해나가고 있었다. 그러나 미국의 제재로 인해서 사실상 파운드리 자체 공급이 불가능한 상황이 되었다. 미국의 제재가 장기화할 경우 중국 반도체·통신 기업은 어려움에 봉착하고 이로 인해 관련 기업들도 단기적으로 피해가 불가피하게 된 것이다. 특히 SMIC에 대한 제재로 중국 반도체 시장은 피해가 불가피해졌다. SMIC 제재로 중국 반도체 시장 성장세에 제동이 걸리면서 글로벌 반도체 시장의 지각 변동마저도 예상되기도 했다.

그 후 반도체 갈등의 전선이 확대되었다. 미국의 그래픽 처리 장치(GPU) 업체 엔비디아가 세계 최대 반도체 설계 기업 ARM을 인수하기로 한 것도 하이실리콘(화웨이에 공급할 칩을 설계하는 계열사)의 존립을 위협하는 사건이었다. 하이실리콘은 ARM의 설계도를 받아서 반도체를 만들었다. 그런데 최종 인수합병이 완료될 경우, 이러한 거래 자체를 미국 측에서 막을 것이기 때문이다. 엔비디아의 ARM 인수의 성사 여부에 이목이 쏠리고 있지만, 국가별 규제 당국과 업계의 반발로 난항을 겪고 있다.

여하튼 반도체 분야에서 미국 정부의 판단은 화웨이와 하이실리콘의 부상을 누르는 것만이 미국이 전 세계 첨단 기술의 우위를 이어나갈 수 있는 유일한 선택지라는 것이었다. 이러한 미국의 제재 조치로 화웨이는 스마트폰과 차세대 5G 기지국에서 사용하는 최첨단 마이크로칩을 생산할 수 없게 되었다.

미국 원천 기술이 전 세계 거의 모든 반도체에 사용되기 때문에 화웨이는 대만의 TSMC나 중국 반도체 업체인 SMIC의 칩도 조달할 수 없었다. 설령 가능하다고 해도, 미국의 원천 기술이 없으면 TSMC나 다른 회사의 최신 반도체보다 5년 이상 뒤처진 낮은 품질의 제품만 가져다 쓸 수밖에 없는 상황이었다.

미국 정부의 금지 조치는 역설적으로 화웨이의 자국 내 반도체 공급망을 강화해 중국 반도체 산업의 발전에 이바지할 가능성도 있다. 실제로 TSMC와 화웨이의 거래 중단이나 SMIC 제재 등이 계기가 되어 중국은 반도체의 국산화에 더 매진할 것으로 전망되기도 했다. 화웨이는 통신 장비에 들어갈 칩을 자급자족하기 위해 미국 기술을 사용하지 않는 전용 반도체 공장을 중국 상하이에 세우는 계획을 세운 바 있다.

이 공장은 이미 업계가 15년 전부터 상용화한 기술인 45나노 칩을 시험 생산하는 것을 시작으로 2021년 말까지는 28나노 칩을, 2022년 말까지는 5G 통신 장비용 20나노 칩을 생산하겠다는 목표를 세웠다. 스마트폰에 들어가는 칩은 훨씬 더 첨단 기술이 요구되지만, 통신 장비에서는 현재 화웨이의 역량만으로도 자립의 여지가 있다는 것이었다. 결국 화웨이가 남은 재고로 얼마나 버티고, 향후 미국 정부가 어느 정도 강도의 제재를 이어갈지가 관건이었다.

바이든 행정부도 기존의 대중 제재를 유지하는 가운데, 미국 내 생산 비중이 44%밖에 안 되는 반도체 공급망의 복원력을 강화하기 위해 리쇼어링을 추구하는 한편, 미국의 반도체 기술 혁신과 생산 역량 증대를 위한 포괄적인 계획을 수립했다. 해외 이전 기업에는 중과세, 자국으로 복귀하는 기업에는 세제 지원을 약속하면서 기업을 자국으로 불러들여 중국을 견제했다. 그리고 코로나19 등으로 공급망이 흔들리는 가운데 정부와 민간이 함께 신뢰할 수 있는 공급망을 확보한다는 전략을 펼치고 있다.

이러한 맥락에서 2021년 2월 25일 바이든 대통령은 반도체,

2차 전지, 희토류, 의료용품 등의 공급망을 점검하는 행정명령에 서명했다. 이는 글로벌 공급망에서 중국을 제외하는 조치로 해석되었다. 2021년 3월 쿼드(QUAD) 회담 직전, 바이든 행정부는 화웨이 5G 통신 장비용 반도체와 안테나, 배터리 등의 수출 금지 방침을 발표했으며, 미국 연방통신위원회(FCC)는 중국의 화웨이, ZTE, 하이테라, 하이크비전, 다후아 등 5개 기업을 국가 안보에 위협이 되는 기업으로 지정했다. 2021년 4월에는 미국 상원이 중국 문제에 대응하기 위해 '전략 경쟁법(Strategic Competition Act)'을 발의했다.

사이버 동맹 외교의 전개

화웨이 사태는 사이버 안보 문제를 둘러싼 동맹 및 연대 외교를 부각시켰다. 2018년 말 트럼프 행정부는 '파이브 아이즈(Five Eyes)'로 대변되는 미국의 주요 정보 동맹국들에 화웨이 보이콧에 동참할 것을 촉구하는 강경 행보를 보였다. 영국은 화웨이를 자국 5G 사업에서 배제하려는 움직임을 보였으며, 캐나다도 미국의 요청에 따라 화웨이의 부회장인 멍완저우를 체포했다. 호주와 뉴질랜드는 5G 이동통신 사업에 중국 업체가 참가하지 못하도록 하는 방침을 내렸다. 2019년 2월 말을 넘어서면서 이들 국가가 미국이 주도하는 '사이버 동맹 전선'에서 이탈하는 조짐을 보이기도 했지만, 결국 2020년에 접어들어서 이들 파이브 아이즈 국가는 다시 미국의 사이버 동맹 외교에 동조하는 경향을 보였다.

화웨이로 대변되는 중국 IT 기업들의 확장을 견제하기 위한 미국의 사이버 동맹 결속 전략은 〈인도·태평양 전략〉에서도 나타났다. 2019년 4월에는 미국을 위협하는 북한과 중국의 사이버 공격에 대응하기 위한 국제 협력체 신설을 골자로 하는 '인도·태평양 국가 사이버 리그(CLIPS)' 법안이 상원에서 발의됐다. 미 국방부는 2019년 6월 공개한 〈인도·태평양 전략 보고서〉에서 화웨이 사태를 정치·경제 등 비군사적 요소와 사이버전, 심리전 등을 포함한 하이브리드전의 개념을 빌려 이해하는 모습을 보였다.

이러한 미국의 화웨이 견제에도 불구하고 중국은 일대일로 구상의 추진 차원에서 해외 통신 인프라 확충을 가속화했다. 2018년 4월 시진핑 중국 국가주석은 일대일로 건설을 계기로 관련 국가들, 특히 개도국에 인터넷 기반 시설을 건설하고 디지털 경제와 사이버 보안 등 다방면에서 협력을 강화하여 '21세기 디지털 실크로드'를 건설해야 한다고 강조한 바 있다.

이러한 전개는 2020년 후반기에 들어서면서 미중 간의 디지털 안보 동맹 및 연대 외교 경쟁으로 본격화되었다. 특히 2020년 8월 폼페이오 미 국무장관은 중국으로부터 중요한 데이터와 네트워크를 수호하기 위한 클린 네트워크(Clean Network) 구상을 발표했다. 클린 네트워크 프로그램은 이동통신과 모바일 앱, 클라우드 서버를 넘어서 해저 케이블에 이르기까지 중국의 모든 IT 제품을 사실상 전면 금지하는 내용을 담고 있다. 이에 대해 중국은 '글로벌 데이터 안보 이니셔티브'로 맞대응했다.

2020년 9월 왕이 중국 외교부장은 데이터 안보에 대한 위협에 맞서 각국이 참여하고 이익을 존중하는 글로벌 규칙을 만들자며, 미국이 일방주의에 빠져 안전을 핑계로 선두 기업을 공격하는 것은 노골적 횡포라며 반대의 뜻을 명확히 했다.

바이든 행정부에서도 이러한 경쟁 양상이 지속하는 가운데, 기술보다 가치를 강조하고 안보보다 규범을 강조하는 경향이 출현했다. 바이든 행정부는 인권과 민주주의를 명분으로 동맹 전선을 고도화하여 국제적 역할과 리더의 지위를 회복하고 다자주의를 표방하고 있다. 개인정보를 보호하고 국가 기반 시설 수호하기 위해 다른 국가와 협력을 표명하며, '하이테크 권위주의'에 대한 대응의 차원에서 '사이버 민주주의 동맹'을 추진하는 행보를 보였다. 이러한 미국의 공세에 대응하여 중국도 보편성과 신뢰성의 문턱을 넘어야 할 과제를 안고 있다. 첨단 기술 분야에서도 미중 양국이 벌이는 보편 규범과 가치의 플랫폼 경쟁이 본격화하는 양상이다.

2) 사이버 안보와 사이버 외교·규범

사이버 안보 위협의 증대

최근 사이버 안보 이슈는 공급망 디커플링 논란, 첨단 기술 관련 수출입 통제, 데이터의 초국적 유통 등과 같은 국제 정치·경제의 굵직한 이슈들과 연계되면서 미중 패권 경쟁의 주요 어젠다로 발전하고 있다.

특히 2021년 상반기를 거치면서 미국에 대한 러·중의 사이버 공격을 둘러싼 갈등으로 유난히 떠들썩해졌다. 결국 2021년 7월 미 바이든 대통령은 16개 정보기관을 총괄하는 국가정보국(DNI)을 방문한 자리에서 러시아에 대해 "사이버 공격이 실제 전쟁을 초래할 수 있다"라고 경고했다. 이에 앞선 7월 초 미국은 아프간 철군 이후 중국과 사이버전에 치중하겠다고 발표하며 사이버 갈등이 미국 외교 정책의 핵심 사안임을 밝히기도 했다.

미국이 이렇게 강경한 태도로 나오는 이면에는, 2020년 하반기부터 증가한 러시아와 중국으로부터 사이버 공격이 자리 잡고 있다. 특히 2020년 하반기 미 대선 방해 시도 등 러시아가 그 배후로 추정되는 사이버 공격이 미 정가의 화두가 되었다. 2020년 12월 보안 솔루션 업체 솔라윈즈에 대한 해킹도 러시아 해커 조직의 소행으로 밝혀졌다. 러시아 해커들은 2021년 5월 미국 최대 송유관 업체인 콜로니얼 파이프라인에 대한 랜섬웨어 공격을 벌였고 세계 최대 육류 공급 업체 JBS에 대해서 사이버 공격을 가하기도 했다. 7월 초 소프트웨어 업체 카세야가 받은 랜섬웨어 공격은 7,000만 달러라는 거금을 요구받은 것으로 유명세를 치렀다.

러시아의 해킹이 바이든 행정부의 레드라인을 시험하는 양상이라면, 중국의 공격은 기술과 정보를 빼내는 산업 스파이를 방불케

한다. 중국이 2020년부터 코로나19와 관련된 기술과 정보 해킹에 집중하고 있음은 잘 알려진 사실이다. 2021년 1월과 3월 중국의 해커들은 마이크로소프트의 이메일·메시지 플랫폼인 익스체인지 서버를 해킹했다. 중국 해커들은 2021년 4월에는 보안 솔루션 업체 펄스시큐어의 가상 사설망(VPN)의 취약점을 이용해 해킹했다. 또한 뉴욕 지하철 시스템에 대해서도 해킹을 시도했다. 해커들이 열차 통제 시스템에까지는 접근하지 않아 피해가 적었지만, 자칫 영화의 한 장면과 같은 아찔한 사건이 터질 뻔했다.

미국은 '솔라윈즈 해킹'을 당하고 나서 사이버 대응 역량 강화를 더욱 강조하고 있다. 바이든 대통령은 공세적 사이버 정책을 엿보게 하는 전문가들을 요직에 기용했다. 국가안보회의(NSC)를 확대·개편하면서 사이버 안보·신흥 기술 담당 국가 안보 부(副)보좌관으로 앤 뉴버거 국가안보국(NSA) 사이버안보부장을 임명했다. 2021년 국방 수권법을 통해 사이버 안보 분야의 인적·기술적 체질 개선을 도맡을 국토안보부(DHS) 사이버·인프라안보국(CISA)의 수장으로 사이버 안보와 대테러 분야의 요직을 거쳐온 젠 이스털리를 임명했다.

백악관 내에서 범정부 차원의 사이버 안보 전략을 총괄하는 자리로 신설된 백악관 사이버안보책임자, 즉 국가사이버국장(National Cyber Director)에 크리스 잉글리스를 임명했다. 또한 오바마 행정부의 사이버 정책 담당 차관보를 역임한 로버트 실버스를 국토안보부 전략정책계획차관으로 지명했다.

2021년 4월 바이든 대통령은 러시아의 유해한 대외 활동을 전범위에서 대응하고 억지한다는 정부의 결의를 보여주기 위해, 강화된 권한을 제공하는 러시아 제재 행정명령에 서명했다. 5월에는 콜로니얼 송유관 해킹에 대응하여 '사이버 안보 강화 행정명령(Executive Order on Improving the Nation's Cybersecurity)'에 서명했다. 7월에는 대형 해킹 속출에 대응하여 핵심 인프라 시설에 대한 사이버 안보 강화를 지시했다.

이후에도 러시아 추정 랜섬웨어 공격에 소극적으로 대응한다는 여론을 무마하기 위해 랜섬웨어 공격에 대응하기 위한 국제적 협력과 국내 역량 강화를 더욱 강조하고 있다.

사이버 안보 외교 및 국제 규범

사이버 안보 외교의 추진이라는 차원에서, 최근 미국은 사이버 안보 분야의 국제 협력을 강화하기 위해서 기존의 동맹을 활용하는 행보를 보이고 있다. 앞서 살펴본 바와 같이, 5G 이동통신 장비로 논란이 되었던 화웨이에 대한 제재의 전선에 파이브 아이즈 국가들을 동참시켰다. 인도·태평양 지역에서도 쿼드 안보 협력체 강화·확대의 한 부분으로, 백신·기후 변화·사이버 안보 등 공공재적 이슈를 놓고 협력하는 시도를 보였다.

2021년 중반을 거치면서 미국은 G7, 나토, EU 등과 함께 중국을 '구조적 도전'으로 규정하고 중국 포위망을 구축하는 행보를 강화하고 있다. 2021년 7월 19일, 미국은 EU, 나토 등과 함께 중국의 마이크로소프트 익스체인지 서버 공격을 비난했다. 이때 나토가 중국의 사이버 활동을 비난한 것은 최초였다는 점에서 주목을 받았다.

미중 간 사이버 안보 협의도 큰 성과 없이 물밑 작업만 벌이는 중인 것으로 알려졌다. 미중은 2021년 3월 알래스카 회담과 7월 톈진 회담에서 사이버 공격 등 미중 간 현안을 논의했으나 서로의 입장 차이만 확인했다. 이에 비해 미러의 사이버 안보 협의에 주목할 필요가 있다.

2021년 6월 16일, 스위스 제네바에서 열린 미러 정상 회담에서 바이든 대통령은 푸틴 대통령에게 에너지·수자원 등 핵심 인프라 16개 분야에 대한 사이버 공격 금지를 제시하고 대미 사이버 공격에 대해 보복 가능성도 시사했다. 또한, 7월 9일 미러 정상은 러시아 해커 조직인 '레빌'의 소행으로 알려진 카세야 랜섬웨어 사건에 대해 전화 통화를 나누었는데, 그 이후 '레빌'의 활동은 잠잠해졌고 다크웹에서 이들의 웹사이트도 사라졌다.

국제기구의 사이버 국제 규범 논의와 관련하여 유엔 GGE와 OEWG의 투 트랙 프레임이 출현했다. 2018년 미국과 러시아 주도로 채택된 유엔 총회 결의안을 통해 제6차 GGE와 OEWG가 신설되어, 두 개의 협의체가 병행하여 유엔 차원의 사이버 안보 논의를 진행해왔다. 2020년 새로운 총회 결의안에 따라 5년(2021~2025년)

회기의 신규 OEWG가 출범했다.

최근 제5차 GGE 보고서 채택 실패 및 진영 간 대립으로 인해 유엔 차원의 사이버 안보 논의에 대한 회의감이 증대되었는데, 코로나19 상황에도 2021년 3월 OEWG 최종 보고서가 채택되어 기대를 높였다. OEWG 논의 전반에서 미국 등 서방 진영과 중국·러시아·개도국 등 비서방 진영의 대립이 드러났는데, 기존 국제법 적용, 구속력 있는 규범 필요성, 정례 협의체 등 주요 쟁점별로 GGE에서 드러난 진영 간의 근본적 시각차는 여전히 지속됐다(유준구 2021).

예를 들어, 향후 OEWG가 사이버 안보 논의에 있어 핵심적인 정례 협의체로 발전할 가능성이 큰 가운데 양 진영의 입장이 갈리고 있다. 중러는 OEWG를 명실상부한 유엔 차원의 사이버 안보 논의의 최고 협의체로 발전시키려는 입장이다.

미국과 서방 진영은 이를 견제·대응하는 새로운 형태의 협의체를 신설하려는 의견을 내고 있는데, 이른바 '사이버 공간에서 책임 있는 국가 행동 계획(PoA) 구상'을 내세우고 있다. 또한 유엔 헌장, 국제 인도법 등을 포함한 국제법이 사이버 공간에 적용된다는 미·서방 진영의 입장과 현존하는 국제법 적용에 회의적이며 구속력 있는 새로운 국제법이 필요하다는 중러 등 비서방 진영의 입장이 대립하고 있다. 자발적 규범의 경우, 사이버 공간의 특수성을 고려하여 기존 국제법을 보완하기 위해 비구속적·자발적 규범을 설정한 것이라는 미·서방 측 견해와 데이터 안보, 공급망 안보 등 신규 규범 정립에 좀 더 적극적인 중·러 및 일부 개도국 입장이 대립하고 있다(유준구 2021).

3. 미중 플랫폼 경쟁과 데이터 안보

1) 미중 플랫폼 경쟁과 분할 인터넷

디지털 전환과 분할 인터넷의 경향

코로나19 위기로 인해 창출된 비대면(非對面, Untact) 환경을 배경으로 하여, ICT 기업은 물론 전통 제조업 기업조차도 디지털로 전환해야만 생존할 수 있다는 인식이 확산하고 있다. 코로나19 사태가 진정되더라도 디지털 경제와 비대면 경제로의 전환이 급속도로 계속될 것으로 전망된다. 이렇게 경쟁의 장이 비대면 환경으로 옮겨가면서 온라인에서 국가와 진영의 경계도 높아지고 있다. 이러한 과정에서 글로벌하고 초국적인 차원에서 진화해온 인터넷도 기업별로 또는 국가별로 분할되는 양상을 드러내고 있다(Lemley 2021, p.1418).

이러한 맥락에서 볼 때, 최근 분할 인터넷의 부상으로 불리는 사이버 공간의 블록화 또는 발칸화는 21세기 초반 디지털 전환 시대에 글로벌 차원에서 드러나고 있는 메가트렌드 중 하나이다. '분할 인터넷'으로 번역되는 '스플린터넷(Splinternet)'은 '쪼개진다(Splinter)'

와 '인터넷(Internet)'의 합성어이다. 2018년 에릭 슈밋 전 구글 회장은 이러한 분할 인터넷의 등장 가능성을 언급한 바 있다. 그는 인터넷 세계가 미국 주도의 인터넷과 중국 주도의 인터넷으로 쪼개질지도 모른다고 예견했다(Holmes 2020).

이는 이전부터 제기되어왔던 관념이기는 하지만, 최근 미중 패권 경쟁이 디지털 플랫폼 영역에서 첨예하게 나타나기 시작하며 이러한 현상이 현실화되는 것이 더욱 가까워졌다는 평가가 제기되고 있다. 실제로 이러한 분할의 비전은 반도체 공급망의 분할과 재편, 데이터 국지화, 이커머스와 핀테크 시스템의 분할, 콘텐츠 검열 제도의 차이 등으로 입증되고 있다. 여태까지의 인터넷은 국경이나 종교·이념 등을 넘어서 '모두'에게 개방되고 자유로운 형태의 WWW(World Wide Web)이었다. 그러나 앞으로 출현할 인터넷은 국가·지역별로 분할된 RWW(Region Wide Web)가 될 가능성이 있다.

분할 인터넷의 경향은 '사이버 주권론'과 같은 기존의 사이버 공간의 '정치·사회적 장벽 세우기'를 넘어서는 좀 더 근본적인 차원의 '기술공학적 장벽 세우기'를 야기할 가능성도 엿보인다. 최근 중국과 러시아 등의 행보가 그 사례이다. 이러한 시도에는 글로벌 인터넷 거버넌스의 체계로부터 독립된, 루트 서버나 새로운 인터넷 주소 또는 도메인 이름 체계 등을 국가 단위로 구축한다는 내용이 포함되어 있다. 최근 화웨이 사태 이후 중국은 기존의 인터넷과는 다른 기술 시스템의 구축을 고려 중인 것으로 알려졌다. 이러한 움직임에 대해 미국도 일본·호주·노르웨이·이스라엘 등과 '사이버 기술 동맹'을 추구할 구상으로 대응하고 있다.

중국은 오래전부터 유튜브, 구글 검색, 페이스북, 인스타그램, 넷플릭스 같은 서비스는 물론 해외의 유명 언론 매체도 차단하는 이른바 '만리방화벽(Great Firewall)'을 구축해왔다. 중국은 만리장성에 빗댈 정도로 강력한 인터넷 통제 시스템을 통해 사회주의를 반대하는 정보가 유입되지 못하도록 막고 외국 인터넷 플랫폼에 접속할 수 없도록 차단했다. 또한 만리방화벽 안에서 중국은 자국 테크 기업들에 대해서도 정치적으로 민감한 콘텐츠 검열을 하고 있다.

한편, 중국의 플랫폼 기업들에 대한 별도의 제재를 취하지 않았던 미국도, 근래 몇 년간 사이버 안보 등의 이유로 중국 기업들의 사업을 금지하는 조치를 내리고 있다. 이러한 미국의 변화를 드러내는 가장 대표적인 것이 '클린 네트워크(Clean Network)' 구상이다. 이 구상은 미 국민의 사생활과 기업의 민감한 정보 등 국가 자산을 보호하기 위해 일부 중국 기업의 서비스를 미국 내에서 이용하지 못하도록 하는 등의 조치를 포함한다. 만리방화벽의 미국 버전인 셈이다. 이에 대응하여 중국이 다시 '글로벌 데이터 안보 이니셔티브'로 맞서면서 인터넷 세상이 두 진영으로 나누어질지도 모른다는 우려를 증폭시켰다.

러시아도 바깥세상과 차단된 인터넷 구축의 행보를 보이고 있다. 푸틴 러시아 대통령은 2019년 5월 러시아에서 발생한 데이터를 해외로 가지고 나갈 경우 정부 검열을 거치도록 강제하는 법안에 서명했다. 데이터의 국외 반출과 해외 기업의 무차별적인 데이터 수집을 금지한 것이다. 이러한 연속선상에서 2019년 11월에는 '독립 인터넷법'을 발표했다.

독립 인터넷법은 러시아의 통신 회사 로스콤나드조르에 외부와의 트래픽을 차단하여 순수하게 러시아만의 인터넷을 만들도록 규정했다. 많은 인권 활동가와 사이버 전문가는 러시아의 인터넷에 일종의 '디지털 철의 장막'을 드리우게 되어 인터넷에 대한 검열 및 감독에 새로운 국면을 열 것이라고 우려했다(유세진 2019). 2019년 12월 말 러시아는 국제 인터넷망을 대체할 국내용 네트워크 테스트를 성공적으로 마쳤다고 발표했다. 계획대로 이행할 경우 러시아인들은 세계인이 사용하는 국제 인터넷망으로부터 완전히 단절되거나, 그렇지 않더라도 러시아 정부가 승인한 정보만을 접할 수 있게 된다.

중국이나 러시아 이외에도 이란·사우디·북한 등과 같은 국가들은 이미 다른 나라에서 유입되는 온라인 콘텐츠를 검열하는 시스템을 유지하는 등 차단 조치를 취하고 있다. 그런데 여기서 유의할 점은 과거에는 전체주의 국가들에 국한되었던 이런 시도가 이제 하나의 세계적인 추세로 발전하고 있다는 사실이다. 러시아·중국 외에도 심지어 서방 진영 국가들 사이에서도 인터넷을 어떻게 관리하느냐를 두고 의견이 갈리면서 미국 버전의 인터넷과 유럽 버전의 인터넷이 탄생할 가능성이 거론되고 있다. 전자의 경우 국가 안보와 범죄 예방에 초점을 맞추고 있다면, 후자의 경우 프라이버시와 개인의 보호를 강조하는 새로운 규칙을 만들고 있다.

이렇게 국가와 지역별로 서로 다른 기준과 접근성을 가진 인터넷이 탄생하면 국제적인 정보의 교환은 물론, 국제 금융과 무역에도 영향을 줄 수밖에 없다. 과거 누구나 접근 가능한 '정보의 바다'로 비유되던 하나의 글로벌 인터넷이 서로 분리된 크고 작은 연못처럼 변할지도 모른다는 우려가 제기되는 것은 바로 이러한 흐름 때문이다.

분할 인터넷 부상의 조짐들

분할 인터넷이 등장할지도 모른다는 전망을 낳는 조짐들은 인터넷과 이동통신 및 위성 시스템 인프라와 관련하여 여러 분야에서 드러나고 있다.

사실 사이버 공간의 '기술공학적 장벽 세우기'를 의미하는 디지털 인프라의 분할은, 앞서 언급한 '정치·사회적 장벽 세우기'보다도 좀 더 근본적인 차원의 인터넷 분할을 초래할 가능성이 있다. 실제로 인터넷 주소 자원의 분할에 대한 논의에서부터, 앞서 살펴본 5G 이동통신 인프라의 분할 시도, 그리고 해저 케이블과 위성 항법 시스템의 분할 가능성까지 다양한 사례가 나타나고 있다.

첫째, 인터넷 주소 자원의 분할 시도이다. 인터넷 주소 자원의 관리는 미국을 기반으로 한 ICANN(Internet Corporation for Assigned Names and Numbers)이 담당해왔다. 전 세계 인터넷 트래픽을 관리하는 13개 루트 DNS 서버 중 10개가 미국에 있고, 세계의 트래픽 가운데 최소 60% 이상은 미국을 경유해 이뤄진다. 이러한 미국의 주도에 대해 러시아와 중국 및 개도국들은 반론이 제기해왔다(Lemley 2021, p.1417).

특히 중국은 미국이 ICANN을 통한 인터넷 거버넌스의 수행 과정에서 자국의 이익을 챙길 수 있을 뿐만 아니라 매우 큰 권력을 행사할 수도 있다고 지적했다. 미국이 원하기만 한다면 IP 주소가 도메인과 연결되지 않도록 통제할 수 있다는 것이다.

특히 중국은 ASCII 코드에 입각한 현행 도메인 이름 체계에 대해 강력히 문제를 제기했으며, 다국어로 도메인 이름을 표기할 수 있는 기술적·정책적 방안의 도입을 주장했다. 2006년 3월 1일 중국은 독자적으로 중국어 도메인 이름 체계를 만들겠다고 발표함으로써 큰 충격을 주기도 했다. 끝내 실현되지는 않았지만, 한자로 된 최상위 도메인으로 中國(.cn), 公司(.com), 網絡(.net) 세 가지를 만들겠다는 것이었다.

이러한 시도는 중국이 ICANN이 관리하는 루트 서버 외에 새로운 루트 서버를 기반으로 하는 도메인 이름 체계를 만드는 것으로, 미국이 주도하는 ICANN의 인터넷 패권에 대한 정면 도전을 의미했다. 별도 루트 서버로 최상위 도메인을 관리하려는 중국의 움직임은 장기적으로 인터넷을 분할할 가능성을 내포한 조치로서 분할 인터넷 논의의 초기 형태라고 할 수 있다.

둘째, 분할 인터넷의 논의는 5G 이동통신 인프라를 구축하는 과정에서도 나타난다. 5G는 4세대 LTE보다 전송 속도가 20배 이상 빠르며, 빠른 속도와 안정성을 기반으로 통신 이외의 다양한 디바이스를 연결하여 인공지능, 자율주행차, 사물인터넷, 디지털 금융, 원격 의료 등 다양한 영역에 적용될 4차 산업혁명 시대의 핵심 인프라로 여겨지고 있다.

중국 기업인 화웨이가 5G 기술의 선두 주자인데, 2017년 기준으로 화웨이의 세계 통신 장비 시장 점유율은 28%로서 세계 1위를 차지했다. 5G는 통신 인프라와 산업 및 서비스 분야에서 벌어지는 민간 부문 경쟁뿐만 아니라, 국가 간 갈등을 여실히 보여준 분야이다. 2019~2020년에는 화웨이 공급망을 차단하기 위한 미국 정부의 제재가 이어졌다(김용신 2020; Tang 2020).

이에 미국은 파이브 아이즈 동맹국을 중심으로 화웨이 장비를 사용하지 않으려는 행보를 보이고 있다. 미국의 제재에도 불구하고 중국은 5G 네트워크를 구축하고 있다. 이는 중국 내에만 국한된 것이 아니다. 일대일로 구상을 통해 아프리카·중남미·아시아에도 5G 네트워크를 수출하고 있다. 이들 국가는 미국과 서로 연결되지 않아도 무방한 상이한 하드웨어 시스템을 구축하고 있어서, 미국과 호환되지 않는 5G 네트워크를 사용할 가능성이 큰 나라들이다(Lemley 2021, p.1413). 화웨이의 5G 이동통신 장비 사용을 분기점으로 삼아, 화웨이 장비를 사용하지 않는 서방 진영의 인터넷과 화웨이 장비를 사용하는 비서방 개도국 진영의 인터넷이 분할될 가능성을 엿볼 수 있는 대목이다.

셋째, 해저 케이블의 분할 가능성이다. 현재 인터넷 데이터 전송의 95%는 해저 케이블로 이루어진다. 전 세계에는 약 380개의 해저 광케이블이 설치되어 있으며 길이로는 120만km(74만 5,645마일)에 달한다. 해저 케이블 공사는 미국·일본·프랑스 3파전에 최근 중국이 급부상하고 있는데, 2012~2015년 기간만 하더라도 주로 홍콩과 타이완을 연결하는 해저 케이블 공사만 하던 중국 기업들은 2016년 이후 전 세계 해저케이블 시장의 20%를 내다볼 정도로 급성장했다. 특히 화웨이가 뛰어들면서 이 분야의 주도권이 중국으로 넘어갈 조짐이 나타나자, 미국과 동맹국들이 사이버 보안 문제를 들고 나섰다.

2020년 8월 폼페이오 미 국무장관은 '클린 케이블'과 관련, "중국 공산당이 글로벌 인터넷과 연결하는 해저 케이블에 의해 전송되는 정보를 훼손할 수 없도록 노력하고 있다"라고 발표했다. 또한 2020년 9월 구글과 페이스북은 5년째 추진해오던 '태평양 해저 광케이블 프로젝트(Pacific Light Cable Network, PLCN)'의 노선을 중국 바로 앞에서 변경해 홍콩을 최종 기착지에서 배제하고 타이완과 필리핀으로 연결될 것이라고 발표했다. PLCN의 좌초는 미중 간 디지털 인프라 구축 경쟁에서 해저 광케이블이 새로운 각축장으로 등장했음을 의미하며, 분할 인터넷에 대한 우려로부터도 자유롭지 못하다(김연규 2020).

끝으로, 위성 항법 시스템의 분할 가능성에 대한 논의이다. 지상 케이블망과 해저 광케이블망을 보완하는 역할을 하는 인프라가 위성 통신이다. 최근 베이더우로 대표되는 중국의 위성 항법 시스템이, 지금까지 GPS를 통해 미국이 거의 독점했던 위성 항법 시스템에 도전장을 던졌다. 중국은 2020년 10월 55번째의 베이더우 위성을 쏘아 올리면서, 미국의 전 지구적 위성 항법 시스템에 상응하는 자체 시스템을 완성했다. 이와 더불어 중국은 2013년 이래로 태국·브루나이·라오스·파키스탄 등 일대일로 대상 국가들을 대상으로 베이더우를 정부와 군사 분야에 활용하는 조약을 체결해왔다. 이러한 중국의 행보는 우주 분야에서 중국과 우호적인 국가들과 연대함으로써 우주 인프라 분야 미국의 주도권에 대항하여 중국의 영향력을 강화할 것으로 전망된다.

2) 데이터 안보와 데이터 규범 외교

데이터 경제와 데이터 안보

최근 데이터 이슈도 새로운 국제 안보 의제로 부상하고 있다. 데이터 경제 시대에는 과거와 비교할 수 없을 정도로 거대한 규모의 데이터가 생성된다. 이렇게 생성된 데이터는 빅데이터 기술을 통해 수집·처리·분석되어 자신도 모르는 사이에 기업 마케팅이나 공공 정책에 활용되기도 한다.

그런데 문제는 이렇게 수많은 사용자의 경제 활동 동향과 정치적 성향을 포함한 개인정보가 사적 권력인 민간 기업에 집중되면서 사생활 침해 논란이 커지고 있다는 사실이다. 특히 구글(G), 아마존(A), 페이스북(F), 애플(A), 즉 GAFA로 대변되는 미국의 다국적 기업들의 빅데이터 권력이 커지는 현상에 대한 우려가 늘어나고 있다. 최근 급부상한 중국의 BAT 기업들, 즉 바이두(B), 알리바바(A), 텐센트(T)도 상황은 마찬가지이다. 게다가 중국은 서구 국가들보다 느슨한 개인정보 보호 체계를 갖고 있다. 사생활 보호보다 빅데이터를 활용한 경제 활성화에 더 적극적이다.

이들 미중 기업이 데이터 경제 분야에서 치열한 경쟁을 벌이고 있는 가운데, 사이버 안보화에서 시작되어 수출입 규제 문제로 비화된 미중 갈등의 불똥은 데이터 안보 분야로 옮겨붙고 있다. 최근 데이터가 국제 안보의 어젠다로 부상한 데는 단순한 산업 경쟁력의 이슈를 넘어서 포괄적인 국가 안보의 문제로 데이터를 각인시킨 일련의 사건들이 영향을 미쳤다.

2013년 스노든 사건 이후 미국의 도청과 감시에 대한 경각심이 늘어나고, 2015년을 전후하여 사이버 안보 분야의 미중 갈등이 고조되었다. 그리고 2018~2019년에는 앞서 살펴본 화웨이 사태가 터졌다. 이러한 추세는 그대로 이어졌다. 데이터 안보와 관련하여 화웨이 다음으로 표적이 된 것은 민간 드론 시장을 석권한 중국 업체 DJI였다.

또한 미국 정부는 2017년부터 하이크비전, 다후아 등과 같은 CCTV 업체들이 수집하는 데이터가 중국 정부로 유출될 수 있다는 의혹도 제기했다. 2019년 말에는 15초짜리 짧은 동영상을 공유하는 앱인 틱톡 서비스를 제공하는 바이트댄스가 데이터 유출 가능성을 근거로 새로이 미국의 경계 대상 목록에 등장하기도 했다.

이러한 과정에서 논란이 된 것은 그 자체가 국가 안보와 직접 관련된 '내용'을 가진 데이터만은 아니었다. 스몰 데이터 시대였다면 '속성론'의 차원에서 이해된 '안보 데이터'가 쟁점이었겠지만, 빅데이터 시대의 관건은 데이터가 안보 문제로 쟁점화되는 과정, 즉 '데이터 안보화'의 문제였다. 미시적 차원에서 보면 개인정보나 집단 보안의 문제에 불과한 데이터일지라도, 큰 규모의 수집과 처리 및 분석의 과정을 거치고 여타 비(非)안보 이슈들과 연계되는 와중에 거시적 차원에서는 국가 안보에 치명적인, 숨어 있던 '패턴'이 드러날 수도 있다는 것이다.

이런 시각에서 보면 다국적 기업들이 수집하는 비군사적이고 경제적인 데이터일지라도, 때에 따라서는 매우 중요한 군사 안보적 논란을 일으킬 수도 있다. 실제로 이와 관련하여 최근 일국 단위에서 데이터 주권을 어떻게 수호할 것이냐의 논쟁이 일고 있다. 4차 산업혁명 시대를 맞이하여 민간의 데이터 안보 문제가 군사 분야의 정보·데이터 안보 문제와 연계될 가능성이 커졌기 때문이다.

데이터 주권과 데이터 규범 갈등

이러한 과정에서 안보적 함의를 지닌 데이터가 국경을 넘어서 유통되는 문제를 다루는 국제 규범의 수립이 현안으로 등장했다. 이러한 과정에서 주목할 것은 데이터 유통 규범의 형성과 관련된 미국과 중국의 입장 차이다.

미국은 화웨이에 대해서는 안보를 빌미로 한 보호주의의 칼날을 휘둘렀지만, 자국 빅데이터 기업들의 데이터 비즈니스에 대해서는 자유로운 이동을 보장하자는 의견이다. 이러한 미국의 입장은, WTO에서의 서비스 무역에 대한 논의가 부진한 가운데, 지역 무역 협정 차원에서 진행되었던 다자간 서비스 협정(Trade in Services Agreement, 이하 TISA)에서 그대로 드러났었다.

트럼프 대통령이 TPP의 탈퇴를 선언하면서 미국이 주도하던 디지털 무역 협상이 소강 상태를 맞고 있는 가운데, 데이터 무역에 대한 논의는 CPTPP와 USMCA에서 이루어졌다. 미국을 제외한 TPP 11개국이 체결하여 2018년 12월 발효된 CPTPP는 무역 협정 중 최초로 국경 간 자유로운 데이터 이동, 서버 국지화 금지, 개인정보 보호 등의 내용을 포함했다. 2018년 미국·캐나다·멕시코가 기존의 NAFTA를 개정하여 체결된 USMCA는 기본적으로 CPTPP를 기초로 하되 새로운 규범을 포함했다.

2019년 6월 오사카 G20 정상 회의는 미중 경쟁의 무게 중심이 기존의 '화웨이 라운드'에서 새로이 '데이터 라운드'로 옮겨갈 조짐을 보여줬다. G20에서 일본이 제안한 오사카 트랙은 중국의 디지털 보호주의와 데이터 국지화 정책을 겨냥한 미국 등 서방 진영의 속내를 담고 있었다. 오사카 트랙에서는 국제적 데이터 유통 규칙의 표준화뿐만 아니라 개인정보와 지식재산권 보호 및 사이버 보안의 강화 그리고 미국의 인터넷 기업들에 대한 과세 기준 마련 등이 논의되었다. G20 차원에서 제기된 이러한 문제들은 양자와 다자 그리고 지역 차원의 협상 과정에서 유사한 구도로 재현·확장될 것으로 전망된다.

그러나 오사카 G20 정상 회의에서 미중 정상은 데이터 주권으로 설전을 벌였다. 트럼프 대통령이 중국의 데이터 통제를 겨냥해 "국가를 넘는 데이터 유통 등을 제한하는 (중국의) 움직임은 무역을 방해하고, 프라이버시나 지식재산을 침해하는 것이어서 반대한다"라고 말했다. 이에 대해 시진핑 주석은 "각국의 자주적인 관리권을 존중하고 데이터의 질서 있는 안전 이용을 확보해야 한다"라고 반박했다. 또한 시 주석은 불법적인 데이터 수집 가능성 등을 이유로 중국 화웨이에 대해 제재를 가하고 있는 미국 정부를 향해 "공평·공정하고 차별 없는 시장 환경을 만들어야 한다"고 역공을 펴기도 했다(민재용 2019).

중국은 데이터 주권의 개념을 내세워 자국 기업과 국민의 데이터를 보호하고 데이터 현지 보관, 해외 반출 금지 등으로 대변되는 '데이터 국지화(Data Localization)'를 주장했다(Liu 2020).

스노든 사건 이후 미국의 데이터 감시에 대한 위기감은 중국이 2017년 6월 시행한 '네트워크 안전법'을 통해서 이러한 입장을 강화하는 데 작용했다.

중국에서 활동하는 모든 기업은 중국에서 수집한 데이터를 반드시 역내에 보관해야 하며, 데이터를 역외로 이전하기 위해서는 중국 당국의 허가를 받고 중국의 규정에 따라 안전 평가 절차를 거쳐야 한다는 것이다. 또한 중국 정부의 요구가 있을 경우 데이터 암호 해독 정보를 제공해야 하며, 거부 시에는 기업에 영업 정지와 벌금을 부과한다는 것이다.

이러한 중국의 행보는, 공익을 해치는 데이터를 검열·통제하고, 자국 내에서 수집한 데이터의 국외 유출을 규제하는 것은 국가 주권이라는 관념에 입각해 있다.

게다가 중국 정부는 화웨이 사태를 거치면서 데이터 안보를 강화하는 법안 마련에도 나섰다. 2020년 7월 중국은 '홍콩 국가 보안법' 시행에 이어 정부와 기업이 취급하는 데이터를 엄격히 관리하는 내용을 주요 골자로 하는 '데이터 보안법' 제정에 나섰다. 이러한 논리에 기반을 두고 중국 정부는 자국 시장에 대해 미국 클라우드 기업들의 진입을 제한했다.

4. 미중 첨단 무기 경쟁과 민군 겸용 기술 안보

1) 자율 무기 체계 안보와 국제 규범

자율 무기 체계 경쟁과 수출 통제

4차 산업혁명의 전개에 따른 기술 발달은 첨단 군사 기술 분야에도 큰 영향을 미치고 있다. 무엇보다도 무인 로봇, 인공지능 및 머신러닝, 빅데이터, 사물인터넷, 가상현실, 3D 프린팅, 생명공학 등과 같은 4차 산업혁명 분야의 신흥 및 기반 기술(EFT)을 적용하여 새로운 무기 체계의 개발이 이루어지고 있다. 인공지능(AI)과 자율 로봇 기술을 적용한 자율 무기 체계의 개발이 대표적인 사례이다.

이 기술의 대부분은 민간 부문을 중심으로 발달하여 군사 분야에 적용되는 이중 용도이다. 기술의 융복합을 핵심으로 하는 4차 산업혁명의 특성상, 개별 무기 체계의 개발과 도입을 넘어서 사이버-물리 시스템(CPS) 전반의 구축, 디지털 플랫폼의 구축, 제조-서비스 융합 등에까지 영향을 미친다(장원준 외 2017). 또한 기술 변화는 무기 체계뿐만 아니라 작전 운용 그리고 전쟁 양식까지도 변화시킬 가능성이 커졌다(김상배 편 2021a).

이러한 맥락에서 주요국들은 첨단 기술을 개발하여 더 좋은 무기 체계를 확보하기 위한 새로운 차원의 군비 경쟁에 박차를 가하고 있다. 특히 향후 자율 무기 체계 경쟁은 미중이 벌이는 글로벌 패권 경쟁과 연계될 가능성이 크다. 자율 무기 체계의 기술 혁신 경쟁은 단순한 군사력 경쟁을 넘어서는 미래전 수행의 기반이 되는 복합적인 사이버 권력 경쟁의 성격을 띤다. 냉전기 미소 핵 군비 경쟁에서 보았듯이 자율 무기 체계 경쟁도 군비 경쟁을 야기하고 국제 정치의 불안정성을 낳을 가능성이 있다(Gill 2019).

이 분야를 주도하는 나라는 미국이다. 2014년 발표된 미국의 '제3차 상쇄 전략'은 미래전에서 미국의 군사력 우위를 보장하기 위한 최첨단 기술 혁신을 위해 설계되었다. 2018년 신설된 합동인공지능센터(JAIC)는 미 국방부 인공지능(AI) 전략의 핵심이다. AI 기술의 도입은 미래전의 수행을 염두에 둔 작전 운용 방식과 국방 시스템의 혁신도 유발하고 있다. 2021년 8월 미 육군 미래사령부는 2026년까지 집중 투자할 AI 연구 영역을 발표했다.

첨단 군사 혁신 분야에서 중국의 도전도 만만치 않다. 중국은 미국과의 지정학적 경쟁이라는 구도에서 군 현대화를 추진하며 AI를 장착한 자율 무기 체계(AWS) 개발에 임하고 있다. 중국의 AI 군사화 수준은 아직 미국에 미치지 못하지만, 민간 산업 분야의 AI 기술을 활용해 미국과의 격차를 빠른 속도로 좁히고 있다. 인간이 주도하는 육·해·공 위주의 전통적인 전쟁 분야에서는 미국을 넘어서기 어렵지만, 궁극적으로 AI와 기계를 기반으로 한 미래전 분야에서는 미국과 겨뤄볼 만하다는 것이 중국의 속내로 파악된다.

중국의 AI 무기 개발은 2017년부터 본격적으로 시작된 것으로 평가된다. 시진핑 주석은 그해 10월 중국 공산당 제19차 당 대회에서 'AI 기술의 적극적인 도입을 통한 경제·사회·군사 영역의 인공지능화'를 공식화했다. 그 직전인 7월 중국 국무원은 '신세대 인공지능 발전 계획'을 제시했는데, 미래 국력 경쟁의 원동력이자 신산업 발전의 원천 및 국방력 강화의 동인으로서 AI의 역할을 강조했다. 그 이후 중국은 육·해·공 전 분야에서 자율 살상의 능력까지도 갖춘 AI 무기를 개발하고 있는 것으로 알려져 있다.

2020년 8월 미 의회는 중국의 AI 기술과 함께 양자(Quantum) 기술이 미국의 국방을 위협하고 있다는 보고서를 냈다. 양자 기술은 물리학 최소 단위인 양자의 특성을 보안·초고속 연산 등에 적용한 차세대 정보통신 기술이다. 중국은 2016년 세계 최초 양자 위성통신인 '묵자'를 발사한 데 이어, 2017년엔 베이징-상하이를 잇는 세계 최장 2,000㎞ 구간에 유선망을 구축해 양자 암호 통신을 성공시켰다. 최근 중국은 미국이 앞서 있는 양자 컴퓨팅 분야에서도 도전장을 내밀고 있다.

2021년 8월 중국은 음속의 5배 이상으로 날아가는 극초음속 미사일의 발사 실험을 공개해서 미국 당국자들의 간담을 서늘케 했다. 미 정책 서클에서는 중국의 이러한 군사 혁신이 양국 간에 벌어질 미래전의 판도를 바꿀 '게임 체인저'가 될지도 모른다는 우려를 제기했다. 마크 밀리 미 합참의장도 중국의 극초음속 미사일 시험을 '매우 중대한 기술적 사건'이라고 규정하며, 냉전기 구소련이 세계 최초로 인공위성을 발사해 미국을 놀라게 한 '스푸트니크 순간'에 빗대기도 했다.

이러한 도전의 이면에 중국의 '군민 융합' 모델이 있음도 놓치지 말아야 한다. 중국은 시진핑 집권 후인 2013년부터 줄곧 군민 융합을 강조했는데, 그 핵심은 국방 건설과 경제 발전을 유기적으로 통합함으로써 한정된 자원을 전투력과 생산력으로 전환하려는 데 있다. 과거 미국의 군사 혁신 모델인 '방위고등연구계획국(DARPA) 모델'이 군이 주도하는 모델이었다면, 중국은 당과 정부가 컨트롤 타워 역할을 하며 군의 기술 혁신 성과를 활용해서 민간을 포함한 국가 기술 전반에서 미국을 추격하려는 모델을 모색하고 있다.

최근 미중 간에는 첨단 무기 체계 관련 전략 물자와 첨단 민군 겸용 기술의 수출 통제도 첨예한 문제이다. 전통적으로 첨단 군사 기술 분야는 수출 통제의 대상이었는데, 최근 미국은 미중 경쟁의 맥락에서 이러한 수출 통제 카드를 활용하고 있다.

2018년 8월 트럼프 행정부가 발표한, '수출 통제 개혁법(ECRA)'은 신흥 기술의 최종 사용자와 목적지에 대한 더욱 체계적인 제한에 초점을 맞추고 있다. 또한 이러한 행보의 바탕에는 첨단 기술의 수출 통제가 기술 경쟁력의 보호 차원을 넘어서 국가 안보의 문제로 인식되는 상황 전개가 깔려 있었다. 이러한 법제 개혁의 행보는 앞서 살펴본 화웨이의 5G 통신 장비에 대한 미국 정부의 수입 규제 문제와 연결되는 것이기도 했다.

최근 미국은 '수출 통제 개혁법' 이외에도 2021년 '전략 경쟁법'이나 각종 행정명령을 통해 대중국 기술 통제를 강화했다. 특히 미국은 신흥 기술에 대한 대중국 통제를 위한 다자 이니셔티브를 강화하고 있다. 2019년 9월 민감 기술 보호, 특히 관련 기술의 대중국 유출 방지 방안 논의 등을 위해 유사 입장국 간 협의체인 '민감 기술에 대한 다자 조치(MAST)'를 출범시켰다.

바이든 행정부에서는 여기서 더 나아갔다. 수출 통제가 민군 겸용 기술 분야를 넘어서 민군의 경계가 모호한 민간 기업에 대한 제재에까지 확대되고 있다. 2021년 6월 바이든 대통령은 중국군과 관련된 방위와 감시 분야의 기술을 다루는 회사들, 즉 중국의 핵·항공·석유·반도체·감시 기술 분야 59개 기업에 대한 미국의 투자를 금지하는 행정명령을 내렸다.

이러한 연속선상에서 2021년 11월 미 상무부가 국가 안보에 위협이 되는 수출 규제 대상 기업을 지정한 조치도 이해할 수 있다. 이 제재 리스트에는 대(對) 스텔스 및 대(對) 잠수함 용도의 무기 개발을 위한 양자 컴퓨팅과 암호화 기술에 관련된 8개의 중국 기업이 포함되었다. 미 상무부에 의하면, 이들 기업은 미국이 원천 기술을 확보한 첨단 무기를 확보하기 위한 사업에 연루됐다. 특히 중국 기업 최초로 양자 기술 분야에서 상장한 퀀텀씨텍이 미국의 수출 제재를 받았는데, 군사용 애플리케이션을 지원하기 위한 미국의 품목을 구매한 혐의였다.

자율 무기 체계의 국제 규범과 윤리

자율 무기 체계의 전략적 함의가 커지면서 이 분야를 장악하기 위한 경쟁이 치열해졌다. 그뿐만 아니라 다른 한편으로는 자율 살상 무기에 대한 규범적 통제도 관건이 되고 있다. 이른바 '킬러 로봇'에 대한 인간의 통제, AI 및 자율 살상 무기의 개발과 윤리적 기준 사이의 균형, 기존 인권법적 가치의 적용, 테러 집단의 악용과 기술 유출을 방지하기 위한 수출 통제 등의 문제들이 쟁점으로 제기되고 있다(이원태 외 2018). 사실 자율 살상 무기에 대한 윤리적·법적 기준이 부재한 상태에서 자율 살상 무기의 확산이 인류의 생명뿐만 아니라 인간 전체의 정체성을 위험에 빠트릴 수도 있다는 문제 제기마저도 나온다(Butcher and Beridze 2019; Koppelman 2019; Jensen, Whyte and Cuomo 2019).

이러한 우려를 바탕으로 기존의 국제법을 원용하여 킬러 로봇의 사용을 규제하는 문제가 논의되어왔다. 예를 들어, 킬러 로봇이 군사적 공격을 감행할 경우, 유엔 헌장 제51조에 명기된 '자기방어(Self-defense)'의 논리가 성립하는지, 좀 더 넓게는 킬러 로봇을 내세운 전쟁이 '정당한 전쟁'인지 등의 문제가 논의되었다. 좀 더 근본적으로 제기되는 쟁점은 전장에서 삶과 죽음에 관한 결정을 기계에 맡길 수 있느냐는 윤리적 문제였다.

이러한 문제의식을 바탕으로 킬러 로봇의 금지를 촉구하는 글로벌 시민 사회 운동이 진행되었다. 예를 들어, 2009년에 로봇 군비 통제 국제 위원회(ICRAC)가 출범했다. 2012년 말에는 휴먼라이트와치(HRW)가 완전 자율 무기 개발을 반대하는 보고서를 냈다. 2013년 4월에는 국제 NGO인 킬러 로봇 중단 운동(CSRK)이 발족되어, 자율 살상 무기의 금지를 촉구하는 서명 운동을 진행했는데 2016년 12월까지 2,000여 명이 참여했다. 이는 대인 지뢰 금지 운동이나 집속탄 금지 운동에 비견되는 행보라고 할 수 있는데, 아직 완전 자율 무기가 도입되지 않은 상황임에도 운동이 진행되고 있음에 주목할 필요가 있다(김상배 편 2020).

이러한 운동은 결실을 거두어 2013년에는 23차 유엔 총회 인권이사회에서 보고서를 발표했고, 유엔 차원에서 자율 무기의 개발과 배치에 대한 토의가 시작되었다. 자율 무기의 금지 문제를 심의한 유엔 내 기구는 특정 재래식 무기 금지 협약(CCW)이었다. 2013년 11월 완전 자율 살상 무기에 대해 전문가 회합을 개최하기로 한 이후, 2014년 5월부터 2016년 12월까지 여러 차례 회합을 개최했으며, 그 결과로 자율 살상 무기에 대한 유엔 GGE가 출범했다. 한편, 2017년 8월에는 자율 자동차로 유명한 일론 머스크와 알파고를 개발한 무스타파 슬레이만 등이 주도하여, 글로벌 ICT 분야 전문가 116명(26개국)이 유엔에 공개서한을 보내 킬러 로봇을 금지할 것을 촉구하기도 했다.

유엔 자율 살상 무기(LAWS) GGE에서 AI 무기 체계에 대한 논의는 AI 기술의 적용·활용이 주는 혜택은 살리면서도 윤리적으로 부정적인 요소를 피해가는 규범을 만들자는 방향으로 진행되었다. 이러한 논의에서 특히 주목할 점은 미·서방과 중·러 간의 대립으로 진행된 사이버 안보나 우주 군사화 논의와는 달리, LAWS 논의는 기술 선도국과 개도국 및 비동맹 그룹 간 대립으로 나타난다는 점이다. 결과적으로 지난 5년여 동안 유엔 회원국들 사이에서 자율살상 무기에 대한 논의가 큰 진전을 보지 못하고 있다.

2) 우주 안보와 우주 국제 규범

우주의 군사화와 상업화 경쟁

최근 우주 공간도 미중 패권 경쟁의 맥락에서 새로이 조명을 받고 있다. 4차 산업혁명 시대의 기술·정보·데이터 환경을 배경으로 우주 공간의 상업적 활용에 대한 논의가 활성화된 것이 계기이다. 아울러 인공위성 및 GPS 장치를 이용한 사이버·우주전의 가능성에 대한 우려도 커지고 있다(Zhao and Jiang 2019).

예를 들어, 위성을 활용한 정찰, GPS를 이용한 유도 제어, 군 작전 수행 등 민간과 군사 분야에서 우주 자산이 큰 관심을 끌고 있다. 우주 공간은 육·해·공·사이버 공간의 연속선상에서 나열되는 또 하나의 별개 공간이 아니라 전통적인 공간과 복합적으로 연동되면서 미래 인류 공간을 입체화시키는 '확장된 신(新) 복합 공간'의 일부로서 이해해야 한다(김상배 편 2021b).

고도의 과학기술과 자본이 필요한 분야라는 특성 때문에 과거 우주 개발은 참여국의 숫자가 극히 제한되어 있었다. 우주 진입 초기에는 미국과 구소련 간의 양자 경쟁이 진행되었으며, 최근에는 중국의 진입으로 경쟁 구도가 확장되었다. 이들 우주 강국은 우주 공간에서 전쟁 수행 능력을 확보하기 위한 경쟁을 벌여왔다. 특히 우주 굴기로 알려진 중국의 행보에 대응하여 미국은 한동안 템포를 늦추었던 우주 경쟁의 고삐를 다시 잡고 있다. 미국은 트럼프 대통령 취임 직후인 2017년 6월 국가우주위원회(NSC)를 부활시키고, '국가 우주 전략(National Space Strategy)'을 발표했으며, 대통령 문서(Presidential Documents)의 형태로 '우주 정책 지침(Space Policy Directive)'을 계속 발표하면서 우주 정책을 구현하고 있다(He 2019).

트럼프 행정부 우주 전략의 핵심은 '미국 우선주의(America First)'의 취지에 따라 우주 군사력을 강화하고 상업적 규제 개혁을 통해 미국의 이익을 보호하는 것이다. 이러한 기조에 따라 미국은 2019년 12월 24일 우주군을 창설했는데, 이는 육·해·공군과 해병대, 해안경비대에 이은 6번째 군종이다. 이외에도 우주 상황 인식(SSA) 발표, 우주 교통 관리(STM) 체계 정비, 2018년 수출 통제 개혁법(ECRA) 등 일련의 우주 안보 정책을 추진했다.

미국은 유인 달 탐사와 달 연구 기지 건설을 포함한 아르테미스 프로젝트를 적극 추진하고 있다. 미국의 화성 우주 헬기(인저뉴어티) 비행에서도 나타났듯이 최근에는 화성 탐사 경쟁도 벌이고 있다.

2024년까지 인류 최초의 달 궤도 우주 정거장을 만들고, 2033년에는 화성에 사람을 보낸다는 구상이다.

이렇듯 미국의 우주 전략이 가속화되는 배경에는 중국의 유인 우주선 발사나 위성 요격 무기(ASAT) 개발 등에 대한 위협감이 존재하고 있음을 간과해서는 안 된다. 특히 중국이 2019년 1월 인류 최초로 달의 뒷면에 탐사선 '창어(嫦娥) 4호'를 착륙시키자, 미국은 우주군 창설을 공표하는 반응을 보였다. 오늘날 우주 공간이 그 군사적 활용 가능성을 염두에 둔 군비 경쟁의 공간으로 인식되고 있음을 보여주는 대목이다.

역사적으로 미국·중국·러시아 등 강대국들이 우주 경쟁을 본격화하는 과정에서 우주전 수행을 위한 능력을 강화하는 경쟁을 벌여왔다. 우주 공간은 육·해·공에 이어 '제4의 전장'으로 이해되고 있으며, 사이버 공간의 전쟁과 더불어 '다영역 작전'이 수행되는 복합 공간으로서 그 위상을 정립해가고 있다. 최근 군사 작전 수행 과정에서 우주와 인공위성의 활용은 선택이 아닌 필수가 되었으며, 우주력을 활용하지 않고서는 효과적으로 전쟁을 수행하기 어려운 작전 환경이 펼쳐지고 있다. 2000년대 이후에는 기존 우주 강국뿐만 아니라 독일·일본·인도·한국 등도 우주 개발에 본격적으로 참여하면서 우주 경쟁이 가속화되고 있다(Drozhashchikh 2018).

오늘날 우주 경쟁은 인공위성, 우주 과학 및 우주 탐사 등 우주 시스템 등의 연구개발 경쟁을 근간으로 한다. 우주 개발 경쟁이 본격화되면서 상업적 목적의 우주 산업이 차지하는 비중이 급격히 증가하고 있다. 그런데 이러한 추세는 역설적으로 우주 공간과 관련된 새로운 안보 위협의 요인으로 작용하기도 한다. 우주 공간에서의 상업적 활동은 사실상 군사적 활동을 전제하거나 수반하는 측면이 강하기 때문이다. 이러한 점에서 우주 산업 관련 민군 겸용 기술에 특히 주목할 필요가 있다. 최근 모든 국가의 군과 정부는 상업적 우주 산업에 대한 의존도가 날로 증대하고 있다. 이러한 변화는 과거 정부 주도의 '올드 스페이스 모델'로부터 민간 업체들이 신규 시장을 개척하는 '뉴 스페이스' 모델로의 패러다임 전환을 바탕에 깔고 있다.

4차 산업혁명 시대를 맞이하여 특히 주목을 받는 우주 관련 기술은 글로벌 위성 항법 시스템(Global Navigation Satellite System, GNSS)이다. 위성 항법 시스템은 4차 산업혁명 시대의 사회 기반 시설을 구축하여 개인의 편익을 증진하는 국가의 주요 인프라로 부상하고 있다. 또한 위성 항법 시스템은 항법, 긴급 구조 등 공공 부문뿐만 아니라 스마트폰 등과 같은 국민 개개인의 생활 속까지 그 활용 영역을 급속히 확대하고 있다. 게다가 최근 미래전이 인공위성의 위성 항법 장치를 이용한 우주전의 형태를 띠고 있다는 점에서 그 군사 안보적 함의도 커지고 있다.

이러한 추세에 부응하여 각국은 독자적 위성 항법 시스템 구축에 박차를 가하는 추세이다. 미국 GPS, 러시아의 글로나스

(GLONASS)는 GNSS를 이미 구축했고, 유럽의 갈릴레오(Galileo)와 중국의 베이더우는 GNSS를 구축 중이다. 한편, 인도의 나빅(Navic), 일본의 큐즈(QZSS)는 RNSS(Regional Navigation Satellite System)를 구축 중이고, 한국도 독자 위성 항법 시스템인 KPS 구축에 대한 논의를 벌이고 있다.

이 중에서 최근 쟁점은 중국이다. 중국은 우주 군사력 건설 차원에서 미국의 GPS와 같은 독자적인 위성 항법 시스템을 구축하려 시도해왔다. 중국은 미국이 제공하는 GPS의 위치 정보에 의존할 경우 자국 안보에 심각한 위협을 초래할 수 있다는 전략적 판단에 따라 국가 안보 차원에서 베이더우를 구축해왔다. 앞서 언급한 바와 같이, 중국은 2020년 10월 55번째의 베이더우 위성을 쏘아 올리면서, 미국의 전 지구적 위성 항법 시스템에 상응하는 자체적인 베이더우 시스템을 완성했다. 이와 더불어 중국은 일대일로 대상국들을 대상으로 하여 베이더우 서비스를 제공하면서 우주 분야에서도 중국의 영향력을 높여가고 있다.

우주 분야의 국제 규범

우주의 군사화와 무기화, 우주 환경 문제 등을 둘러싼 우주 분야 국제 규범의 형성을 놓고 주요국들이 논의를 진행해오고 있음에도 주목해야 한다. 1950년대 이래 국제 사회는 우주에서의 군비 경쟁 방지와 지속 가능한 우주 환경 조성을 위하여 규범적 방안을 모색해왔다. 현재 우주 분야 국제 규범에 대한 논의는 주로 강대국들을 중심으로 유엔 차원에서 진행해왔다. 이러한 우주 국제 규범의 모색 과정에서 '아래로부터의 국제 규범 형성 작업'과 '위로부터의 국제 조약 창설 모색'의 두 가지 트랙을 병행해서 진행했다.

유엔 총회 산하에 우주 문제를 논의할 수 있는 위원회는, 1959년 12월 설립된 유엔 '우주 공간 평화적 이용 위원회(COPUOS)'와 1978년 5월 처음 개최된 유엔 군축 특별 총회에 기원을 두고 1982년부터 우주 문제를 논의한 다자간 제네바 군축 회의(CD)가 있다. COPUOS는 지속 가능한 우주 환경 조성에 관한 방안을, CD는 우주 공간에서의 군비 경쟁 방지를 위한 방안(PAROS)을 논의하고 있다. COPUOS는 국제 조약 채택을 주도하기보다는 국가 간 공동의 합의를 유도하는 방향으로 최근 선회했으며, 이는 아래로부터의 공동 합의를 통한 국제 규범 형성을 모색하려는 서방 진영, 특히 미국의 사실상(De facto) 접근과 맥이 닿는다. CD에서의 우주에 대한 논의는 일종의 위로부터의 국제 조약 모색의 논의로서 이해할 수 있으며, 이는 중국과 러시아 등 비서방 진영이 주도하는 법률상(de jure) 접근과 맥이 닿는다.

이러한 국제 규범 논의 과정에서 미국과 유럽연합, 그리고 중국과 러시아로 대변되는 서방 대 비서방 진영의 대립 구도가 견고하게 유지되고 있다. 미국과 유럽연합은 2012년 ICoC(Draft International Code of Conduct for Outer Space Activities)를 제출한 바 있다. 이러한 과정에서 특히 미국과 중러를 중개하려는 유럽연합의 접근은 기본적으로 법적 구속력이 없는 행동 규범의 채택을 의도하고 있다. 반면 중국과 러시아는 PPWT(Treaty on the Prevention of the Placement of Weapons in Outer Space and of the Threat or Use of Force against Outer Space Objects)를 공동 제출했다. 이러한 PPWT 기반의 접근은 법적 구속력 있는 국제 우주법을 제정하려는 입장으로 요약된다. 이 밖에 현재 우주 관련 국제 규범의 형성 및 창설 관련 쟁점으로 논의되는 사항은 우주의 군사화·무기화, 자위권의 적용, 우주파편의 경감 등 위험 요소 제거, 투명성 및 신뢰 구축 등이 있으며, 각 쟁점에서 각국은 자국들의 이해를 반영하기 위해서 서로 다른 입장을 드러내고 있다(유준구 2016).

한편 우주 공간의 국제 규범 창설 논의에는 우주 개발 선진국과 개도국 간 갈등도 첨예한 쟁점으로 제기되고 있다. 개도국들은 우주가 인류의 유한 천연자원이고 그 혜택이 모든 국가에 미쳐야 하며, 우주 개발 활성화를 위한 국제 협력을 촉진하기 위해서는 조속히 그 '경계 획정'의 문제를 해결해야 한다는 입장이다. 이에 대해 선진국들은 우주의 정의 및 경계 획정을 추진하는 것은 시기상조이며, 국제적 합의가 부재한 상황에서 추진할 경우 우주 활동을 위축시킬 수 있고, 경계 획정으로 인해 관할권 문제를 둘러싼 국제 분쟁을 촉발시킬 가능성이 크다고 주장한다. 이러한 입장 차이는 우주 공간의 유한 자원 이용과 관련하여, 우주 무선 통신 수용 주파수

지대와 지구 정지 궤도 문제에서 제기되고 있으며, 영공과 우주의 경계 획정 문제에서도 이들 국가군 간 의견 대립이 존재한다.

최근 인공위성과 우주 활동국의 수가 증가하면서 우주 환경이 피폐화되고 과밀화되는 문제가 발생하고 있다. 국제 사회는 우주 활동의 목적, 즉 상업적 활동 또는 군사적 활동의 여부를 불문하고 지속 가능한 우주 환경 조성과 우주에서의 군비 경쟁 방지를 위하여 정책적·규범적 방안을 동시에 모색해왔다. 현재 제기되는 우주 분야 국제 갈등과 협력의 주요 현안은 ① 장기지속성(LTS) 가이드라인과 '우주 2030' 어젠다, ② 우주 상황 인식(SSA), 우주 교통 관리(STM), 우주 파편물(Space Debris), ③ 투명성 신뢰 구축 조치(TCBMs), PAROS GGE, 우주의 군사화와 무기화 및 자위권 적용 문제, 위성 부품 수출 통제(ECR) 등과 같은 우주 공간의 군비 경쟁 방지 관련 현안 등의 세 그룹으로 나누어볼 수 있다. 이러한 과정에서 미국과 유럽의 서방 진영과 러시아와 중국의 반서방 진영, 그리고 선진국 진영과 개도국 진영의 입장 차가 드러나고 있다.

5. 국가 신흥 기술 안보 전략 수립이 절실

최근 4차 산업혁명 시대를 배경으로 하여 벌어지는 미중 기술 패권 경쟁이 가속화되면서 기술 그 자체도 관심사이지만, 그 기술의 안보적 함의도 독자적 쟁점이 되었다. 5G 이동통신 장비의 사이버·데이터 안보가 논란이 되더니, 그 갈등의 전선은 반도체 공급망의 안보 논란으로 번졌다. 다양한 형태로 진화하는 사이버 안보 위협도 국가 안보와 국가 간 전쟁을 거론케 하는 국제 안보의 이슈로 자리 잡아가고 있다. 이러한 기술 안보의 세계 정치가 우주 공간의 군사적·상업적 경쟁으로 확장되고 있음에도 주목해야 할 것이다. 민군 겸용의 첨단 군사 기술을 활용한 자율 무기 체계를 놓고 벌이는 경쟁과 외교 및 규범의 경쟁도 주목거리다. 요컨대, 최근 미중 기술 패권 경쟁은 좁은 의미에서 본 기술의 경계를 넘어서 디지털 안보의 지정학으로 확대되고 있다(김상배 편 2021c).

이 글에서 살펴본 신흥 기술 안보 분야에서 한국은 어떠한 대응 전략을 펼쳐야 할까? 무엇보다도 신흥 기술 안보의 각 분야 및 전체적 '구조적 상황'에 대한 포괄적 인식을 바탕으로 한국이 차지하는 '구조적 위치'를 고려하는 대응 전략의 수립이 필요하다. 분야마다 미국과 중국의 기술력과 생산력이 상이하고, 미중 양국이 모색하는 경쟁 및 협력 전략의 내용이 상이함을 이해하는 것이 출발점이 되어야 할 것이다. 분야별로 연루된 한국의 구조적 위치 또는 국가 이익 및 기술·생산 역량도 상이하다는 사실도 충분히 고려해야 한다. 이러한 이해를 바탕으로 분야별 '개별 전략'의 개발뿐만 아니라 이들을 아우르는 '메타 전략'의 개발이 필요하다. 그러한 전략의 방향을 중견국 외교의 시각에서 짚어보면 다음과 같다.

첫째, 중견국 한국의 신흥 기술 안보 전략은 미중 사이의 '구조적 공백'을 공략하는 '중개 전략'의 발상을 바탕으로 해야 한다. 예를 들어, 미국이 주도하는 글로벌 공급망의 재편 과정에서 기술 질서의 변동과 생산 질서의 변동 사이에서 발생하는 '불일치' 또는 '균열', 즉 구조적 공백을 활용하는 대응 전략을 상정해볼 수 있다. 이러한 과정에서 대중 상호 의존의 비대칭성을 완화하고, 좀 더 포용적인 한중 관계를 구축해가는 유연한 대응도 병행해야 할 것이다. 이러한 전략은 기술과 안보의 연계 함의가 더욱 큰 5G, 데이터, 사이버, 우주, 미래전 분야에서도 마찬가지로 필요하다. 기술적 경제성·효율성 이외에도 안보·외교·규범 등과 같은 여타 변수를 고려해야 할 것이며, 한미 협력을 업그레이드하면서도 상업화와 이중 용도의 성격을 지닌 분야에서의 한중 협력의 가능성도 열어놓아야 할 것이다.

둘째, 신흥 기술 안보 분야 중개 전략의 모색이 미국과 중국이 주도하는 진영에 대한 선택 문제가 될 수 있다는 사실을 인식해야 한다. 여태까지 한국이 미중 사이에서 소극적인 유보론의 입장을 취했다면, 이제는 좀 더 명시적으로 입장을 표명해야 할 수도 있다. 이러한 구도는 단순히 미국 편승론이나 한중 협력론과 같은 단순 선택지가 아닐 수도 있다.

다시 말해, 여태까지 한국이 만지작거렸던 카드가 미국이 주도하는 네트워크에 적극적으로 참여하지 않고 적당한 선에서 '미국 달래기'였다면, 앞으로는 미국이 주도하는 사이버 동맹 외교의 전선에 적극 가담하면서 다른 한편으로 '중국 달래기'를 모색하는 비대칭적인 관계 조율의 복합적인 카드가 될 가능성이 크다. '중국 달래기'가 '미국 달래기'보다 어려울 수 있다는 점에서 한국의 미래 전략은 한 차원 더 업그레이드되어야 할 것이다.

셋째, 미국과 중국 사이에서 구조적 위치 잡기를 모색하는 동시에 '내 편 모으기' 차원에서 동지 국가들(Like-minded countries)과의 연대 외교를 추진할 필요가 있다. 신흥 기술 안보 분야에서 중견국 연대 외교를 추진할 경우 대상이 되는 그룹에 대한 면밀한 검토가 필요하다. 대표적인 중견국 정부 간 협의체인 믹타(MIKTA)부터 ITU나 OECD 등과 국제 외교의 장에서 한국과 유사한 입장을 취했던 국가들이 연대 외교의 후보들이다.

예를 들어, 사이버 안보 분야에서 2016~2017년 유엔 5차 GGE에서 쟁점이 되었던 '적절한 성의(Due Diligence, DD)' 원칙의 국제법적 지위를 옹호했던 6개국(에스토니아·네덜란드·핀란드·스위스·일본·한국)도 후보이다. 이밖에도 글로벌 인공지능 파트너십(GPAI)에 참가한 국가들이나 코로나19 관련 중견국 협의체인 보건 안보 우호국 그룹 참가국들도 고려할 수 있다.

넷째, 규범 외교의 관점에서 신흥 기술 안보 분야가 모색 중인 국제 규범의 형성과정에 적극 참여해야 할 것이다. 특히 미국과 중국 또는 서방과 비서방 진영 사이에서 다양하게 제기되는 쟁점에 대한 한국의 입장을 전략적으로 포지셔닝하는 접근이 필요하다. 예를 들어 유엔 GGE나 OEWG 차원에서 논의되는 사이버 안보, 우주 안보, 인공지능(AI) 기반 자율 무기 체계 등과 관련된 국제 규범의 형성 과정에 한국의 관심사와 국익을 반영하는 노력을 적극적으로 펼쳐야 할 것이다. 여러 쟁점을 둘러싸고 한국이 취할 입장에 대한 지지를 확대하는 노력도 필요하다.

이러한 과정에서 신흥 기술 안보 규범과 관련된 한국만의 독특한 규범 외교의 추구도 중요하다. 특히 중견국으로서 한국이, 강대국의 경우와는 차별화되는, 나름대로의 보편적인 규범의 브랜드를 창출할 수 있을지가 관건이다.

끝으로, 신흥 기술의 세계 정치에 대응하는 국내적 차원의 추진 체계를 정비해야 할 것이다. 무엇보다도 신흥 기술 안보의 국가 전략을 총괄하는 컨트롤 타워의 위상을 다시 세워야 한다. 청와대 국가 안보실 내 사이버 안보 담당 비서관의 위상과 역할을 새로이 수립할 필요가 있다. 신흥 기술 안보 분야의 외교를 담당할 외교부 차원의 조직 정비도 시급한 사안이다.

최근 '사이버안보청' 설립에 대한 논의가 제기되고 있음에도 주목해야 할 것이다. 오랫동안 국회에 계류 중인 '사이버 안보 기본법'에 대해서도 모두가 머리를 맞대고 고민해야 한다. 2019년 '국가 사이버 안보 전략'이 나온 지도 벌써 2년이 넘었다. 좀 더 포괄적인 의미에서 '국가 사이버 안보 전략 2.0'의 새로운 전략 구상을 설계해야 할 때다. 새로운 전략 2.0은 좁은 의미의 사이버 안보 전략을 넘어서 다양한 신흥 기술 안보의 이슈에 대한 대응 전략을 포함하는 '국가 신흥 기술 안보 전략'이어야 할 것이다.

4장

미중 무역 전쟁: 트럼프 행정부의 다차원적 복합 게임

이승주(중앙대학교 정치국제학과)

이 글은 무역 전쟁에 나타난 미국과 중국의 전략적 상호작용을 검토한다. 트럼프 행정부가 공세를 취하는 측면이 부각되고 있지만, 미중 무역 전쟁의 동학은 매우 복합적이다. 이 글은 미중 무역 전쟁이 '무역' 전쟁을 넘어 다차원적 복합 게임의 양상을 띠는 질적 변화의 거치고 있다는 점에 주목한다. 다차원적 복합 게임은 미국과 중국의 단일 쟁점이 아니라 여러 쟁점을 긴밀하게 연계하고 갈등의 확전과 제한적 타협이라는 이중 동학을 전개하는 동시에, 양자 협상을 중심축으로 하되 향후 다자 수준의 협상과의 연계를 고려하여 진행하는 것을 말한다. 즉, 미국과 중국은 ① 무역 불균형의 시정이라는 협소한 무역 쟁점뿐 아니라 공급 사슬의 재편, 기술 경쟁 등 다양한 쟁점을 동시다발적으로 제기하고 ② 지정학적 이해관계가 투사된 패권 경쟁을 무역 전쟁에 투사하며 ③ 경쟁과 갈등의 장으로서 양자·지역·다자 구도를 긴밀하게 연계하여 자국에 유리한 세계 경제 질서를 구축하는 게임을 전개하고 있다.

키워드
미·중 무역 전쟁, 트럼프, 다차원적 복합 게임, 경제·안보 연계, 상호 의존의 무기화

1. 다차원적 복합 게임

트럼프 행정부가 공세를 취하는 측면이 부각되고 있지만, 미중 무역 전쟁의 동학은 매우 복합적이다. 이는 문제의 원인이 복합적인 데 따른 불가피한 현상이다. 현재까지 전개된 무역 전쟁에서 미중 양국은 전선을 확대하고 주요 쟁점에 대하여 자국의 입장을 강경하게 고수하여 갈등 수위를 높이면서도 결정적 파국에 이르는 선택은 회피하는 '투이불파(鬪以不破)'의 양면성을 보이고 있다. 무역 불균형 문제에서 시작하여 전선을 기술 및 산업 정책, 기술 탈취, 발전 모델의 문제로 확대하고 이 과정에서 수차례 무역 협상을 결렬시키는 등 미중 양국은 확전을 과감하게 선택하기도 했다. 그러나 결정적 순간에는 다시 협상을 재개하는 모습을 보인 것이다.

미중 무역 전쟁은 일차적으로 미국과 중국 사이의 분쟁이지만,

경제적 파급 효과와 세계 경제 질서에 미치는 영향력은 지구적이다. 트럼프 행정부가 발표한 대로 중국산 수입품에 25%의 관세를 부과하고, 중국 역시 미국산 수입품에 대한 관세를 5~25%로 인상할 경우, 2021년 미국과 중국의 GDP는 각각 0.2%, 0.5% 감소할 것으로 예상된다. 자본 시장에까지 영향을 미칠 경우, 미국과 중국의 GDP 감소 폭은 0.7%와 0.9%까지 확대되고, 전 세계 GDP가 약 6,000억 달러 감소할 것으로 추산된다(Holland and Sam 2019). 무역 전쟁의 장기화에 따른 충격은 중국이 더 커서 최악의 시나리오를 상정할 경우 중국의 총생산과 일자리가 각각 1%, 1.1% 감소할 것으로 전망된다(Chong and Li 2019).[1] 더 나아가 국제통화기금(International Monetary Fund, IMF)에 의하면, 미중 무역 전쟁은 세계 GDP를 0.8% 감소시키는 등 세계 경제에 미치는 영향 또한 상당하다(Shalal 2019).

또한 미중 무역 전쟁은 주요국들이 직간접적으로 관여되어 있다는 점에서 지구화된 게임이다. 트럼프 행정부가 동맹국들에게 화웨이 장비를 설치하지 않도록 요청하고(Sanger 2019), 중국이 이에 대응하여 화웨이(华为技术有限公司: Huawei)와의 관계를 유지하도록 미국뿐 아니라 외국의 주요 다국적 기업들에 요청한 것은 이미 미중 무역 전쟁이 지구화되고 있음을 상징적으로 보여준다(Corera 2019). 이처럼 미중 무역 전쟁은 양국 간 무역 불균형을 완화·해소하는 차원을 넘어서 미래 경쟁력의 선제적 확보와 세계 경제 질서의 개혁을 둘러싼 갈등이기도 하기 때문에, 일회성 현상이라기보다는 구조적

이고 장기적인 문제이다. 그런 점에서 미중 무역 전쟁은 갈등의 지구화와 상시화를 촉발할 가능성이 있다.

이 글은 미중 무역 전쟁이 장기화되면서 단일 쟁점 중심의 양자 게임을 넘어 '다차원적 복합 게임'으로 진화하고 있다는 점에 주목한다.[2] 미중 무역 전쟁이 시작된 지 14개월이 넘어섬에 따라 장기화 가능성은 미국 내에서도 제기되고 있다. 래리 커들로(Larry Kudlow) 미국 국가경제위원회(National Economic Council) 위원장 역시 미중 무역 전쟁이 종결되기까지 수년, 심지어 수십 년이 걸릴 수도 있음을 시사한 바 있다(Lawder 2019). 이에 따라, 미중 '무역' 전쟁을 넘어 다차원적 복합 게임의 양상을 띠는 변화를 보이고 있다.

다차원적 복합 게임은 미국과 중국의 단일 쟁점이 아니라 여러 쟁점을 긴밀하게 연계하고 갈등의 확전과 제한적 타협이라는 이중 동학을 전개하는 동시에, 양자 협상을 중심축으로 하되 향후 다자 수준의 협상과의 연계를 고려하여 진행하는 것을 말한다. 다시 말해, 미국과 중국은 ① 무역 불균형의 시정이라는 협소한 '무역' 쟁점뿐 아니라, 공급 사슬의 재편, 기술 경쟁 등 다양한 쟁점을 동시다발적으로 제기하고, ② 지정학적 이해관계가 투사된 패권 경쟁을 무역 전쟁에 투사하며, ③ 경쟁과 갈등의 장으로서 양자·지역·다자 구도를 긴밀하게 연계하여 자국에 유리한 세계 경제 질서를 구축하는 게임을 전개하고 있다.

미중 관계의 본질을 이해하기 위해서는 갈등과 경쟁이 비교적 단기간에 광범위한 쟁점 영역에 걸쳐 동시다발적으로 진행되고 있다는 점에 주목할 필요가 있다. 전후 미국과 소련의 경쟁은 체제 경쟁의 성격을 가졌으나 기본적으로 군사 안보 분야를 중심으로 진행되었고, 경제력의 강화는 이를 위한 수단으로의 의미를 가졌다 (Harrison 2017).

1970년대 이후 본격화된 미일 무역 분쟁에서 미국은 양자 차원에서 공세적인 조치를 취하기도 했으나, 궁극적으로 G7이라는 글로벌 거버넌스 안에서 일본과의 문제를 해결해나가는 방식을 취했다 (Beeson and Bell 2009). 반면, 미중 무역 전쟁은 경제와 안보 분야의 경쟁이 긴밀하게 연계되어 진행되고 있을 뿐만 아니라, 경제 분야 내에서도 무역 불균형 및 기술 혁신, 산업 정책, 발전 모델 등 다양한 쟁점에 대한 갈등이 짧은 기간 내에 압축적이고 동시다발적으로 전개되고 있다는 면에서 과거 사례와 차별화된다.[3]

2. 미중 경쟁의 복합 게임

1) 무역·기술 연계

무역 전쟁의 구조적 원인

2018년 기준 미국 전체 무역 적자의 90% 이상을 중국을 포함한

8개국이 차지하고 있는데, 중국이 4,190억 달러의 흑자를 기록하여 전체의 65%를 차지했다. 이어서 멕시코 810억 달러, 독일 682억 달러, 일본 676억 달러를 기록했다(Amadeo 2019).[4] 트럼프 행정부로서는 미국 무역 적자의 대부분을 차지하고 있는 소수 국가를 대상으로 양자 협상을 전개하는 것이 미국의 무역 불균형을 해소하는 효과적인 방법이고, 중국을 무역 공세의 최우선 순위에 놓는 것은 당연한 선택이다. 2007년 글로벌 금융 위기 직후 중국의 대미 수출이 일시적으로 감소한 것을 제외하면 2000년대 미중 무역 불균형은 확대일로에 있었다. 무역 전쟁이 본격화한 2018년에도 무역 불균형의 규모는 감소하기는커녕 오히려 4,190억 달러로 증가하는 기현상을 보이기도 했다(U.S. Census Bureau, "Trade in Goods with China", https://www.census.gov/foreign-trade/balance/c5700.html).[5]

미국 정부가 생각하는 무역 불균형의 원인은 무엇인가? 트럼프 행정부가 지속적으로 제기하는 중국 정부의 불공정 무역 행위는 수입과 경쟁으로부터 국내 기업 보호, 세계 시장에서 중국산 제품의 점유율 확대, 핵심 자원의 확보와 통제, 전통 제조업에서 지배력 확대, 핵심 기술 및 지식재산권 탈취, 폐쇄적인 금융 시장 등 매우 다양하다. 트럼프 행정부는 중국이 불공정 무역 행위가 기술 경쟁력을 지속적으로 향상시켜 핵심 기술 분야에서 대외 의존도를 낮추고, 미래 경쟁력을 견인할 첨단 산업을 육성하는 정부 주도의 포괄적이고 장기적인 산업화 전략의 일환이라고 판단한다. 결국 미국의 입장에서 볼 때, 불공정 무역 행위의 본질은 중국의 '경제적 침공(Economic aggression)'이라는 것이다(White House Office of Trade and Manufacturing Policy 2018).

미국의 입장에서 낮은 소비 비중과 높은 저축률 같은 중국 경제의 구조적 문제도 무역 불균형을 초래하는 주요인이다. 2016년 기준 중국 경제에서 소비가 차지하는 비중은 GDP의 39%로 미국은 물론 주요 국가들과 비교할 때 상당히 낮은 수준에 머물고 있다.[7] 문제는 중국의 낮은 소비 비중이 개인 소비 성향의 근본적인 차이가 아니라 정부 정책 및 규제의 영향을 받은 결과이며, 따라서 무역 불균형을 초래하는 구조적 원인이라는 것이다.

반면, 중국은 무역 불균형을 시정하기 위한 노력을 지속적으로 기울여왔을 뿐 아니라, 무역 불균형이 초래된 데에는 미국 자체의 문제도 있기 때문에 중국에만 책임을 돌리는 것은 일방적 주장에 지나지 않는다고 본다. 중국은 대미 무역 흑자 규모가 절대 액수면에서 증가해온 것은 사실이나, GDP 대비 2007년 9.9%로 정점을 기록한 이후, 2017년 1.7%까지 감소했다. 무역 적자의 상대 비중이 지속적으로 감소하고 있다는 것은 미중 무역 불균형이 미국의 주장과 달리 적정 수준으로 관리되고 있다는 것이다(〈그림 4-1〉 참조).

또한 중국 정부는 무역 불균형을 초래하는 구조적 원인으로 지구적 가치 사슬(Global value chain)의 영향도 무시해서는 안 된다고 주장한다. 중국은 미국 및 EU에 대해 흑자를 기록하고 있지만, 다

〈그림 4-1〉 중국의 대미 무역 흑자 변화 추이(GDP 대비)

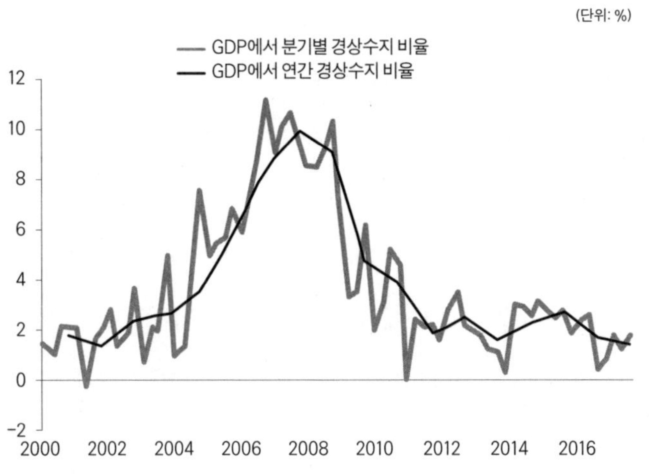

출처: Ha (2018).

른 국가들에 대해서는 적자를 기록하고 있다. 2018년 중국의 대미 무역 흑자 규모는 4,195억 달러를 기록했고, 2019년 5월까지 중국의 대미 무역 흑자도 1,370억 달러(수출 1,800억 달러, 수입 429억 달러)에 달한다.[8] 그러나 중국은 한국·대만·일본·독일에 대해서는 무역 적자를 기록하고 있기 때문에 중국의 전체 무역 흑자 규모는 483억 달러 규모로 감소한다.[9]

중국은 미중 무역 불균형을 글로벌 가치 사슬 내에서 중간재 중심의 무역이 증가하는 구조적 문제로 보고 있다. 중국의 전체 무역에서 중간재 교역 비중이 전체 무역의 약 3분의 1을 차지하고 있기 때문에 다국적 기업들이 글로벌 가치 사슬을 효율적으로 활용하는 가운데 미국 등 특정 국가들을 대상으로 무역 불균형이 발생하고 있다는 것이다. 실제로 61개 OECD 국가를 대상으로 부품 교역 구조를 분석한 세계은행의 연구에 따르면, 중국이 동아시아 지역에서 허브의 위치를 차지하고 있는 것으로 나타난다(International Bank for Reconstruction, The World Bank 2017).

그 결과 1990년 일본과 동아시아 국가들이 미국 무역 적자에서 차지하는 비중이 75%에서 2017년 12% 수준으로 감소한 반면, 중국의 비중은 1990년 10%에서 2013년 73%까지 증가했다(World Trade Organization 2019). 중국의 입장에서 볼 때, 미중 무역 불균형은 세계 주요국들이 경쟁력을 유지·강화하기 위해 최적의 입지를 선택하여 지구적 가치 사슬을 형성한 결과이다.

연계의 동학

미중 무역 전쟁은 기술 경쟁으로 전화하고 있다. 미중 무역 전쟁은 주로 현시점의 무역 불균형을 해소하는 데 초점이 맞추어진 것처럼 보이나, 그 근저에는 기술 경쟁이 작용하고 있다. 트럼프 행정부의 무역 정책에는 기술의 중요성에 대한 명확한 인식이 내재해 있다. 미국이 디지털 경제의 혁신을 선도해야 하며, 이를 위해 경쟁국이 지식재산권을 탈취하지 못하도록 보호해야 한다는 필요성에 주목한다. 특히 중국이 미국 기술과 지식재산권을 획득하기 위해 비합리적이고 차별적인 노력(Unreasonable and discriminatory efforts)을 일삼고 있다고 비판하면서, 이러한 불공정 관행을 저지하기 위해 301조 발동 가능성을 항상 열어둘 필요가 있음을 강조한다(White House Office of Trade and Manufacturing Policy 2018). 이는 화웨이 사태에서 이미 명확하게 드러났다.

기술 경쟁은 무역 불균형의 한 원인이라는 점에서 현재의 문제인 동시에, 미래 산업 경쟁력의 기반이라는 점에서 미래의 문제이기도 하다. 또한 미국과 중국이 무역 불균형을 넘어선 기술 경쟁으로 전선을 확대하는 것은 첨단 기술과 산업 분야의 경쟁력에서 우위를 확보하는 것이 미래 경쟁의 핵심이라고 보기 때문이다(Navarro 2018). 화웨이에 대한 미국 측의 문제 제기는 최근의 일만은 아니다. 미 의회는 2012년 화웨이와 ZTE에 관하여 작성한 보고서에서 기업 지배 구조의 불투명성, 중국 공산당과의 관계, 백도어 문제 등 다양한 문제를 제기했고, 그 결과 미국의 국가 안보에 위협이 된다는 결론을 내린 바 있다(Rogers and Ruppersberger 2012).

'중국제조 2025'는 미중 경쟁의 무대가 차세대 첨단 산업으로 이동하고 있음을 보여주는 대표적인 사례이다. 중국제조 2025는 정보 기술, 로봇, 항공 우주, 해양공학, 고속철도, 고효율·신에너지 차량, 농업 기기, 신소재, 바이오 등 주요 첨단 산업을 육성함으로써 노동 집약 산업 위주로 성장했던 중국 경제를 고부가가치 산업 중심으로 재편하고, 대외 의존도를 낮춰 자립도를 높이려는 시도이다. 구체적으로 중국 정부는 첨단 컴퓨터 기반 기계의 자급률을 80%까지 높이고, 산업용 로봇의 연간 생산량을 10만 대까지 늘리며, 빅데이터 및 클라우드 컴퓨팅을 IoT와 통합하는 중국 기업의 자립 능력을 획기적으로 증대시키려는 계획을 공식화했다(U.S. Chamber of Commerce 2017).

중국의 미래 경쟁력은 연구개발 분야에서도 감지된다. 2017년 미국과 중국의 연구개발 규모는 각각 4,960억 달러와 4,080억 달러로 전 세계 연구개발 지출 가운데 각각 26%와 21%를 차지하고 있다. 그러나 연구개발비의 증가 속도를 보면, 중국의 연구개발 액수는 2000년 이후 10배(연평균 18%) 증가했고 2008년에서 2012년 사이에도 2배 증가했다. 반면, 미국의 연구개발비 규모는 39%(연평균 4%)가량 증가한 데 그치고 있다.[10]

앞으로 중국과 미국의 격차는 더욱 벌어져 2024년 중국의 연구개발비는 6,000억 달러를 돌파하는 반면, 미국의 연구개발비는 5,000억 달러에도 미치지 못할 것으로 예측된다(〈그림 4-2〉 참조). 첨단 기술 개발을 지원하는 벤처 캐피털의 규모에서도 중국은 2013년 30억 달러에서 2016년 340억 달러로 증가하여 세계의 27%를 차지했다. 특허 출원 건수도 연평균 13.4% 증가하여 2017년 일본을 제치고 세계 2위가 되었고, 2018년 세계 1위의 특허 출원국이 될 것으로 예상된다.

미국은 중국 정부의 이러한 시도가 국내 기업에 대한 철저한 보호를 통하여 이루어진다고 보고 있다.[11] 중국 정부가 첨단 산업 분

〈그림 4-2〉 주요국의 연구개발 지출 규모 변화 추이 및 전망(2000~2024년)

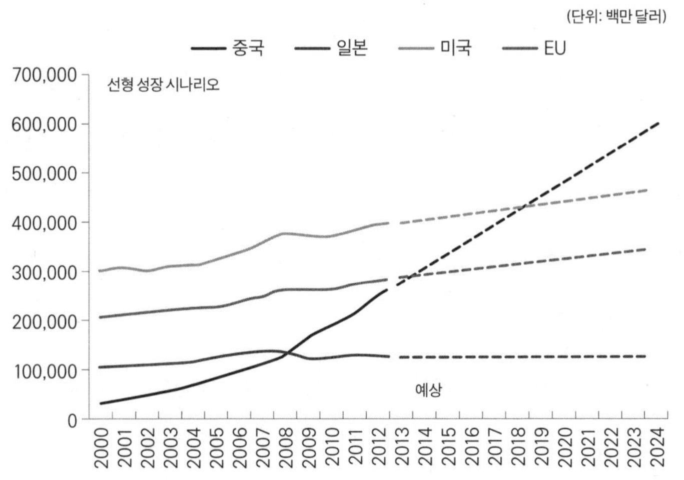

출처: OECD Science, Technology and Industry Outlook 2014.

야에서도 보조금 지급 등 기존의 산업 정책을 지속하고 있을 뿐만 아니라, 정부와 기업의 특수 관계를 기반으로 첨단 산업을 육성하고, 때로는 해외 기업에 차별적 조치를 부과하는 등 포괄적 불공정 행위를 지속하고 있다는 것이다. 미국이 문제를 제기하는 산업 정책의 사례는 매우 다양하다. 신에너지 차량(New energy vehicles, NEC)은 정부 주도로 성장한 대표적인 산업이다. 연구개발 지원, 구매 지원금, 조세 감면, 정부 구매, 충전 인프라 건설을 위한 자금 지원 등을 모두 포함한 중국 정부의 지원 규모는 약 585억 달러로, 이는 민간 기업이 투입한 재원의 약 42%에 달하는 것으로 추산된다(Kennedy 2018: VI).[12]

인공지능 산업 역시 미국과 중국의 이해관계가 충돌하는 지점이다. 중국 정부는 13차 5개년 계획, 인터넷 플러스(互联网+), 차세대 인공지능 발전 계획(新一代人工智能发展规划) 등 일련의 정책을 통해 인공지능 분야를 체계적으로 육성해왔다.[13] 이를 통해 중국 정부는 2020년까지 1조 위안(약 1,500억 달러) 규모의 국내 인공지능 시장을 형성하고, 2030년까지 인공지능 선도국으로 부상하겠다는 계획을 구체화하고 있다.

알리바바, 바이두, 텐센트 등 민간 기업들도 자율 주행 자동차, 스마트 시티, 의료 이미지 등의 분야의 AI를 개발하기 위한 국가 차원의 노력에 가세하고 있다(McKinsey Global Institute 2017). 이러한 노력의 결과, 중국 정부는 음성 인식과 이미지 인식 기술 분야에서는 이미 세계를 선도하고 있고, 적응적 자율 학습·직관적 인식·집단 지성 분야는 교차 개발이 가능한 수준에 이르렀으며, 정보 처리·산업용 로봇·서비스 로봇·무인 주행 등은 실용 가능한 수준에 근접하고 있다는 내부적 평가를 내리고 있다(State Council 2017).

디지털 무역 역시 중국이 급속도로 발전하는 분야이다. 중국 국가통계국(国家统计局)에 따르면, 중국의 온라인 소매 시장의 규모는 2018년 1조 3,300억 달러에 달했는데, 이는 2017년에 비해 23.9% 증가한 수치이다.[14] 중국은 국내적으로 온라인 상거래 규모가 급속도로 증가해왔음에도 불구하고, 디지털 무역에 대해서는 보호주의적 접근을 하고 있다. 미국 통상대표부가 〈2016년 대외 무역 장벽 보고서(2016 National Trade Estimates of Foreign Trade Barriers)〉에서 지적했듯이 중국 정부가 인터넷 필터링을 통해 사실상 해외 공급자들을 차단함으로써 국내 기업이 성장할 수 있는 환경을 실질적으로 조성했다. 이 보고서에 따르면, 2016년 중국 당국은 세계적으로 인터넷 트래픽이 가장 많은 25개 사이트 가운데 8개를 차단했는데, 이는 디지털 무역에 부정적 영향을 미치고 있다(USTR 2016).

또한, 중국 당국이 애플 아이튠즈 영화와 아이북스 스토어, 디즈니라이프 서비스를 구체적 설명 없이 중단시키는 등 인터넷 시장의 불확실성이 증대되는 데 대한 미국의 우려가 커지고 있다(CRS 2017). IT 기술 도용 역시 디지털 무역의 저해 요인이다. 중국은 지식재산권의 최대 도용 국가로 파악되고 있다. 미국 측은 미국 기업에 대한 중국 측의 지식재산권 도용 규모는 2,400억 달러에 달하는 것으로 추산하고 있다(이승주 2018).

미국은 기술 경쟁이 산업 경쟁력과 무역에 미치는 영향에 주목한다. 트럼프 행정부는 중국이 국내 기업에 대한 철저한 보호, 미국 기업의 기술 탈취, 미국 기업에 기술 이전 강요 등 불공정한 방법을 통하여 기술 추격이 이루어졌다고 본다(White House Office of Trade and Manufacturing Industry 2018). 미중 무역 전쟁이 무역 불균형에 대한 갈등을 넘어 기술 전쟁으로 확전되는 이유는 여기에 있다.

트럼프 행정부의 이러한 인식의 일단은 2018년 4월 미국 통상대표부(United States Trade Representative, USTR)가 1,300개 품목에 대

한 관세 부과를 발표하면서 '중국제조 2025'를 통해 중국 정부의 지원을 받는 품목을 선별적으로 포함한 데서 나타났다. 이에 대하여 중국 정부는 중국의 기술 혁신은 자국 기업들의 자체 역량에 기반한 것일 뿐, 지식재산권의 탈취나 강요된 기술 이전과 하등의 관계가 없다고 강변하고 있다(国务院新闻办公室 2019).

결국, 트럼프 행정부가 기술 혁신과 주요 산업에서 중국의 부상에 직면하여 인공지능, 5G 네트워크, 로보틱스, 빅데이터 등 첨단 산업 분야의 경쟁에서 우위를 유지·확보하기 위해 다양한 선제적 조치를 취하는 것은 어쩌면 예견된 선택이다.[15] 장기적으로 미국과 중국은 미래 경쟁력을 선제적으로 확보하기 위해 독자적 플랫폼을 형성하고 이를 확대하기 위한 경쟁에 돌입하고 있는 것이다. 첨단 산업에서 우위를 확보하기 위해서는 개별 산업의 경쟁력을 높이는 것뿐 아니라 다양한 산업을 연계하는 플랫폼을 형성하는 것이 관건이다. 따라서 미국과 중국은 자국의 표준을 확대하는 제도적 기반으로서 새로운 세계 무역 질서를 주도적으로 수립하기 위한 치열한 경쟁을 펼치려 한다.

협상 전술 면에서 미국과 중국은 현재의 문제 해결과 미래의 경쟁력 확보라는 복합 게임의 양상을 보이고 있다. 중국산 수입품에 대하여 301조를 발동한 데서 잘 나타나듯이, 트럼프 행정부는 단기적으로 무역 불균형을 감축하기 위한 직접적 조치를 취하고 있다. 그러나 대중 견제를 통해 미중 무역 불균형을 해소하려는 접근법에는 근본적인 한계가 있기 때문에, 미국은 무역 전쟁을 진행하는 데 있어서 가장 효과적인 정책 조합을 찾기 위한 시도를 계속하고 있다.

트럼프 행정부가 미국 대외투자위원회(Committee on Foreign Investment in the United States, CFIUS)를 통해 중국의 대미 투자 제한을 강화하는 것도 이 때문이다. CFIUS의 제도적 강화는 첨단 산업 분야의 가치 사슬에서 부가가치가 높은 분야로 상향 이동하려는 중국의 시도를 저지하는 데 목표가 있다. CFIUS의 권한 강화가 핵심 기술 보호는 물론, 국가 안보와 미래 미국의 경제적 번영을 위협하는 약탈적 투자 관행에 대처하는 데 효과적인 수단을 제공할 것이라고 보기 때문이다(Lawder and Chiacu 2018).[16]

2) 경제·안보 연계

트럼프 행정부 무역 정책과 경제·안보 연계의 국내적 기반

현재까지 나타난 트럼프 행정부 무역 정책의 특징은 과정보다는 결과에 치중하고 실천에 옮긴다는 점에서 '실용적 결단(Pragmatic determination)'이라고 할 수 있다. 이러한 특징은 TPP 탈퇴, NAFTA 재협상, KORUS FTA 개정 등에서 이미 확인되었다.

실용적 결단은 비전통적 또는 파격적 방식과 일맥상통하기도 한다. 무역확장법 201조에 근거하여 구제 조치를 허용한다거나 301조를 발동하고, 전통 우방국을 상대로도 중상주의적 접근을 불사하는 것이 여기에 해당한다. 미중 양국 간 무역의 비대칭적 상호 의존을 적극 활용하고 중국에 대하여 징벌적 관세를 과감하게 부과하는 등의 실용적 결단은 미중 무역 전쟁에서도 발견된다.[17]

이와 더불어 트럼프 행정부는 무역 정책을 추진하는 데 있어서 경제와 안보를 긴밀하게 연계하는 경향을 보이고 있다. 대통령실이 발간한 〈국가 안보 전략(National Security Strategy)〉에서 미국의 번영을 국가 안보의 문제로 정의한 것이 이를 뒷받침한다(The President of the United States 2017). 국가 안보 전략은 "안보 정책과 마찬가지로 통상 정책도 미 국민의 이익을 보호"하는 데 일조해야 하며, "모든 수단을 동원해 국가 주권을 수호하고 미국 경제를 강화할 것"을 강조하고 있다(The President of the United States 2017).

트럼프 행정부가 경제와 안보를 연계할 수 있는 것은 의회를 우회할 수 있는 국내 정치적 환경이 조성된 것과 관련이 있다. 트럼프 행정부가 무역 정책을 추진하는 데 있어서 의회를 우회하는 수단을 선호한다는 점은 널리 알려져 있다(Hirsh 2019).[18] 이러한 특징은 트럼프 대통령이 의회는 물론, 미국 정치의 기득권 집단과 불편한 관계를 갖고 있는 것과 무관하지 않다. 트럼프 대통령이 무역확장법 301조, 세이프가드 등을 선호하는 것도 미 의회를 우회할 수 있는 수단이기 때문이다. 또한, 트럼프 대통령의 입장에서는 미 의회를 우회하는 것이 신속한 결과를 도출하는 데도 도움이 된다.

트럼프 행정부의 무역 정책은 국내 정치적으로 보호무역으로 인해 초래되는 부작용이 궁극적으로 미국 소비자와 기업들에 전가된다는 비판에 직면하고 있다(Norland 2018; Bui and Russell 2019; Gros 2019). 그러나 민주당은 미중 무역 전쟁을 전개하는 트럼프 행정부에 비판적인 집단들의 이해관계를 수렴하여 단일한 대안을 제시하는 데 한계를 보이고 있다(Stein 2019). 민주당이 무역 불균형의 시정, 미국 기업의 지식재산권 보호, 중국식 발전 모델에 대한 문제의식을 갖고 있는데다, 전통적 지지 계층인 노동자 집단 보호와 같은 현실적 필요성 등을 고려해야 하는 등 무역 정책과 관련한 당내 정치의 복잡성이 증대되고 있다. 민주당 내 진보 그룹으로 자유무역에 대해 회의적인 '의회 진보 코커스(Congressional Progressive Caucu)'는 '경제적 애국주의(Economic patriotism)'에 호소하는 반면(Matfess 2019), '신민주연대(New Democrat Coalition)'는 양자 협상보다는 다자주의 차원의 표준 수립에 우선순위를 부여해야 한다는 입장을 취하고 있다(Larsen and Meeks 2018).

이처럼 증대하는 당내 정치의 복잡성은 2018년 중간 선거 이후 분점 정부가 형성되어 우호적이지 않은 상황에 처했음에도 불구하고, 민주당이 내부적으로 통상 정책에 대한 일치된 입장을 견지하기 어려워, 미중 무역 전쟁을 "지지하는 것처럼 보인다"는 견해마저 대두되는 실정이다(Lawder 2018). 그 결과 트럼프 행정부가 의회를 우회하는 수단을 빈번하게 활용해도 미 의회가 선언적 차원의 견제에 그칠 뿐이어서 트럼프 행정부가 경제와 안보를 연계하며 중국을 압박할 수 있는 국내 정치적 배경이 되었다(VanGrasstek 2018).

더 나아가 민주당의 마르코 루비오(Marco Rubio) 상원의원(플로리다)과 공화당의 태미 볼드윈(Tammy Baldwin) 상원의원(와이오밍)이 '대중국 공정 무역 실행 법안(Fair Trade with China Enforcement Act)'을 제출한 것은 중국의 불공정 무역 행위가 안보에 일정한 영향을 미치는 데 대한 우려가 당파성을 넘어서 제기되었다는 점에서 미 의회 정치 복잡성의 한 단면을 보여준다. 루비오·볼드윈 법안은 국가 안보와 관련이 있는 기술과 지식재산권의 대중국 판매 금지, 연방 기관 및 계약 업체들의 화웨이와 ZTE 통신 장비 및 서비스 구매 금지, 중국제조 2025 관련 분야 중국 투자자의 미국 기업 주식 보유 상한 설정 등 트럼프 행정부가 추진하고 있는 대중국 강경책과 궤를 같이한다(Rubio and Baldwin 2018).

트럼프 행정부가 무역 전쟁에서 확전을 불사하는 선택을 할 수 있었던 것은 미 국민의 대중국 위협 인식과도 관련이 있다. 2018년 퓨연구센터(Pew Research Center)의 여론 조사 결과에 따르면, 미국의 일반 대중은 중국의 군사력보다 경제적 부상을 더 큰 위협으로 인식하는 것으로 나타났다. 미 국민의 29%가 중국의 군사력을 위협으로 인식한 반면, 58%가 중국의 경제력을 미국에 대한 위협으로 인식하고 있다. 이 수치는 2017년보다 6%포인트 증가한 것으로 중국의 경제적 부상에 대한 미국 일반 대중의 우려가 크다는 것을 반영한다(Pew Research Center 2018. 8. 28.).[19]

상호 의존의 무기화(Weaponization of Interdependence)

전략적 관점에서 볼 때, 미국은 중국에 대한 견제를 일관성 있게 펼치기 위해 공급 사슬의 재편을 점진적으로 추구하는 한편, 양자주의와 다자주의를 긴밀하게 연계하는 전략을 병행하고 있다. 더 나아가 미국 내에는 기술 경쟁에서 승리하기 위해서는 경제와 안보를 통합하는 전략의 수립이 필요하다는 견해가 대두하고 있다. 중국의 기술 추격이 무역 불균형과 산업 경쟁력의 문제로 이어질 뿐 아니라, 미국의 국가 안보에도 위협이 된다고 보기 때문이다. 중국의 부상을 견제하려는 지정학적 목표를 위해 경제적 수단을 동원해야 할 필요성이 점증하고 있음에도 과거 행정부들은 경제와 안보의 통합 전략을 수립·실행하는 데 있어서 국내적으로 제도적·정치적 제약에 직면하는 경우가 많았다(Blackwell and Harris 2016). 트럼프 행정부의 대중국 전략은 이러한 한계에 대한 비판적 검토에서 비롯되었다. 트럼프 대통령이 중국 기업이 미국의 핵심 기술을 획득하는 것을 견제하기 위하여 국가 안보 검토(National security review)를 강화하기로 한 것은 이러한 맥락을 따른다.

미중 무역 전쟁은 미중 경쟁을 '상호 의존적 경쟁(Interdependent competition)'(Wright 2017)에서 상호 의존을 무기화하는, 경쟁하고 갈등하는 방식으로 변화시키는 단초가 되고 있다. 축소 균형 전략이다. 트럼프 행정부의 파격이 주목을 끄는 이유는 그동안 국가 간 경제 관계에서 금기시되었던 상호 의존을 무기화했다는 데 있다.

1990년대 이후 세계 경제는 지속적으로 국가 간 상호 의존을 심화시켜왔다. 자유주의 계열의 연구들은 복합적 상호 의존의 증가가 국가 간 갈등의 비군사적 해결을 유도하여 궁극적으로 평화를 촉진하는 효과를 가져올 것이라는 '상업 평화론(Commercial peace theory)'을 주창했다(Bearce 2003). 그러나 현실주의 계열의 연구들은 대다수 국가가 현실에서 직면하고 있는 문제는 비대칭적 상호 의존이라며, 그 위험성을 역설했다(Wagner 1988).

미중 무역 전쟁은 국가 간 협력의 상징이었던 경제적 상호 의존이 상대국을 위협하는 수단이 될 수 있다는 (어쩌면 그동안 애써 외면해왔던) 가능성을 현재화했다.[20] 전후 지속적으로 진행되었던 세계화는 1990년대 신자유주의와 IT 혁명과 결합되면서 한층 가속화되었다. 기업들은 비용을 절감하고 혁신의 동력을 유지하는 데 필요한 최적의 방식을 추구하게 되었고, 그 결과 지구적 가치 사슬(Global value chains, GVCs)이 형성되었다. GVCs가 경제적 효율성을 실현하고 리스크를 관리하는 데 효과적인 생산 방식으로 인식되었기 때문이다. 이러한 변화는 최종 교역재 중심으로 진행되었던 이전의 세계화와 질적으로 다른 것이었다. 세계 경제 차원에서는 고도의 네트워크화가 이루어졌고, 개별 국가 차원에서는 상호 의존의 비대칭성이라는 문제에 직면하게 되었다.

관세 부과 중심의 무역 전쟁이 상호 의존의 총량적 비대칭성을 활용한 게임이라고 한다면, 상대국 또는 기업의 공급망 교란을 시도하는 것은 GVCs 내의 비대칭성을 활용한 정밀 타격 게임이다. 총량적 비대칭성을 활용한 관세 전쟁에서는 수입 가격의 인상과 상대국의 보복 관세 부과 등 미국 국내 정치적으로 상당한 부담을 감수해야 한다. 관세 부과를 중심으로 전개된 무역 전쟁은 상대국에 대한 피해를 입히기도 하지만, 자국 경제에도 부정적인 영향을 미칠 수밖에 없다. 또한, 시진핑 정부가 미국산 대두에 보복 관세를 부과하는 결정을 한 데서 극명하게 나타나듯이 미국 국내 정치적으로 민감한 산업 분야와 지역의 피해를 감수할 수밖에 없다.

한편, 네트워크의 비대칭성을 활용한 게임은 상대국과 기업에 대한 타격은 극대화화고 자국 기업에 대한 피해를 어느 정도 관리할 수 있다는 점에서 최근 새로운 대안으로 부상했다.[21] 이 방식은 자국의 피해를 최소화하면서 상대에게 더 큰 영향을 주는 수단을 제공한다는 점에서 관세 전쟁과 본질적으로 다르다.

미중 무역 전쟁은 이 두 가지 요소의 영향력을 극대화했다는 점에서 세계가 이미 처한 현실을 자각시키는 계기가 되었다. 산업 정책, 미국 기업 기술 탈취, 외국 기업에 대한 차별 등 중국의 다양한 경제 문제를 해결하는 수단으로서 트럼프 행정부가 무역 전쟁을 선택한 것은 역설적으로 미중 무역 불균형이라는 비대칭성을 무기화한 것이었다.

2017년 기준 트럼프 행정부는 약 3,700억 달러에 달하는 대중 무역 적자를 안고 있었기에 이를 중국을 압박하는 수단으로 활용할 수 있었다. 반면, 시진핑 정부는 미국의 관세 부과에 맞서 보복 관세를 부과하는 '팃-포-탯(Tit-for-tat)' 전략으로 대응했다. 그러나 미중 양국의 무역 불균형을 감안하면 근본적으로 한계가 있을 수 밖에 없는 대응이었다. 시진핑 정부가 위안화 절하와 같은 새로운 대응 수단을 모색하고 있는 것도 무역 분야의 비대칭성에서 발생한 구조적 불리함을 극복하려는 시도라고 할 수 있다.

한편, GVCs의 형성 과정에서 수많은 행위자가 초국적 경제 활동을 통해 촘촘하게 얽히게 되면서 세계 경제의 네트워크화가 진행되었다. 이러한 현상은 기업뿐 아니라 정부가 GVCs에 포함되기 위해 다국적 기업에 최적의 입지를 제공하기 위한 경쟁을 한 결과이다. 과거의 세계화가 단순화된 지구적 가치 사슬(Simple GVCs)에 기반한 것이었다면 현재의 세계화는 복합적 지구적 가치 사슬(Complex GVCs)을 중심으로 진행되는 것이라는 점에서 근본적인 차이점이 있다(WTO 2019).

복합적 지구적 가치 사슬의 대두는 상호 의존의 수준을 높였을 뿐 아니라, 세계 각국이 과거와 비교할 수 없을 정도로 긴밀하게 연결되는 현상을 초래했다. 영향력의 행사 면에서 GVCs에 참여하고 있는 행위자들에 사이에 차별성이 존재한다는 점이 새삼 부각된 것은 이 때문이다. 즉, 네트워크 내 행위자들 사이의 연결 빈도와 강도가 증가함에 따라, 특정 기업과 국가가 상대적으로 더 큰 영향력을 행사할 수 있게 된 것이다.

미국이 단기적 차원에서 양자 협상을 통해 중국을 압박하되, 공급 사슬의 재편과 세계 경제 질서의 재편과 같은 중장기적 차원의 대안을 모색할 수밖에 없는 이유는 여기에 있다. '미국 우선주의(America first)'를 기치로 미국 기업의 본토 회귀(Reshoring)를 유도하는 정책에서 나타나듯이 미국은 자국 기업들의 공급 사슬(Supply chain)을 재구성하여 독자적인 경제 시스템을 구축함으로써 미중 경제의 상호 의존도를 낮추어 나가려는 전략을 구사할 것이다. 미국과 중국이 협상 타결에 이르더라도 양국 기업들이 이미 새로운 공급 사슬의 형성에 착수했다는 점에서 무역 전쟁의 영향은 단기간에 그치지 않을 것이다.[22]

트럼프 행정부의 화웨이에 대한 다양한 제재 조치는 세계 경제의 네트워크화를 활용한 새로운 방식의 경제 전쟁을 상징적으로 보여준다. 트럼프 행정부는 2019년 5월 19일 화웨이와 68개 계열 기업을 거래 제한 기업 목록에 포함하는 조치를 단행했다. 화웨이에 주요 부품과 운영 시스템을 공급하고 있는 구글(Google), 인텔(Intel), 퀄컴(Qualcomm), 자일링스(Xilinx), 브로드컴(Broadcom) 등 미국 기업과의 거래를 제한함으로써 화웨이의 5G 경쟁 계획은 물론 통신장비 시장에서 화웨이의 영향력 확대에 제동을 걸겠다는 계획인 셈이다.[23] 이는 미국 기업들이 화웨이가 구성한 공급망에서 중요한 위치를 점하고 있기 때문에 가능한 게임이다.

이처럼 세계 경제의 네트워크화는 공급망 내에서 핵심적인 위치를 차지하고 있는 국가가 상대 기업과 정부의 '목을 조를 수 있는 지점(Choke point)'을 보유하게 되었다는 의미이기도 하다. 이는 상호 의존을 무기화하는 경제 안보 연계 현상이 강화될 것임을 시사한다(Farrell and Newman 2019).

그러나 화웨이에 대한 미국 기업들의 수출 규모가 연간 110억 달러에 달하는 점을 고려할 때, 공급 체인의 재편은 중장기적으로 미국 기업에도 부정적 영향을 미친다는 점을 간과할 수 없다. 인텔 등이 미 상무부의 제재를 피하여 화웨이에 우회 수출을 시도했다고 알려진 것이 이를 상징적으로 대변한다. 더욱이 제재 리스트가 화웨이에 대한 수출을 전면적으로 차단할 만큼 구체적이지는 않기 때문에 법 규정을 위반하지 않고 제3국을 통해 수출할 방안이 없지는 않다는 점에서 상호 의존의 무기화가 초래할 장기적 영향에 대해서는 조심스러운 접근이 필요하다(Mozur and Kang 2019).[24]

3. 미중 경쟁의 다차원화: 양자·다자 연계와 시스템 경쟁

1) 양자·다자 연계

일대일 양자 게임인 동시에 궁극적으로는 자국에 유리한 세계 경제 질서를 수립하기 위한 전초전의 성격도 함께 가지고 있다는 점에서 미중 무역 전쟁은 다차원화하고 있다.[25] 미국과 중국은 양자 차원에서 위협과 보복을 포함한 치열한 경쟁을 전개하는 한편, 세계 경제 질서를 재편하는 과정에서 유리한 위치를 점하기 위한 치열한 전략적 경쟁에 돌입한 것이다.[26]

우선, 양자 차원에서 2019년 5월 9일 미중 양국은 상당수 쟁점에 대하여 견해가 좁혀지기도 했으나 중국의 지방 정부 보조금, 사이버 보안법, 외국인 투자법 등에 대하여 강경한 입장을 고수한 결과 협상이 결렬되었다. 2019년 5월 10일 미국 통상대표부가 2,000억 달러 규모의 중국 수입품에 대한 관세를 10%에서 25%로 인상할 것이라고 발표하자, 중국 정부 역시 600억 달러 규모 미국산 수입품 5,100여 개 품목에 대하여 5~25%의 보복 관세 부과를 선언하는 등 무역 전쟁은 확전의 양상을 보였다.[27]

그러나 2019년 6월 29일 G20 정상 회의에서 트럼프 대통령과 시진핑 주석이 추가 관세 부과를 잠정적으로 연기하고 무역 협상을 재개하기로 합의한 데서 나타나듯이 미국과 중국은 자국의 이해관계를 관철시키기 위해 확전을 서슴지 않으면서도 결정적 파국은 선택하지 않았다(Liptak 2019). 미국과 중국이 협상 타결에 실패한 이후 무역 전쟁의 수위를 높여나가면서도 협상을 재개하는 모습을 반복적으로 보이고 있다.

무역 전쟁의 장기화는 미중 관계가 갈등과 협상의 이중 동학이 작동하고 있음을 의미한다. 미중 양국은 문제의 근원적 해결이나 파국보다는 협상과 갈등, 타협과 충돌과 같은 모순이 공존하는 게임을 지속하고 있다. 이는 결국 미중 양국이 협상 과정에서 특정 쟁점에 대해 타협에 도달할 수도 있으나, 타협은 문제의 해결이 아니라 새로운 문제의 시작이 될 가능성이 크다는 것을 시사한다.

미국이 양자주의만 고수하기 어려운 이유는 중국을 양자 차원에서 장기간 압박하는 데 한계가 있기 때문이다. 미국이 첨단 기술에 대한 지식재산권 및 디지털 보호주의 문제와 관련해 양자 협상에 주력하고 환태평양경제동반자협정(Trans-Pacific Partnership, TPP)에서 탈퇴하고 세계무역기구(World Trade Organization, WTO)를 비판했기 때문에, 미국이 다자 경제 질서의 재편에 대해서는 상대적으로 관심이 크지 않은 것처럼 보이기도 한다.

그러나 트럼프 행정부가 2017년 12월 디지털 무역 관련 향후 협상에서 논의될 주요 쟁점들을 검토하는 회의에 참여하기로 결정하고, 미국산 제품에 대한 관세를 인상한 인도의 조치에 대하여 2019년 7월 WTO 분쟁 협의를 요청하는 등 필요할 경우 WTO를 선택적으로 활용하는 모습을 보이기도 했다.[28]

이와 같은 일련의 행동을 고려할 때, WTO에 대한 트럼프 행정부의 비판은 WTO 탈퇴를 위한 것이라기보다는 WTO 개혁을 위한 명분을 축적하기 위한 것이고, 역설적으로 WTO 개혁에 대한 미국의 의지를 반증하는 것이기도 하다.[29]

트럼프 행정부의 양자·다자 연계 전략의 핵심은 양자 협상의 결과를 향후 진행될 다른 양자 협상의 준거점으로 삼고, 더 나아가 새로운 무역 질서의 표준으로 설정하려는 전략이다. 트럼프 행정부가 개정된 한미 FTA와 미국·멕시코·캐나다 자유무역협정(The U.S.-Mexico-Canada Agreement, USMCA)을 필두로 일본과 EU 등 주요 선진국들과 첨단 산업 규칙을 포함한 양자 FTA 협상을 추진하고, 이를 기반으로 중장기적으로 주요 선진국들과의 협력을 통해 중국을 새로운 세계 경제 질서의 틀 속으로 끌어들이려는 전략을 구상하고 있다.

미국 통상대표부가 2018년 10월 타결된 USMCA와 관련하여 지식재산권 보호, 디지털 무역, 반부패, 좋은 규제 관행(Good Regulatory Practices) 챕터를 강화함으로써 21세기 미국 경제를 지탱하는 역할을 할 것임을 분명히 한 것에서 트럼프 행정부의 양자·다자 연계 전략의 단초가 드러난다.[30]

더 나아가 한 회원국이 비시장 경제국과 FTA를 체결할 경우 다른 2개 회원국이 USMCA를 종료할 수 있도록 규정하는 등 트럼프 행정부의 전략적 의도가 재확인된다.[31] 중국과의 양자 협상과 동시에 세계 경제 질서 재편 과정에서 표준을 선점하겠다는 의도이다. 양자·다자 연계 전략은 미국이 국영 기업 규제, 보조금 지급에 대한 투명성 확보, 개도국 지위의 세분화와 같은 현안뿐 아니라 미래 경쟁력의 확보와 관련된 디지털 무역에 관한 쟁점을 규범화하는 데 있어서 중국을 압박할 수 있는 효과적 수단이 된다.[32]

중국 역시 양자 차원에서 미국의 공세에 보복 관세를 부과하는 등 강경한 대처를 하는 동시에, 다자 차원의 문제로 전환시키려는 노력을 병행하고 있다. 이러한 중국의 입장은 2018년 8월 3일 중국 국무원 관세세무위원회(关税税则委员会)가 공고한 '미국산 일부 수입 제품(제2차)에 대한 추가 관세 징수 결정'에 잘 나타나 있다.

중국 정부는 미국이 "WTO 원칙과 규칙을 위반하고 있고" "수차례 협상으로 달성한 합의를 위반, 일방적으로 무역 마찰을 심화시킴으로써" "글로벌 가치 사슬과 자유 무역 체제를 파괴하는 행동을 하고 있다"고 주장한다(国务院关税税则委员会办公室 2018). 중국은 기존의 다자 무역 질서를 훼손하고 있는 것이 미국이라는 점을 부각시켜 무역 전쟁을 양자 게임이 아니라 다자 차원의 게임으로 전환하려는 전략을 갖고 있다.

중국 정부가 무역 전쟁의 지속이 "미국을 포함한 세계 경제의 발전에도 악영향을 끼친다"는 점을 우선 강조하고, "중국 국가와 인민의 이익을 실질적으로 침범한다"는 점을 함께 밝히는 것도 같은 맥락이다. 자국의 이익만을 추구하는 것이 아니라 무역 전쟁의 해결이 세계 경제의 발전과 세계 경제 질서의 안정에도 필요하다는 논리를 전개함으로써 다른 국가들로부터 동조를 구하려는 것이다. 중국의 국익에 부정적 영향을 미친다는 점을 부가적으로 밝히는 방식을 통해 미국의 무역 공세에 직면하고 있는 국가들로부터의 지지를 얻으려 하고 있다.

2) 양자주의와 시스템 경쟁의 복합[33]

미중 무역 전쟁의 이면은 시스템 경쟁의 복합성이다. 미중 무역 전쟁이 근본적으로 전략 경쟁을 내포하고 있기 때문에, 미국이 주요 선진국들과 협력을 기반으로 중국과 경쟁을 추구하는 시스템 경쟁이 전개될 가능성이 현재화되고 있다.

미국 정부는 양자주의를 통해 중국에 압박을 가하는 기존 전략에 더하여 주요 동맹국들과의 연대를 강화함으로써 중국 정부의 '불공정 무역 행위'에 대한 압박의 수위를 높이는 전략을 병행하고 있다. 미국이 '파이브 아이즈(Five Eyes)'와 기타 동맹국들을 대상으로 '반화웨이(Anti-Huawei)' 연대를 형성하려는 데서 시스템 경쟁의 초기 형태를 발견할 수 있다(이승주 2019).

미국이 전통 우방국들과 '패권 연합(Hegemonic coalition)'을 형성할 경우 중국 경제력에 대한 양적 우위와 그에 따른 리더십 동맹을 최소 20년 이상 유지할 수 있기 때문에, 미중 경쟁 구도의 변화가 초래될 것으로 예상된다. 패권 연합의 유형은 미국이 유럽·캐나다·호주·뉴질랜드 등과 형성한 연합 집단 1(Coalition Group 1)과 한국과 일본을 추가한 연합 집단 2(Coalition Group 2)로 구분할 수 있다(〈그림 4-3〉 참조). 미국이 연합 집단 2를 성공적으로 구성할 경우, 중국은 빨라야 2040년에 미국 진영의 경제력을 추월할 수 있게 된다. 중국의 경제 성장률이 6% 이하로 감소할 경우, 이 시기는 2050년 이후로 늦춰지게 될 것이라는 전망이다(Bergsten 2018).

〈그림 4-3〉 미국의 연합 집단과 중국의 GDP 변화 전망

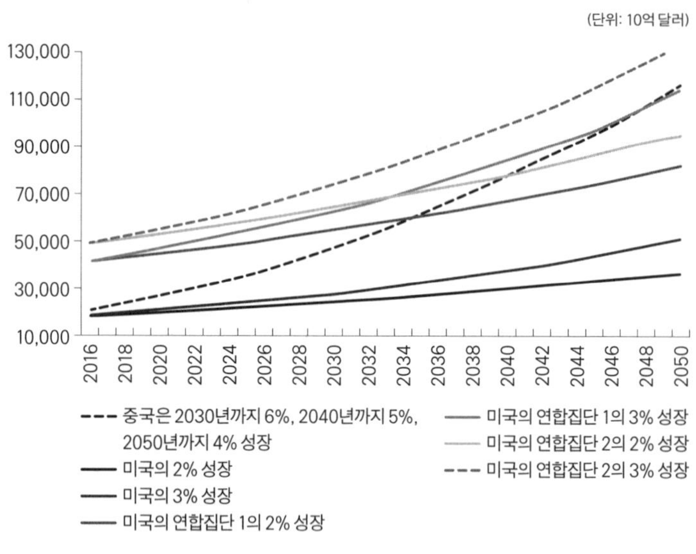

출처: Bergsten, C. Fred. 2018. "China and the United States: Trade Conflict and Systemic Competition." Peterson Institute for International Economics. Policy Brief 18-21.

그러나 시스템 경쟁에 본격적으로 돌입하기 전에 미국 정부가 해결해야 할 과제 역시 만만치 않다. 미국과 EU는 첨단 산업 관련 이슈들을 국제 규범화하는 데 있어서 일부 핵심 사안에 대해 입장을 달리하고 있다. 미국은 중국을 상대로 한 본격적인 시스템 경쟁에 돌입하기 전에 유럽과 입장 차이를 좁히는 과정을 거칠 수밖에 없다. 한편, 중국은 미국과의 직접적 대결을 회피하는 가운데 경제력을 활용하여 개별 국가들을 설득 또는 압박함으로써 미국 주도의 패권 연합의 형성을 저지하는 전략을 추구할 것이다. 미국과 중

국이 양자 차원의 갈등과 협력을 지속하면서 패권 연합의 형성과 저지를 둘러싼 시스템 경쟁을 동시에 전개하는 것이다.

시스템 경쟁의 복합성은 세부 쟁점 수준에서도 나타난다. 디지털 무역 관련 쟁점이 대표적이다. 디지털 기반 경제와 무역은 미중 무역 전쟁을 구성하는 핵심 분야 가운데 하나이다. 전 세계 디지털 무역의 규모는 28조 달러로, 최근 5년간 약 44% 성장했다(USTR 2018). 미국 통상대표부가 〈2019년 무역 장벽 보고서(2019 National Trade Estimate Report on Foreign Trade Barriers)〉를 통해 디지털 무역 분야의 무역 장벽을 발표한 바 있다. 여기에는 데이터의 초국적 이동과 데이터 국지화에 대한 제한, 클라우드 컴퓨팅 제한, 인터넷 필터링과 차단 등이 포함되어 있는데, 이는 중국을 겨냥한 것이다(USTR 2019).

EU는 인터넷 검열과 디지털 산업 정책 등에서 기본적으로는 중국에 비판적인 입장을 취하고 있다. 그러나 개인정보 보호, 기술 기업에 대한 조세 부과, 데이터의 초국적 이동에 대해서는 미국과 차별화된 태도를 보이는 등 미국과 중국 사이에서 독자적인 입장을 갖고 있다. 유럽이 미국과 중국 사이에서 때로는 차별화된 입장을 견지함에 따라 미중 경쟁이 일대일 단순 구도에서 복합 게임으로 변화하고 있다. 미국은 중국에 대한 견제의 효력을 높이기 위해 유럽과의 견해 차이를 좁혀나가는 반면, 중국은 대안적 패러다임을 유지하는 가운데 미국과 유럽이 공고한 패권 연합을 형성하지 못하도록 유럽 국가들을 개별적으로 압박·회유하는 복합 게임이 전개되고 있는 것이다.

데이터 국지화는 미국·중국·EU 사이에서 이해관계가 엇갈리는 주요 쟁점 가운데 하나이다. 미국 기술 대기업과 중소기업의 82%와 52%가 데이터 국지화를 무역 장벽으로 꼽을 만큼 국지화의 의무화는 기술 기업들의 초국적 활동을 저해하는 장애 요인이다. 반면, 중국 정부는 주요 정보 인프라(Critical information infrastructure) 사업자들이 중국 국민의 개인정보 및 중요 데이터를 중국 내에 저장하는 것을 의무 사항으로 규정하고 있다. 미국 정부의 관점에서 데이터의 초국적 이동은 클라우드 컴퓨팅과 인터넷 기반 서비스의 제공 비용을 감소시켜 디지털 무역을 증대시키기 위해서는 반드시 관철해야 한다.

EU는 기본적으로 중국의 인터넷 안전법이 디지털 무역에 부정적 영향을 미칠 것으로 보고 비판적인 입장을 취하고 있다. 그렇다고 해서 EU가 미국의 입장에 일방적으로 동조하는 것은 아니다. EU는 개인정보의 이전 등 민주주의의 근본 원칙에 영향을 줄 수 있는 규칙은 무역 협상의 대상이 되어서는 안 되기 때문에 상당한 제한이 필요하다는 입장이다.

EU의 일반 데이터 보호 규제(General Data Protection Regulation, GDPR)가 데이터를 받는 국가가 GDPR에 부합하는 수준의 보호를 보장하고, 데이터 처리 주체가 적절한 보호 조치를 제공하며, 관련 개인이 데이터 이전에 구체적으로 동의할 때 데이터 이전이 가능하도록 규정한 것은 이 때문이다. 미국은 EU와 '세이프 하버(Safe Harbor)'와 '프라이버시 쉴드(Privacy Shield)' 등 일련의 양자 협상을 통해 이 문제에 대한 해결을 모색해왔다(김상배 2018).

초국적 기술 기업에 대한 과세 문제에 대해서도 미국과 유럽 사이에 입장 차이가 발견된다. EU는 초국적 기술 기업들이 유럽 각국에서 매출과 이익을 거두고 있음에도 세금을 사실상 회피하는 것은 시장 경쟁의 관점에서 공정하지 않다고 판단하고, 전 세계 매출이 7억 5,000만 유로 또는 EU 내 매출이 5,000만 유로를 초과하는 기술 기업에 대하여 매출의 3%를 세율로 책정하는 방안을 놓고 협상을 진행 중이다. 프랑스는 이와 관련하여 매우 강경한 입장을 취한 대표적인 유럽 국가이다. 프랑스 정부는 2019년 7월 유럽 전체에서 7억 5,000만 달러, 이 가운데 프랑스에서 2억 5,000만 달러 이상의 수입을 올리는 다국적 기업에 3%의 디지털 세금을 부과하는 법안을 통과시켰다(Alderman 2019). 트럼프 행정부는 프랑스의 이러한 조치에 대하여 301조(Section 301) 조사를 개시하는 등 디지털 세금을 둘러싼 미국과 프랑스 양국의 갈등이 고조되었다.

그러나 미국과 프랑스 양국은 2019년 8월 G7 정상 회의에서 다국적 기업들이 프랑스 정부에 지불한 세금과 다국적 기업이 최소한의 세금을 지불하도록 규정한 OECD 규정 사이의 차액을 환불하겠다는 타협책을 도출했다. 여기서 주목할 것은 미국과 프랑스

정부가 이 합의안에 기반하여 G20 등의 장에서 디지털 세금에 관한 지구적 차원의 규칙을 수립하기 위해 노력하기로 했다는 점이다(Hadas 2019). 이처럼 미국은 미중 경쟁을 진행하는 데 있어서 주요국들과의 양자 협상을 통해 다자 차원의 새로운 세계 경제 질서를 수립하는 데 유리한 위치를 확보하는 전략을 추구하고 있으며, 이 과정에서 미국과 주요국들 사이에 갈등·협력의 이중 동학이 전개되고 있다. 양자·다자 연계 전략으로 인해 시스템 경쟁의 복합성이 증가하고 있는 것이다.

4. 장의 연계

지금까지 트럼프 행정부가 전개한 미중 무역 전쟁의 기원, 전개 과정, 향후 전망을 다차원적 복합 게임의 관점에서 검토했다. 트럼프 행정부는 무역 불균형 문제를 시정하기 위해 중국뿐 아니라 주요 무역 상대국에 대하여 양자적 접근을 신속하면서도 지속적으로 시도하고 있다. 트럼프 행정부의 양자적 접근은 오바마 행정부가 주도했던 메가 FTA를 중심으로 수립되기 시작한 세계 경제 질서를 새로운 방향으로 돌려놓았다는 점에서 세계 경제에 미치는 파급 효과가 지대하다.

트럼프 행정부는 양자 차원에서 구체적 쟁점을 둘러싼 갈등과 제한적 타협을 모색하는 한편, 다자 차원에서 새로운 세계 경제 질서의 수립을 둘러싼 경쟁을 동시에 추구하는 전략을 추구하고 있다. 이러한 측면에서 미중 무역 전쟁은 양자와 다자 차원의 협력과 갈등이 동시에 진행되는 양자·다자 게임의 성격을 갖는다. 미국과 중국은 또한 하나의 쟁점이 아닌 다양한 쟁점을 연계하는 게임을 때로는 전개하고 있다. 거시적으로는 경제와 안보를 긴밀하게 연계하며, 경제 영역 내에서도 무역·생산·기술을 상호 연계하는 전략을 앞으로도 추구할 것이다. 한편, 트럼프 행정부는 세계 경제 질서 수립에서 유리한 위치를 확보하는 방안으로서 유럽을 포함한 주요국들과 디지털 경제를 필두로 한 주요 쟁점에 대하여 이해관계를 보정하고 있다. 트럼프 행정부는 주요국들과 양자 협상을 하는 과정에서 역시 갈등과 타협의 패턴을 보여주고 있다.

미중 무역 전쟁을 다차원적 복합 게임의 관점에서 분석하는 데 따른 이론적·실천적 시사점은 무엇인가? 우선, 이 연구는 무역과 기술, 경제와 안보라는 쟁점 간 연계를 통해 미중 무역 전쟁을 보다 체계적으로 이해하는 데 도움을 준다. 기존 연구들은 무역·기술·군사 가운데 하나의 쟁점에 초점을 맞추거나 패권 전쟁과 같은 거시적인 관점에서 미중 무역 전쟁을 분석하는 경향을 보이는 경우가 많은데, 다차원적 복합 게임의 시각은 현실을 다소 과도하게 단순화를 보완하는 의미가 있다.

미중 무역 전쟁을 한 측면에서 분석하는 것은 이론적 간결성이라는 측면에서 일정한 장점이 있으나, 현실의 복잡성을 엄밀하게 파악·분석하는 데는 한계가 있다. 다차원적 복합 게임의 시각은 다양한 쟁점이 상호 연계되어 전개되는 동학을 추적한다는 점에서 미중 무역 전쟁에 대한 체계적인 이해를 가능하게 한다.

다차원적 복합 게임의 시각은 '장의 연계'라는 점에서도 의미가 있다. 그동안 다수 연구는 트럼프 행정부의 무역 정책을 일방주의 또는 양자주의의 관점에서 분석해왔다. 트럼프 행정부의 무역 정책이 양자주의 성격을 강하게 내포하고 있는 것은 사실이나, 그 이면에는 새로운 세계 경제 질서의 수립을 위한 전략적 연계를 추구하고 있다는 점에서 장의 연계라는 관점에서 설명할 수 있다. 특히 디지털 경제와 관련한 쟁점들은 기존 세계 경제 질서에서 규칙과 규범이 확립되어 있지 않기 때문에, 양자 협상을 통해 선례를 축적하고 이를 다자 질서를 형성하는 과정에 반영하는 전략이 효과적일 수 있다는 점에서 장의 연계에 대한 보다 체계적인 연구가 요청된다.

5장

미중 디지털 패권 경쟁과 초국적 데이터 거버넌스

유인태(단국대학교 정치외교학과)

근래에 들어 미국과 중국의 패권 경쟁은 데이터의 국경 간 이동에 관한 디지털 무역 질서의 각축으로도 나타나고 있다. 무역 질서를 지탱하는 글로벌 다자주의 레짐에서 데이터의 초국경적 이동에 대한 국제 사회의 합의가 부재하며, 디지털 강국들이 각자의 디지털 무역 질서를 경쟁적으로 수립해나가고 있다.

무엇이 디지털 강국들로 하여금 글로벌 합의의 부재와 국지적 디지털 무역 질서들의 수립을 야기했는가. 이 글은 기존 글로벌 다자주의 레짐에 대한 불만과 강대국 간 이익의 불합치가 보완재적인 다양한 국지적 국제 디지털 무역 레짐들로 이어졌다고 주장한다. 그러나 이러한 글로벌 무역 레짐에 대한 불만의 정도나 강대국 간 이익의 불합치 정도는 아직은 대체재적인 글로벌 레짐의 형성으로까지 이어질 정도는 아니라고 주장한다. 이를 뒷받침하기 위해 국지적 디지털 무역 질서 수립의 기둥으로 부상하고 있는 복수 국가 간 특혜 무역 협정문에 초점을 맞춘다. 이들 협정문을 통해 어떤 지점에서 이익의 분화와 갈등이 발생하고 있는지 정확히 파악할 수 있는 근거를 제공한다.

글로벌 디지털 무역 레짐의 형성에 큰 영향을 미칠 디지털 강국인 미국, 유럽연합 그리고 중국, 3국의 특혜 무역 협정을 분석하며, 각각의 행위자가 데이터의 자유로운 이동, 프라이버시, 그리고 안보라는 서로 다른 선호가 있음을 보인다. 마지막으로 이들이 수립하는 레짐 간 차이가 분화를 심화할 것인지 혹은 수렴으로 향할지에 대해서, 최근의 미중 간의 경쟁적 디지털 무역 정책들을 통해 전망한다.

키워드

디지털 무역, 국제 데이터 레짐, 경쟁적 다자주의, 미중 디지털 패권 경쟁

1. 데이터의 국경 간 이동에 관한 레짐의 동학

근래에 들어 미국과 중국의 패권 경쟁은 전통적 군사 영역을 넘어서 국제 무역 영역까지 확장되고 있을 뿐 아니라, 더 나아가 기술 영역에서도 전개되고 있다. 미래 사회에서 디지털 기술들이 핵심 기술로서 인식되고 경제 발전에 있어 필수적 역량으로 대두되면서, 디지털 기술의 중요성은 날로 커지고 있다. 그에 따라 디지털 기술 발전의 원동력이라 할 수 있는 데이터의 국내외적 확보는 초미의 관심사가 되고 있다. 그런데 현재 데이터의 국경 간 이동에 관한 글로벌 레짐에 대한 국제 사회의 합의는 부재한 상황이며, 더구나 디지털 강국들이 각자의 디지털 무역 질서를 수립해가고 있다.

무엇이 디지털 강국들로 하여금 합의의 부재와 여러 국지적 디지털 무역 질서들의 수립을 야기했는가? 서로 다른 디지털 무역 질서들은 수렴할 것인가 혹은 파편화할 것인가? 향후 전망을 내놓기 위해서도 위 질문에 대한 대답을 규명할 필요가 있다.

위 질문에 대해서, 디지털 무역 관련 갈등을 언급하며 구체적인 협정 내용을 비교 분석한 기존 연구는 드물다. 따라서 이 글은 국지적 디지털 무역 레짐들이 경쟁적으로 수립되어가는 과정을 분석하기 위한 이론적 틀을 제안한다.

'경쟁적 다자주의(Competitive multilateralism)' 개념[1]은 국가, 국제기구, 비국가 행위자들이 기존의 다자주의 규칙, 관행 그리고 임무 등에 도전하기 위해 다른 다자주의적 제도를 이용 혹은 수립하는 것을 의미한다(Keohane and Victor 2011; Nye 2014; Raustiala and Victor 2004). 이 개념은 특정한 사안 영역에서 한 개 이상의 레짐이 경합하고 있다는 사실을 인식하고, 이를 분석해야 할 필요가 있는 경우에 특히 유용하다. 이 글은 경쟁적 다자주의 개념을 빌려, 기존의 통합적인 글로벌 레짐에 불만을 가지게 된 강대국들이 자국에 유리한 국지적 레짐을 유사 입장(Like-minded) 국가들과 형성하게 됨을 주장한다. 그러나 강대국 간 어느 정도의 이익의 합치는 새로운 포괄적인 레짐의 형성으로 나타나지 않으며, 보완적인 성격의 국지적 레짐들이 형성된다고 주장한다.

이 글은 데이터의 국경을 넘어선 이동에 관한 레짐 수립에 초점을 맞춘다. 국경을 넘어 이동하는 데이터는 디지털 재화나 서비스와는 구별되는 교역 대상이며, 엄밀한 논의를 위해서는 별개로 취급할 필요가 있다(Aaronson 2018). 또한, 국제 레짐은 두 층위로 나뉠 수 있는데, 원칙과 규범의 층위 그리고 규칙과 절차의 층위이다(Krasner 1982).[2] 복수 국가 간 협정의 대부분은 전자의 층위에 부합하려 하나, 즉 WTO로 대표되는 글로벌 무역 원칙과 규범에 부합하고 있으나, 후자의 층위에서 특히 복수 국가 간 무역 협정의 디지털 무역 관련 조항[3]에서 뚜렷한 차이를 보이고 있다. 이에 이 글에서는 데이터의 국경 간 이동에 관한 국제 레짐들의 경합이 생성된 동학을 국제 시스템 층위에서 비교해보는 것을 목적으로 한다.

이 글은 다음과 같이 구성된다. 다음 절에서는 선행 연구들과 그 한계를 짚어봄으로써, 이 연구가 기여하고자 하는 바를 밝힌다. 그다음 절에서는 이론적 논의를 제공한다. 그리고 사례 분석 절이 뒤따른다. 사례 분석 절은 다시 미국, 유럽 그리고 중국의 세 소절로 나뉜다. 마지막 결론 절에서는 이 글의 학문적 그리고 정책적 기여를 간략히 밝히고, 미중 전략 경쟁의 맥락에서 이 연구의 의의와 최근의 전개를 논한다.

2. 디지털 무역의 국제 정치·경제 연구

디지털 무역과 관련한 글로벌 거버넌스에 대해 연구한 기존 연구 논문들은 크게 세 부류로 나뉠 수 있다.

첫 번째 부류는 WTO에서의 논의에 주로 초점을 맞춘다. 이러한 연구는 특히 법학 그리고 무역학에서 많이 다루는데, 주로 WTO 내에서의 디지털 무역 관련 사항들을 소개한다(권현호 2018; Wunsch-Vincent 2006). 특히, WTO 내에서 전자 상거래 논의가 분류 문제(Classification)로 미국과 EU가 첨예하게 대립하고 있다거나, WTO의 규범과 규칙이 전자 상거래에 관한 사례에 어느 정도의 관련성을 갖는다는 점을 지적한다. 그런데 이 연구들은 WTO의 논의에 초점을 맞추고 있기 때문에, WTO 내부에서의 갈등 중인 논의 분석에 그치는 한계를 갖는다. WTO의 한계에 봉착한 국가들이 채택한 대안적인 PTA를 통한 새로운 레짐 수립에 대해서는 분석을 거의 하지 않고 있기 때문이다. 그리고 WTO의 논의에 대해 현재 진행형인 사실 정리에 그치고 있으며, 이론적 논의와 그에 수반하는 정책적 함의가 따르지 못하고 있다.

두 번째 부류는 WTO에 국한된 논의를 벗어나, 많은 국가가 PTA를 디지털 무역 레짐 수립을 위한 주요 대안적 정책으로 삼는 새로운 경향성을 다루고 있다(강하연 2018; 곽동철·안덕근 2016; 박노형·정명현 2018; 이종석 2019; Aaronson and Leblond 2018; Wolfe 2019). 이 부류의 연구는 WTO뿐 아니라 양자 간 PTA인 한국-미국 FTA를 다루거나 환태평양 경제 동반자 협정(Trans-Pacific Partnership, TPP)을 다룬다. 그리고 주로 전자적으로 전송되는 재화 혹은 서비스에 치중해서 논의를 펼치고 있다. 그러나 이런 연구들은 발 빠르게 전개되는 PTA의 특성상, 최근에 맺어진 복수 국가 간 협약들을 다루고 있지 못하다.

최근의 PTA들은 데이터의 초국경적 이동에 관한 자국의 이익을 더욱 명확히 드러내고 있기 때문에, 서로 다른 디지털 무역 레짐들의 특성을 파악하기 위해서는 이들을 파악하는 것이 매우 중요하다. 더구나 이 연구들은 이러한 서로 다른 레짐들의 부상을 설명하기 위한 이론적 틀을 제시하고 있지 못하는 한계가 있다.

앞에서 말한 한계를 보완하는 맥락에서, 세 번째 부류는 서로 다른 레짐들이 부상한 국제 정치(경제)적 배경을 제시하고 있다. 이런 연구들은 서로 다른 레짐들의 대립의 이유를 국내 정치 체제 혹은 법 문화로부터(김상배 2018) 또는 전략적 산업 보호의 차원에서 이해하기도 한다(Chu 2017). 혹자는 단순한 인터넷 산업 경쟁을 넘어 미국과 중국 간 고차원의 세력 경쟁의 맥락에서 이해한다(이승주 2019). 그러나 이런 연구들은 각각의 레짐들이 형성되는 국내적 배경 혹은 세력 갈등의 맥락을 제공하지만, 왜 PTA를 통한 국지적 국제 데이터 레짐들의 분화가 야기되었는지를 국제 레짐의 관점에서 풀어내고 있지 못하다. 즉, 글로벌 질서의 형성을 파악하기 위해서는 국내 이익뿐 아니라, 레짐들 간의 관계도 고려할 필요가 있다. 이를 위해서는 구체적으로 서로 다른 국제 레짐들이 어떤 원칙·규범·규칙 또는 절차로 구성되어 있는지를 보이는 실체적 증거들을 제시해야 한다. 또한, 국가 간에 합의된 실제적 무역 규칙들은 국제 무역 레짐의 형성에 필수적이기 때문에, 이론적 주장의 증거로서 반드시 확인해야 할 필요가 있다.

뒤에 이어지는 이론을 다룬 부분에서는 시스템 레벨에서 다양한 국제 레짐이 형성되는, 즉 레짐 복잡성(Regime complexity) 생성의 동학을 논한다. 이를 통해 어떤 조건에서 기존의 하나의 포괄적이고 위계적인 레짐이 여러 다른 하위 레짐으로 분화되는지 살펴본다.

3. 초국적 데이터 흐름에 대한 경쟁적 다자주의 이론

기존의 전통적인 국제 레짐에 대한 이론들은 국가들의 선호가 위에서부터 부과되거나 혹은 여러 행위자의 선호가 밑으로부터 구성되어오는 과정을 통해 레짐의 기원, 유지, 혹은 쇠퇴를 설명했다. 패권국의 존재라든가(Keohane 1984), 이익의 배치 형태(Moravcsik 1997; Nye 2014), 혹은 지배적인 관념의 대두(Hass 1922; Young 1991)에 대한 관심은 국제정치학의 대표적인 현실주의·자유주의·구성주의 학파가 각각 주목해온 레짐 설명을 위한 주요인들이다(Haggard and Simmons 1987; Hasenclever 1996).

그러나 이러한 전통적인 국제 레짐 이론들은 왜 같은 사안 영역에서 다양한 레짐이 존재하는가를 설명하거나 이러한 레짐들 간의 경쟁과 협력의 과정을 이해하기에는 한계가 있었다. 그 이유는 첫째, 위의 전통적인 국제 레짐 연구들은 개별 레짐들이 어떻게 생성되는가를 설명하는 데 중점을 두고 있고, 간혹 레짐의 유지 혹은 쇠퇴에 관해서 논의하고 있을 뿐이기 때문이다. 즉, 같은 사안 영역에서 왜 레짐이 분화되어 복수의 레짐이 존재하게 되는지에 대한 질문은 거의 다루고 있지 않다.

둘째, 전통적인 국제 레짐 이론들은 국가 행위자 중심의 분석에 치중한 나머지, 비록 개별 레짐의 내부(Intra-regime) 동학에 대해서는 설명력이 높으나, 레짐들의 군상(群像, Configuration)을 파악하고 그 생성 과정을 고찰한다든가 그 군상을 구성하는 레짐들 간(Inter-regime) 동학을 파악하기에는 한계가 있다.

이에 따라 국제 레짐들의 군상(혹은 배열(Configuration))을 파악하기 위해 '레짐 복잡성(Regime complexity 또는 Regime complexes)'이라는 개념이 제시되었다(Alter and Meunier 2009). 레짐 복잡성은 다양한 레짐이 단순히 존재할 뿐 아니라, 그들 서로 간에 규범과 제도로 느슨하게 관련되어 있는 것으로 이해될 수 있다(Nye 2014). 그리고 이들 서로 다른 레짐들 간의 관계를 설명하기 위해, '내포된 레짐(Nested regime)'(Aggarwal 1998)과 같은 개념이 고안되기도 했고, 혹자는 이들 레짐들 간 상호 작용의 양상을 4가지로 유형화하여 국제정치경제 질서상의 변화를 이해하고자 했다(Yoo 2017). '레짐 복잡성' 상황에서는 한 사안 영역에서 다수의 레짐이 형성되면서 국가들의 행위에도 영향을 미치는데, 그러한 행동을 파악하기 위한 개념들로 '포럼 쇼핑(Forum shopping)'(Busch 2007; Drezner 2004), '포럼 연계(Forum linkage)'(이승주 2019)가 제시되기도 했다.

위의 개념들 혹은 이론적 논의들은 이미 여러 레짐이 성립된 상황을 전제하고 그 조건에서의 동학을 고찰한다. 그런데 이 글은 다양한 디지털 무역 레짐이 서로 경합하는 양상으로 대두하는 현상에 관심을 두었기 때문에, 위 개념과 논의들은 본 연구의 문제의식에 대답하기에는 한계가 있다.

오히려 해당 사안 영역에서 다양한 레짐이 창발하는 현상들의 이유를 이해하기 위해서는 '경쟁적 다자주의(Competitive multilateralism)' 개념이 유용하다(Morse and Keohane 2014). 여기서 다자주의는 국제 레짐으로 이해할 수 있다. 그리고 경쟁하는 분화된 국제 레짐들의 상황은 스펙트럼상에서 보자면, 다음의 양극단의 중간 어딘가에 위치한다. 한쪽 극단에는 완전히 통합된(Integrated) 레짐이 있어 포괄적이고 위계적인 규칙으로 행위를 규제한다. 다른 쪽 극단에는 매우 파편적인 레짐들의 집합이 존재하지만, 그 집합 안에는 그 어떤 중심적인 레짐이나 서로 다른 레짐들을 연결하는 레짐(Interface regime)은 존재하지 않는다.

다음과 같은 조건에서 '경쟁적 다자주의'가 부상할 수 있다. 첫 번째, 기존 레짐에 불만을 가진 행위자가 존재한다. 그리고 그들이 해당 기존 레짐 내에서는 자신들의 이익을 유지 및 관철시키기 어렵다고 판단하여 기존 레짐으로부터의 탈퇴, 그것의 변형 혹은 새로운 대안 레짐의 창설로 움직일 의지가 있어야 한다. 두 번째, 강력한 행위자들의 존재이다. 무역과 관련된 사안 영역에서는 경제적 강대국인 경우를 의미하며, 불만을 품은 강대국의 존재가 새로운 혹은 대안적인 레짐 형성에 포함되는 경우이다. 마지막으로 경제적 강대국 간에 이익의 합치가 어려운 상황인 경우이다. 이러한 조건들이 결합할 경우, 경합적 레짐들이 부상할 가능성이 크다.

이런 조건들이 주어졌을 때, 불만을 품은 강대국들에게는 두 선택지가 있다. 하나는 새로운 레짐을 만듦에 있어 기존 상위 레짐과는 정합성을 유지하되 자신들의 이익에 좀 더 부합하는 소다자적인 하위 레짐을 형성하는 것이다. 그리고 그 하위 레짐에 참여국의 확장이 일어날수록, 원래의 레짐에 대한 도전, 압력 그리고 변화를 가할 수 있게 된다.

다른 하나는 기존의 상위 레짐과는 다른, 즉 원칙과 규범의 차원에서부터 다른 레짐을 새롭게 수립하는 것이다. 이러한 이유는 다시 두 가지 경우로 나눌 수 있다. 하나는 기존의 레짐이 창발하는 사안 영역에 대해 관장할 역량도 의지도 없기 때문에, 기능적인 차원에서 아예 새로운 레짐의 출현이 요구되기 때문이다. 다른 하나는 기존 레짐의 권위를 떨어뜨리고 새로운 원칙·규범·규칙 그리고 의사결정 과정을 확산 및 수립하고자 대항적인 레짐을 수립하기 위함이다.

위의 두 가지 큰 선택지의 결정적 차이는 거래 비용이다. 전자의 경우는 보완적인 레짐의 창출이므로 후자의 경우와 같이 완전히 새로운 레짐을 만들기 위한 큰 거래 비용을 수반하지 않는다. 이는 따라서 기득권을 가진, 즉 기존의 국제 레짐의 수혜를 받고 있는 강대국들이 선호하는 선택지이다.

따라서 새로운 사안이 등장하여 이를 관장(Govern)할 레짐의 필요가 대두할 때, 기득권을 향유하는 국가들 사이에서 이익의 합치가 가능한 경우에는 기존의 포괄적인 레짐을 계속 사용하려 할 것이다. 그러나 강대국 간에 합의가 이루어지기 힘들 경우, 기존의 포괄적인 레짐하에서 여러 다른 하위 레짐을 형성하여 자신들의 이익에 부합하는 보완적인 기능을 맡게 할 것이다.[4]

이 주장에 따르면, "복수 국가 간 PTA를 WTO의 보완적 레짐으로 볼 것인가 혹은 새로운 레짐으로 볼 것인가"라는 질문이 제기될 수 있다. 현재 서로 다른 강대국들이 자국의 선호에 부합하는 디지털 무역 레짐을 복수 국가 간 PTA를 통해 수립 및 확산시키고 있기 때문이다(Yoo 2017; Wunsch–Vincent and Hold 2012).

그런데 WTO 규칙의 기반인 GATT는 포괄적이고 위계적으로 가장 잘 통합된(Integrated) 레짐으로 알려져 있다(Baldwin 2006). 이는 GATT 제1조에서 '최혜국(Most Favored Nation, MFN)' 원칙을 주창하고 있지만, MFN 원칙에 위배되는 PTA를 제24조에서 예외 조항의 마련을 통해 포섭하고 해당 레짐하에서 허용하고 있는 데서도 보인다. 따라서 새로운 디지털 무역 규칙을 포함하는 PTA들을 완전히 새로운 상위 레짐들의 형성으로 볼 수 없으며, 오히려 WTO의 원칙과 규범을 위반하지 않는 범위에서 형성된 하위 무역 레짐의 규칙과 절차라 볼 수 있다.

데이터는 기존의 GATT 체제에서 다루어왔던 재화나 용역과는 다른 성격의 것이다(Aaronson 2018). 그런데 이런 데이터에 대해 강대국들은 기존 레짐의 활용을 도모한 바 있다. 즉, 데이터의 국경 간 이동을 관장하기 위한 규범과 규칙에 대한 논의를 선진국들이 중심이 되어 1990년대에 WTO로 끌고 들어왔다.[5] 따라서 데이터 이동과 관련한 독립적인 새로운 레짐을 수립하는 대신에, 국제무역 레짐을 빌려서 데이터 이동을 관장하는 레짐을 수립 및 확산하려고 한 것으로 볼 수 있다. 비록 지금까지 WTO 내에서 합의에 이르지는 못한 것은 선진국뿐 아니라 개도국과의 선호 차이도 있지만, 경합하는 레짐들이 대두하는 근본적 이유는 강대국들의 레짐 형성에서 기인하는 바가 크다.

4. 특혜 무역 협정을 통한 국가 간 데이터 이동의 레짐 형성

뒤에서는 다양한 레짐을 낳은 디지털 무역 강대국의 상충하는 선호를 PTA 조항과 그에 관련한 국내 규제를 통해 살펴본다. 이러한 서로 경합하는 선호들이 서로 다른 레짐들을 구성해나가는 이유가 된다. 애초에 WTO를 통해 디지털 무역에 관한 전 지구적 레짐을 수립하려고 했던 의도가 실패한 이유를 미국, 유럽연합 그리고 중국이 가지고 있던 서로 다른 선호에서 찾는다. 이를 위해 최근 WTO에서 표명된 이들 세 행위자들의 프로포절을 분석하고, 뒤따르는 소절들에서 더 구체적인 증거들을 복수 국가 간 PTA와 관련 국내 규제를 통해 조명한다.

1) 다자주의 무역 협상 플랫폼, WTO의 한계

국제 무역 레짐의 핵심이자 포괄적 거버넌스를 제공하는 WTO 그리고 그전의 GATT는 전자 상거래(Electronic transmission)에 대한 매우 모호한 규정만을 가지고 있다. 그러한 규정의 하나로서 WTO 차원에서 표명된 회원국 간 '전자적 전송에 대한 한시적 무관세 선언'을 들 수 있다. WTO 회원국들은 이를 계속 연장함으로써, 전자적 분야에서도 자유 무역을 추구한다는 명목을 유지하고 있지만, 사실 '전자적 전송' 개념에 대한 국가 간 합의가 없기 때문에, 이 선언은 형식적이며 실제적 구속력은 없다고 볼 수 있다. 비록 WTO의 분쟁 해결 기구는 데이터 흐름에도 WTO의 규칙이 적용된다고 주장하고 있지만(Wunsch-Vincent 2006), 사실 WTO 내에서는 국경 간 데이터 흐름에 대해서는 무엇이 정당한 데이터 흐름의 규제인지, 무엇이 무역 왜곡 정책인지에 대해 합의를 이루지 못하고 있다.

이러한 상황에 불만을 품은 국가들이 기술 발달과 그에 따른 상행위의 변화에 대응하고, 이들 변화로부터 이익을 거두기 위해, 글로벌 다자주의적 협의보다 신속하고 효과적인 양자 혹은 복수 국가 간 무역 협정에서 디지털 무역 규칙을 제정하기 시작했다(Wunsch-Vincent and Hold 2012). 그런데 디지털 무역 레짐들은 강대국들을 중심으로 우선 형성되면서 서로 차이를 보이기 시작했다. 여기서 강대국들이라 함은 첨단 디지털 기술과 발달한 디지털 시장을 보유하며 이를 발전시키고자 하는 국가 이익을 명확히 추구하는 국가들을 의미한다. 이런 의미에서 특히 미국, 유럽연합 그리고 중국이 자국에 유리한 디지털 무역 레짐 형성에 적극적이며 글로벌 차원에서도 목소리를 내고 있다.

지난 20여 년간 디지털 무역과 관련한 전 지구적 논의가 지속되고 있지만, 2018년과 2019년 스위스 제네바에서 이루어진 일련의 논의 과정을 통해서 주요국 간의 차이점들이 더욱 부각되었다. 이들의 차이점은 2019년 4월에 나온 각자의 프로포절에 구체적으로 나온다.[6]

이를 보면 첫째, 미국의 프로포절은 아래에서 자세히 다룰 '미국-캐나다-멕시코 협정(United States-Mexico-Canada Agreement, USMCA)'[7]의 디지털 무역 장(章)에서 언급된 것과 매우 흡사하다. 미국은 유럽연합보다 더 자유로운 데이터 흐름을 지지하며, 제한적인 데이터 흐름을 주장하는 중국과는 대척점에 있다. 미국의 디지털 무역 원칙과 규범이 가장 뚜렷하게 반영되어 있는 것은 USMCA이다. USMCA와 그 협정의 전자 상거래 장의 기반이 되었던 TPP 그리고 '포괄적·점진적 환태평양경제동반자협정(Comprehensive and Progressive Agreement for Trans-Pacific Partnership, CPTPP)'[8]에 대해서는 다음 절에서 자세히 다루겠다.

둘째, 유럽연합의 프로포절은 미국과 마찬가지로 제한되지 않은 국경 간 데이터 이동을 지지하지만, 미국의 그것보다 훨씬 자세히 진술되어 있다. 그리고 개인정보가 국경 간 데이터 이동의 많은 부분을 차지하는 상황에서, 개인정보의 국경 간 이동에 관한 상세한 규칙의 채택과 적용을 요구하는 점에서 차이를 보인다.

마지막으로, 위의 두 프로포절과 구별되는 중국의 프로포절은 데이터의 자유로운 흐름보다도 국가 안보와 공공 정책적 고려를 강조한다. 그리고 데이터의 흐름은 각 회원국의 국내 법과 규제와 상응해야 할 것을 주장한다. 이는 자국의 '위대한 방화벽(Great Firewall)'으로 둘러쳐진 디지털 영역의 보호를 반영하고 있다. 흥미로운 점은, 중국이 전자 상거래의 발전과 관련하여 다양한 발전 경로를 존중해야 하며 데이터 흐름에 관한 WTO에서의 본격적 논의는 차후로 미루어야 한다고 주장하는 것이다. 즉, 자국식 데이터 이동 관리에 대한 인정을 요구하고 있으며 자국의 디지털 산업이 발달한 후에 WTO를 통한 글로벌 원칙과 규범을 논의할 의지가 있는 것으로 풀이할 수 있다. 이는 미국과 유럽연합과 마찬가지로, 중국 또한 국제 정치경제 질서 기반에 깔려 있는 WTO가 제시하는 원칙과 규범 그 자체에 근본적인 불만은 없는 것으로 해석될 수 있다. 그러나 서구 중심의 전 지구적인 규칙과 절차가 마련되는 것에는 반대하는 것으로 해석될 수 있다.

2) 미국의 디지털 무역 레짐

이 소절에서는 CPTPP와 USMCA의 디지털 무역 장(章)들이 데이터의 흐름에 대해 어떻게 규정하고 있고 디지털 무역 레짐이 어떤 양상인가를 밝히고자 한다. CPTPP와 USMCA 조항들을 보았을 때 두 개의 무역 협정은 비슷하지만 차이점이 존재한다.[9]

첫째, 미국은 현재 CPTPP에 참여하고 있지 않지만, 이 협정의 전자 상거래 장은 미국을 포함하는 USMCA의 디지털 무역 장에 기초를 제공했다. 둘째, CPTPP나 USMCA나 공통적으로 데이터의 자유로운 흐름을 지지하지만, 후자의 협정이 더욱 제한이 없는 흐름을 강조하는 것으로 발전했다고 볼 수 있다. 이로써 미국 중심의 디지털 무역 레짐은 유럽이나 중국에 비해 가장 자유로운 데이터 흐름의 질서를 선호하는 것으로 볼 수 있다.

포괄적·점진적 환태평양경제동반자협정(CPTPP)

CPTPP는 기존 디지털 무역에 관한 레짐들보다 더 데이터의 자유로운 흐름을 강조하는 방향으로 나아갔다. 구체적으로 세 가지 특징을 꼽을 수 있다.

첫째, 예외 사항을 구체적으로 밝힘으로써 데이터의 국경 간 이동의 제한에 있어 데이터의 제한을 최소화하려고 하고 있다. 이는 WTO에서의 '서비스 무역에 관한 일반 협정(General Agreement on Trade in Services, GATS)'과 비교해보아도 알 수 있다. GATS 14장은 특혜 무역 협정에서 일반적으로 보이는 예외 조항들을 언급하고 있으나, 데이터의 흐름에 관한 모든 측면을 다루고 있지 못하며 인터넷 관련 이슈들의 범위나 고려에 있어 제한적이다(Mitchell and Mishra 2018). 이 때문에 CPTPP는 14장 11조나 13조에서 구체적인 근거를 제공하여 정책적 유연성에 더 큰 제한을 가하고 있다.

구체적으로는 우선, '데이터'를 정의함에 있어, '사업 목적에 필요한 데이터'라고 언급한 것 외에는 어떤 종류의 데이터인지는 특정하지 않는다. 광범위한 적용 가능성을 내세워 데이터의 흐름이 최대한 제한받지 않도록 하는 것이다. 그리고 14장 13조에서는 데이터 이동의 제한을 없애기 위해, 데이터 국지화(Data localization)를 원칙적으로 금지하고 있다. 즉, 시장 접근을 대가로 특정한 컴퓨팅 시설을 위치시킬 수 있는 사업자 의무 사항을 금지하고 있다. 그리고 구체적인 예외적인 상황을 명시하고 있다.

14장 11조에는 데이터의 국경 간 자유로운 이동은 '정당한 공적 정책의 목적(Legitimate public policy objective)'을 달성하기 위해 제한을 가할 수 있다고 한다. 같은 맥락에서, 데이터의 자유로운 이동을 위해 14장 17조에 의하면 소스 코드(Source code) 이전 혹은 접근 요구를 금지한다.[10] 그러나 이러한 금지도 주요 인프라(Critical infrastructure)에 관련된 것에 한해서만 예외가 있을 수 있다. 게다가 국내 규제 법령에 조응하기 위해서, 소스 코드 수정(Modification)을 요구할 수도 있다. 물론 이런 경우에도 국내 규제 법령은 CPTPP에 위배되지 않아야 한다. 즉, 국내와 해외 회사들을 차별하지 않고 동등하게 대우하고 있어야 한다.

둘째, 데이터 이동에 제한 조건을 명확히 하기 위해, 개인 데이터(Personal data)에 관한 규정도 존재한다. 개인 데이터는 국경 간 데이터 이동의 상당 부분을 차지하기 때문에, 데이터의 이동과 관련해서 프라이버시 레짐의 국가 간 조율을 통해 상호 작동성(Interoperability)을 확보하는 것이 중요하다. 프라이버시 레짐의 차이는 종종 데이터의 자유로운 국경 이동에 장애가 되었기 때문이다.

유럽의 GDPR에 대해 미국이 디지털 보호주의(Digital protectionism)라 비판하는 것도 이런 맥락에서이다. 따라서 CPTPP 14장 8조는 서로 다른 데이터 프라이버시 레짐들 간의 상호 작동성 그리고 소비자 보호 당국 간의 협력을 권면하고 있다. 14장 8조는 국가 간의 서로 다른 프라이버시 레짐들의 차이는 인정하지만, 서로 다른 국가 간의 접근을 수용할 수 있게 유연해야 함을 전제하고 있다.[11] 이렇게 규정함으로써, 프라이버시 레짐들 간의 상호 격차에서 비롯되는 불합치와 갈등을 넘어서려 하고 있다.

셋째, CPTPP 14장은 전체에서 규정하는 것들이 적용되지 않는 사항들을 기술한다. 특히, 이 장의 핵심인 2조 3번째 단락에 의하면 CPTPP하에서 회원국들은 정부 기관들이 보유하고 있는 데이터에 관한 한 자유로운 흐름을 제한할 수 있는 권한을 소유하고 있다.[12] 즉, 14장 11조에서의 국경 간 데이터의 자유로운 흐름을 규정한 것이나, 같은 장 13조의 데이터 국지화를 금지하는 조항들이 정부에게는 적용되지 않는다. 만일 정부가 개인정보들을 공공 기관에서 처리해야 하고 보관해야 한다고 정한다고 한다면, 이는 CPTPP의 규정으로부터 제외될 수 있다는 것이다. 따라서 2조의 규정이 중요한 것은 정부가 정보를 활용한 분석이나 기술(예를 들어 인공지능)의 발전을 위해 공적으로 활용할 수 있으면서도 해당 정보를 보호하고 통제할 수 있는 정보 주권을 행사할 수 있게 하는 예외 조항이기 때문이다.

미국-멕시코-캐나다 협정(USMCA)

USMCA 19장은 기존의 특혜 무역 협정 조문에서 종종 쓰던 '전자 상거래(E-commerce)'라는 용어 대신에 '디지털 무역(Digital trade)'을 사용하고 있다. 이는 CPTPP의 기반 위에서 더 폭넓은 범위를 지향하는 것을 의미한다. USMCA가 CPTPP와 다른 점은 아래와 같이 데이터의 자유로운 이동을 더욱 강하게 뒷받침하는 레짐으로 발전하고 있다는 것이다.

첫째, USMCA는 CPTPP에 비해 프라이버시 레짐에 대해 더욱 명확하게 지침을 내리고 있다. CPTPP의 경우, 프라이버시 레짐의 상호 작동성과 관련해서 특정한 국제기구를 지칭하지 않는다.[13] 그러나 USMCA 19장 8조 2번째 단락에서 회원국들이 디지털 무역 사용자의 개인정보 보호를 위해 법적 틀을 마련할 것을 규정하고 있다. 물론 어떤 특정한 규칙을 규정하고 있지는 않지만, 원칙과 지침을 내리고 있다. 그 원칙과 지침으로 지칭되는 것이 '아시아태평양경제 협력체 프라이버시 보호 준칙(APEC Privacy Framework)'과 '경제협력개발기구 프라이버시 가이드라인(OECD Privacy Guidelines)'이다. 즉, 프라이버시 레짐의 법적 틀을 새로이 마련하게 될 경우, 혹은 기존의 법적 틀을 변경할 필요가 있는 경우 이러한 원칙과 지침들을 참조할 필요가 있다. 프라이버시 레짐에 참조할 대상이 유럽연합의 GDPR이 아니라, 위의 원칙과 지침인 이유는 물론 이들을 발전시키는 데에 핵심적인 역할을 한 미국의 선호, 즉 개인정보 보호에 대한 기업의 자발적 참여와 개인 데이터의 보호보다는 데이터의 자유로운 흐름에 우선순위를 두는 선호를 반영한다.

둘째, USMCA는 CPTPP에 없는 '상호작용 컴퓨터 서비스(Interactive Computer Services)'에 관한 조항이 있다. 19장 17조의 규정에 의하면, 인터넷 서비스 공급자들, 소셜미디어 플랫폼, 검색 엔진은 콘텐츠 제공자로서의 책무를 지지 않는다. 즉, 제공하는 콘텐츠에 대한 법률적 결과에 대해 법적 면제를 받는다. 따라서 거짓 뉴스와 같은 잘못된 정보에 대한 책임을 묻는 조치들을 취하기 어려울 수도 있다. 사이버 공간에서의 데이터 흐름과 정보의 유통 그리고 표현의 자유라는 규범을 지지하기 위한 강한 형태의 규정이라고 볼 수 있다.

이는 유럽연합이 2019년에 가결한 저작권법, 즉 '디지털 단일 시장에서의 저작권에 대한 지침(Directive on Copyright in the Digital Single Market)'과는 다른 방향성을 보인다. 유럽연합의 저작권법 13조에는 '업로드 필터' 설치 조항이 있어, 플랫폼이 저작권을 침해한 콘텐츠를 사전에 걸러내야 한다는 의무를 지우고 있다. 이러한 의무 사항은 플랫폼에 올리고 유통될 정보에 대해 조심스러운 태도를 강조하는 것이고, 미국 중심의 데이터 흐름에 관한 규범의 입장에서 보면, 정보의 흐름 및 표현의 자유를 제한하는 데 작용할 수 있다.

셋째, USMCA는 CPTPP에 없는 소스 코드와 알고리즘에 관한 규정이 있다. 예를 들어, USMCA 19장 16조는 CPTPP 14장 17조 2번째 단락에서 정하고 있는 소스 코드의 범주 제한을 제거했다.[14] 이렇게 함으로써 예외 없이 모든 소스 코드에 대해서, 설령 국가의 주요 인프라에 쓰이고 있는 것이라고 하더라도, 이전이나 변경을 요구할 수 없게 된다. 이를 통해 USMCA가 CPTPP에 비해 더욱 저작권과 기술 보호를 지향하고 있음을 알 수 있다. 하지만 USMCA도 특정 조건에서 소스 코드가 공개될 수 있다는 점에 유의해야 한다.

USMCA 19장 16절 2번째 단락에서는 참여국의 규제 혹은 사법 관련 기관이 특정한 조사, 검사, 법 집행의 과정에서 공개를 요청할 수 있다고 규정하고 있다.[15] 이를 통해 USMCA는 CPTPP에 비해 소스 코드와 관련된 규정에 있어 더 투명해졌다고 할 수 있다.

넷째, USMCA는 CPTPP에 비해 데이터 국지화 요건과 관련해서 더욱 엄격하다. 즉, 데이터 국지화를 부과하기가 더욱 어려워졌다. CPTPP 14장 13조에는 어떤 참여국도 컴퓨팅 시설들을 해당 영토 안에 위치시켜야 한다는 요구를 할 수 없다고 규정하고 있다. 예외적으로 '정당한 공공 정책의 목적'이 있을 경우는 가능함을 인정하고 있다.[16]

그러나 USMCA의 경우, 이 예외 단서 조항이 없이 데이터 국지화를 할 수 없음을 규정하고 있다. 즉, USMCA 참여국은 '정당한 공공 정책의 목적'이라는 단서를 활용할 수 없음을 의미한다. 이는 디지털 보호주의의 한 수단인 데이터 국지화 정책 사용을 더욱 어렵게 하고 데이터 이동을 더욱 보장하기 위한 것임을 알 수 있다.

동일한 맥락에서, 데이터 국지화가 가능한 유일한 예외는 매우 특정한 상황에 국한된다. 즉, 디지털 재화나 서비스가 정부에 제공되고 있을 때이다. 즉, USMCA 19장의 규정에 해당하지 않는 경우로 정부 조달이나 같은 장 18조의 '정부 공개 데이터(Open Government Data)'를 들 수 있다.[17]

유럽연합의 디지털 무역 레짐

유럽연합의 디지털 무역 레짐을 이해하기 위해서는 유럽연합의 개인 데이터에 대한 관념부터 이해할 필요가 있다. 개인 데이터는 국경 간 데이터 이동 및 기업 간 상행위에 있어 상당 부분을 차지하기 때문에, 이에 대한 관리가 데이터 일반의 이동에 관한 거버넌스의 중요한 부분을 차지한다.

유럽연합은 꾸준히 개인 데이터에 대한 입장을 명확히 밝혀왔고 다른 지역 못지않게 엄격한 관리 거버넌스를 발전시켜왔다. 요점은 개인정보는 일반 재화(Goods)가 아니며, 데이터 보호 조치는 단순한 무역 장벽이 아니라는 것이다.

이러한 입장은 프라이버시를 소비자 권리로서뿐 아니라, 인권으로 여기는 인식과도 일맥상통한다. 그러나 미국은 전자로서만 협소하게 인식한다. 양자 모두 데이터의 자유로운 흐름을 억제된 흐름보다 우선시 여긴다. 하지만 유럽연합은 미국과는 상반되게, 프라이버시의 보호를 데이터의 자유로운 흐름보다 우선시한다.

이와 같은 맥락에서, 유럽연합의 국가 간 데이터 흐름에 대한 국제 레짐은 국내에서의 개인 데이터와 프라이버시에 대한 규정의 발달과 함께 성장해왔다고 할 수 있다. 유럽연합은 개인 데이터 보호가 근본적인 권리로서 모든 다른 가치보다 상위에 있다(Tourkochoriti 2014). 이런 맥락에서 유럽의 법적 규제 틀에 따르면 개인 데이터의 처리는 원칙적으로 금지되어 있으며 명백한 법적 근거가 있는 경우에만 허용된다. 그에 반해 미국적 맥락에서의 데이터 처리는 피해가 발생했거나 미국 법에 의해 명백히 제한될 경우에만 금지될 수 있다.

또한, 유럽에서의 데이터 보호는 인권이기도 하다(Schwartz and Solove 2014). 국가에 의해 보장되는 권리이며 국적에 상관없이 모든 이가 그 권리를 누릴 수 있다. 그러나 미국의 경우 오직 미국 국적 소유자만이 보호된다. 즉, 자국의 데이터가 미국과의 협정으로 미국 내에서 보호받고 있다가 제3국으로 이전될 경우 더 이상 보호받지 못한다.

이러한 조치는 미국의 오랜 전통인 사적 영역으로의 정부 개입에 대한 거부감에 있다. 미국의 개인 데이터 보호는 부문(Sectoral) 중심이며 그리고 기업에 의한 자발적인 참여에 의존한다. 즉, 유럽과 같은 정부 개입에 의한 포괄적인 제도적 보장이 아니다.

위와 같은 데이터 보호에 대한 입장 차이는 국경 간 데이터 흐름에 관한 레짐 수립에 있어 양국 간에 차이를 드러냈다. 미국은 위에서 말한 바와 같지만, 유럽은 프라이버시에 대한 '적정 수준의 보호(Adequate level of protection)'가 있는 국가에만 개인 데이터가 이전될 수 있는 것이다.

이러한 '적정성'은 '유럽 데이터 보호법(European Data Protection Law)'을 따른다.[18] 즉, 적정 수준의 보호를 보장하기 위한 조치가 상대국에 있어야 하는데, 이는 한편으로는 국가에 관련 제도를 신설할 것과 다른 한편으로는 사업자들에게 적정 수준에 부합하기 위한 인력과 자원의 추가적인 투입을 요구하는 것과도 같다. 즉, 이러한 조치들은 추가적인 비용을 발생시키므로 무역 장벽으로 작동할 수 있다는 비난이 제기될 수 있다.

아래에서는 무역 협정들을 통해 유럽연합의 국경 간 데이터 이동에 관한 규범과 규칙의 선호 형성과 발전 과정을 다루겠다.

복수 국가 간 서비스 무역 협정(Trade in Services Agreement, TiSA)

TiSA는 서비스 무역에 관한 자유화를 추진하려고 했던 만큼, 데이터의 이동에 있어서도 '포괄적 경제 무역 협정(Comprehensive Economic and Trade Agreement, CETA)'에 비해 훨씬 더 급격하게 나아가고자 했다.[19]

CETA는 데이터의 흐름에 관한 의무를 지우는 일반적 조항을 아직 가지지 않았던 복수 국가 간 무역 협정이었으며, 일반적 조항이 부재했다는 것은 데이터의 이동이 각 참여국의 국내 법 원칙과 요구에 따라 통제(Govern)된다는 것을 의미했다.

TiSA와 관련해서 2014년 6월에 미국이 제안한 조항을 보면 조약국들은 금융 서비스 공급자들이 영토 내뿐 아니라 외에서도 데이터를 처리하는 것을 방해할 수 없다.[20] 이러한 제안의 배경에는 서비스 산업들, 예를 들어 보험이나 신용 카드 산업들이 데이터를 해외에서도 보유할 수 있는 권리를 보장하고 동시에 클라우드 기반의 기술을 증진하기 위함이다. 나아가 미국은 이러한 데이터의 국경 간 자유로운 이동의 원칙을 핵심 조항에 삽입하여 협정 전반에 적용하려고 했다.[21] 미국의 제안은 개인 데이터의 이동에 있어 그 어떤 조건 없이 그리고 데이터 보호에 대한 어떠한 언급 없이 자유로운 전송을 주장하고 있다.

이러한 데이터의 자유로운 이동에 대한 최우선적인 선호와 최소한의 프라이버시 기준의 적용은 미국이 떠나기 전의 TPP에서의 조항과 흡사하다. 당시 공개된 TPP 협정문의 14장 8절을 보면 프라이버시 보호를 위해 각 참여국은 법적 틀을 차용 혹은 유지할 것이 규정되면서, 개인 데이터 보호를 위한 강력한 제도적 장치를 의무 지우는 것으로 보인다. 그러나 각주 6을 보면, 기업들에 의한 자발적인 데이터 보호도 언급하고 있다.[22] 이 때문에 14장 8절 조항은 사실 미국식의 프라이버시 레짐 관행에 준하는 방식으로 이행될 수도 있었다.

이러한 느슨한 보호 원칙의 허용은 유럽연합의 관점에서 봤을 때, 매우 약한 프라이버시 보호를 의미한다. 유럽연합은 데이터 보호나 프라이버시 권리는 무역 장벽이 아니라 기본권으로 인식해야 한다는 입장이기 때문이다. 따라서 TiSA 논의에 있어서도 데이터의 이동이나 데이터 국지화 논의에 대해 신중한 입장을 취하고 있으며, 개인 데이터 보호를 위한 제한 사항들을 제안한다.[23] 실제, 유럽의회(European Parliament)는 TiSA 협상에서의 미국의 정보 이동에 관한 제안에 대해 즉각적이고 공식적인 반대를 취할 것을 표명한 바 있다(Berka 2017). 그리고 유럽연합법원(European Court of Justice)의 세이프 하버에 대한 무효화 판결을 보더라도, 유럽연합의 방향성은 명확하다.

종합해서 볼 때 유럽의회나 법원 모두 데이터 보호에 대해 자국의 레짐을 명확하고 두려움 없는 언어를 사용하며 지키려 하고 있다. 위의 두 잠정적 협정 또한 비록 유럽연합과 미국, 양자가 제한 없는 데이터의 국경 간 이동을 지지하고 있지만 두 행위자의 선호가 다르다는 것을 보인다.

범대서양 무역 투자 동반자 협정(Transatlantic Trade and Investment Partnership, TTIP)

유럽연합에게 개인 데이터 보호 기준은 협상의 대상이 아니다. 기본적으로 프라이버시 권리와 관련한 데이터 보호란 무역 장벽이 아니라 기본권이기 때문이다.

이와 같은 맥락에서 유럽의회는 TTIP에서도 TiSA와 동일한 입장을 주장하고 있으며, 집행위원회에도 그러한 입장을 견지할 것을 주문했다.[24] 그 입장이란 종합적이고 명확하며 수평적·독립적 그리고 법적으로 구속력 있는 유럽연합 데이터 보호법을 무역 협정에도 반영해야 함을 의미한다. 그리고 이는 GATS의 일반적 예외 조항에 근거하여, 개인들의 프라이버시 보호에 관련한 국가 규제 사항으로서 정당화되고 있다.

게다가 이러한 데이터 보호를 위한 유럽연합이 주장하는 예외 조항은 현재뿐 아니라 미래의 유럽연합 법에도 근거했다. 이는 현재의 맥락에서 GDPR을 의미하는 것인데, GDPR은 1995년의 '데이터 보호 지침'보다도 더 엄격하여, '잊힐 권리'나 더 엄격한 동의 요구사항들을 포함하고 있었다. 비유럽연합 국가들에게, 특히 미국에게 이러한 예외 조항이 받아들여지기 힘들기 때문에 TTIP 협상은 중단되었다.[25]

트럼프 정권에서 촉발된 유럽과 미국과의 무역 분쟁이 해소되고 나면 TTIP 협상은 재개될 가능성이 있다. 실제 바이든 당선 이후로 TTIP 재협상에 대한 기대는 높아졌다. 그러나 현재의 잠정적인 협정으로는 유럽의 데이터 보호에 관한 역내 수준을 만족시키기 어려우며, 향후에 벌어질 협상에서도, 데이터 보호 레짐이 견고히 자리잡아가는 유럽 측의 선호에 큰 변화가 없을 것으로 예상된다.

중국의 디지털 무역 레짐

중국이 미국이나 유럽연합과 큰 틀에서 합의하고 있는 바는 전자 상거래가 가져올 수 있는 경제적 혜택을 최대한 누릴 수 있어야 한다는 것이다. 그러나 이를 실현하기 위한 방안은 다른 두 행위자와 확연히 구별된다. 중국의 디지털 무역 레짐에서의 선호는 단적으로 안보에 대한 선호가 크다고 할 수 있으며 다음의 세 가지로 세분화할 수 있다.

첫째, 글로벌 디지털 무역 레짐 수립을 위한 WTO의 역할과 관련한 중국의 선호는 보류이다. 미국이나 유럽연합이 적어도 WTO 체제 내에서 그리고 WTO 규칙 및 규범과의 정합성을 고려하여 자국의 데이터 이동에 관한 레짐을 수립하고 정당화시키고자 하는 것에 비해, 중국은 반드시 그렇지 않다. 중국은 WTO 내에 이미 상이한 이익을 가진 행위자들이 있다는 것을 강조한다.

이러한 인식은 다시 두 가지 세부 주장으로 나뉜다. ① 다양한 이익이 존재하기 때문에 당장 이를 수렴하는 것은 어렵다. 따라서 WTO 밖에서 각자의 레짐을 우선 수립하고 발전시키고 차후에 WTO로 가지고 와서 논의할 필요가 있다고 한다.[26] ② 상이한 이익의 존재에 대한 강조는 각국의 이익에 대해 존중해야 한다는 주장으로 이어진다. 후자의 주장은 이하의 데이터 주권 주장과 연관된다.

둘째, 데이터 주권에 대한 중국의 선호이다. 디지털 무역과 관련한 사안 중에서 사이버 안보 문제는 늘 제기되는 이슈인데, 이 문제는 인터넷 주권을 인정함으로써 해결될 수 있다고 주장한다. 인터넷 주권은 데이터 주도의 경제 개발에 있어 자국이 그 발전 경로를 자주권을 가지고 선택할 수 있다는 의미로 해석될 수 있다. 즉, '합당한 공공 정책 목적'을 위하여 규제적 방안을 가지고 데이터의 흐름을 제한할 수 있다는 것이다. 그리고 합당한 공공 정책 목적이란

각 나라의 발전 경로에 따라 상이할 수 있다고 주장한다.

이러한 공공 정책 목적에는 자국 데이터 유치 산업의 보호와 성장도 포함되어 있다. 데이터 이동에 관한 제한적이고 차별적인 정책은 해외 기업들과의 경쟁을 줄일 수 있기 때문이다. 특히 2007년 이후부터 데이터 이동에 제한하는 조치들이 많이 늘었는데, 이는 특히 데이터 혹은 데이터 산업에의 해외 투자에 관한 조치들이 많이 포함되었었고, 이러한 제한 조치들은 무역 왜곡을 야기하며 자국 내 산업 보호에 그 효과가 상당히 컸다(Chu 2017).

데이터 관련 산업은 향후 세계 경제뿐 아니라 중국 경제에 큰 기여를 할 것으로 기대되기 때문에, 중국 정권에게 있어서 매우 중요한 산업이다. '데이터 견인 경제(Data-driven economy)'가 가져오는 경제적 성과는 정권의 정당성에 적지 않은 기여를 할 것이기 때문이다. 이런 맥락에서도 중국 정부는 국가 주도의 산업 정책들, 예를 들어 '중국제조 2025' 등을 제시해왔는데, 이는 중상주의적 무역 정책과 긴밀히 연결된다.

셋째, 데이터 이동과 안보와의 연결을 강조한다. 데이터의 이동은 안보 조건을 사전에 만족시켜야 하기 때문에, 안보의 기준에 달하지 못하는 경우 데이터의 이동은 제한될 수 있다. 중국 디지털 보호주의의 대명사로 꼽히는 자국민 정보 검열 시스템, 일명 '만리방화벽(Great Firewall of China, GFW)'은 대표적 예이다.

GFW는 단순히 내부 정보의 흐름을 통제할 뿐 아니라 외부와의 정보의 유출입도 통제한다. 그리고 목적을 보면 단순히 산업 발전에만 있지 않음을 알 수 있다. 그래서 중국은 종종 이를 '공공질서(Public order)'를 유지하기 위함이라고 한다(Ferracane and Lee-Makiyama 2017). 그렇다면 이렇게 데이터의 이동을 제한할 조건이 되는 '공공질서' 혹은 안보의 의미가 중요해진다. 안보는 데이터 주권을 주장하는 근본적이고 본능적인 이유이기 때문이다. 여기서 안보란 국내외 양 측면에서의 위협으로부터의 정권의 유지를 의미한다고 볼 수 있다.

데이터의 이동은 권위주의 정권에게 있어 양날의 검이다. 데이터는 중국 미래 경제의 자원이기 때문에 매우 중요하지만, 무분별한 데이터의 이동은 중국 정권의 잠재적 위협이기도 하다. 이동하는 데이터에는 정권의 정당성에 해가 되는 정보가 포함되며, 정권에 반대하는 집단들의 정보 교환도 이루어지기 때문이다. 중국의 이와 같은 우려는 정책에 반영되었다. 2015년부터 '반테러법'을 수립하여 정보 흐름에 대한 감시 및 통제를 공식적으로 제도화했고 나아가 2016년 11월에는 '사이버 보안법' 통과로 이어졌다.

사이버 보안법으로 인해, 개인정보에 대한 별다른 일반법이 존재하지 않았던 중국에 최초로 개인정보 등의 해외 이전에 대한 보안 평가 제도가 규정되었다.[27] 2017년 4월 11일에는 국가인터넷정보판공실이 '개인정보 및 중요 데이터 국경 간 이전 보안 평가 방법'을 제정하여 발표했고, 이어서 2017년 6월 1일에 사이버 보안법이 발효되었다. 이에 따르면 핵심 인프라의 운영자는 중국 내 운영에서 수집 및 발생하는 개인정보는 국경 내에 보존해야 한다. 그리고 중국에서 타국으로 이전되는 개인정보 및 중요 데이터는 보안 평가를 받아야 한다.

그런데 이런 보안 평가나 이전 가능 여부는 모호한 규정으로 규제받는다. 특히, 58조의 중국 정부가 국가 안전과 사회 공공질서를 유지하고 보호하기 위해, 정보통신망에 대한 차단과 제한 등의 임시 조치를 취할 수 있다는 규정은 규제의 시행이 국내외 정치 안보적 목적과 매우 연관성이 높을 수 있음을 시사한다.

그리고 사이버 보안법은 국내외 기업과 관계없이 중국 내에 서비스를 제공하는 어떠한 네트워크 운영자에게도 해당 적용되어 매우 포괄적임을 알 수 있다. 즉, 중국을 거치는 거의 모든 데이터 이동에 적용할 수 있다.

역내 포괄적 경제 동반자 협정(Regional Comprehensive Economic Partnership, RCEP)

중국의 이러한 데이터 이동의 제한에 대한 선호는 국제적으로 어떻게 펼쳐지고 있는가? 현재 중국은 PTA를 중심으로 한 구속력이 있는 무역 협정을 미국이나 유럽연합 정도로 활발히 활용하고 있지 않다.

그러나 2019년에 중국이 가입해 그 선호를 반영하고 있는 메가-PTA인 RCEP이 협상 완료되었다.[28] 이로써 비록 미국과 유럽연합 간 차이는 있었을지언정 이 두 행위자 주도로 확장 및 가속화되던 국경 간 데이터의 자유로운 이동을 보장하는 국제 레짐의 확산 추세는 멈추게 된 모양새이다.[29]

전반적으로 보아 RCEP은 데이터 국지화나 데이터의 초국경적 이동을 금지하기 위한 명확한 조항을 규정하고 있지 않다. 이러한 방향성은 앞서 살펴본 미국과 유럽연합이 추구하는 방향성과는 다르다.

첫째, 소스 코드에 대한 명확한 조항이 없다. CPTPP, USMCA는 소스 코드의 공개를 원칙적으로 금지하지만, RCEP은 소스 코드 공개에 관한 명확한 규정이 없기 때문에 회원국 자국의 규제에 따를 가능성이 크다.

둘째, 비록 RCEP 8장에 데이터 국지화를 금지하는 조항은 존재하나, 데이터 국지화를 허용하는 예외적 조건 사항들에 구체성이 없다. 이는 국내의 안보나 공공 정책상의 폭넓은 근거로 디지털 보호주의를 쉽게 시행할 수 있음을 의미한다.

셋째, 데이터의 국경 간 이동에 대해서도 CPTPP와 마찬가지로 원칙적 자유를 포함하나, 금지할 수 있는 제한 조건들이 모호하다. 따라서 규정에 의해 구속받지 않고 데이터 이동을 금지할 조치가 더욱 쉽게 취해질 수 있다.

넷째, 개인 데이터의 보호에 대한 조항도 느슨하다. CPTPP의 경우 개인정보에는 식별 가능한 정보도 포함되는 것에 비해, RCEP 1장은 '식별된 혹은 식별 가능한(Identified or identifiable)' 정보로 규정한다. 즉, 개인 데이터에 대한 정의가 모호하기 때문에, 여차하면 프라이버시를 침해할 데이터가 개인 데이터로 취급되지 않아 보호되지 않을 수 있다.

다섯째, RCEP은 데이터 보호를 위한 '국제적 기준을 고려(Take into account international standards of relevant international bodies)'할 필요가 있다고 하나, 국제적 기준이 무엇인지 명확하지 않으며 참여국들의 다양성을 보았을 때 특정 짓기 어렵다. USMCA의 경우 위에서 말한 바와 같이 국제적 기준으로 OECD 혹은 APEC이라는 준거점이 존재했다. 더욱이 각 회원국은 유럽연합과 같은 종합적 프라이버시 보호법 혹은 미국과 같은 부문별 법을 자유롭게 채택할 수 있어, RCEP 회원국 간에 개인 데이터 보호를 위한 준거 틀이 공유되지 않을 수 있음을 시사한다.

5. 디지털 무역 레짐의 분화 가능성

글로벌 디지털 무역 레짐이 왜 분화했는가? 이 연구는 다음의 세 가지 조건의 결합이 글로벌 디지털 무역 레짐의 분화를 설명하는 데 중요하다고 주장한다. 첫째, 기존 레짐에 대한 불만, 둘째, 강대국의 존재, 셋째, 이들 강대국 간에 이익의 불합치이다.

이러한 주장을 뒷받침하고자 WTO에서의 공식적 프로포절과 복수 국가 간 PTA에 초점을 맞추었다. PTA는 구속력 있는 규칙과 절차를 담고 있으며, 원칙과 규범을 반영하고 있다. 글로벌 합의가 없는 데이터 이동과 관련해서는 국가들 자신들이 선호하는 규범을 반영시킬 수 있기 때문에, PTA 분석은 상이한 디지털 무역 레짐 수립을 파악하기에 유용하다.

사이버 공간에 대한 상업적 이익 창출 가능성이 대두되었던 1990년대, 미국과 유럽연합은 데이터의 자유로운 이동이라는 정책적 선호에 대해 비록 개인 데이터 보호에 있어 약간의 이견은 있었지만, 잠정적 프라이버시 협정으로 어느 정도의 합의를 이룰 수 있었다. 이 때문에 양자는 1990년대 말 디지털 무역 레짐 수립을 위해 WTO로 해당 논의를 끌어들일 수 있었다. 기존의 포괄적인 레짐을 통해 새로운 사안 영역을 관장하려고 한 것이 새로운 레짐을 수립하는 것보다 거래 비용이 적게 들기 때문이다.

그러나 권위주의 개발도상국들, 특히 중국은 국가 안보상의 이유로 이러한 WTO 내의 움직임에 반대했다. WTO에서 논의 진척이 더디자, 이에 불만을 품은 강대국들은 국지적 레짐들을 2010년경부터 경쟁적으로 수립해나가기 시작했다. 이들은 WTO가 지지하고 있는 근본적인 원칙과 규범에 반대하고 있지 않기 때문에, WTO로부터 별개의 것이 아닌, WTO하에서의 복수 국가 간 PTA를 주요 수단으로 삼고 있다. 따라서 비록 WTO 내에서의 다자주의적 합의는 아직 불가능하지만, WTO가 수립한 질서는 유지되고 있다고 볼 수 있다.

또한, 세계 무역 질서의 파편화(Fragmentation)보다는 환경·노동·경쟁 그리고 지식재산 사안 영역과 유사하게, 서로 다른 자유화 수준의 규범과 규칙이 국가 그룹별로 병존하고 있는 상태로 분화(Divergence)되고 있다고 볼 수 있다. 즉, 지구적 차원의 국제 무역 질서에 있어서, 여전히 국가들이 자유주의 무역 레짐(Liberal international trade)으로부터 이익을 얻을 수 있다는 인식은 공유되고 있지만, 미국, 유럽연합 그리고 중국은 각각 데이터의 제한 없는 이동, 프라이버시, 그리고 안보라는 다른 선호를 나타내며 국지적 데이터 레짐으로 분화되고 있다고 할 수 있다.

향후, 분화가 전 지구적 수렴으로 갈 것인가는 미국과 유럽연합의 선택만큼 중국의 선택도 영향을 미칠 것으로 보인다. 미국과 유럽은 프라이버시 레짐의 상호 작동성을 위한 잠정적 협정에서도 보이듯이, 비교적 서로 타협할 수 있는 데이터 레짐을 구축할 수 있다. 그러나 중국은 당분간 미국과 같은 상업적 근거나 유럽과 같은 권리적 근거에 기반한 국경 간 데이터 이동에 관한 레짐에 참여하기는 어려워 보인다. 중국은 공공질서 유지와 정권의 안정이라는 최우선적인 목적이 있고, 그 위에 데이터의 국경 간 레짐을 수립하고자 하기 때문이다.

따라서 향후 중국의 데이터 레짐의 변화는, 대외적인 무역 보복이나 유인책과 같은 것보다 국내 정권의 안정성 추구라는 큰 변수에 달려 있다고 할 수 있다. 이것이 변화하지 않는 한 디지털 무역 질서의 분화는 정도의 차이는 있을지언정 지속될 것으로 보인다.

기존 연구인 유인태(2020)에서는 레짐의 원칙과 규범 층위에서는 아직 일치하고 있으나 규칙과 의사결정 절차 층위에서는 분화된다는 것을 보였었지만, 미중 간 전략 경쟁이 계속 심해질수록 원칙과 규범 층위에서의 분열 가능성도 커지고 있다. 그리고 그 경쟁의 정도가 더욱 강해질 가능성은 러시아의 우크라이나 군사적 침공으로 더욱 커졌다고 할 수 있다.

또한, 1990년대 이후 전통적으로 유화 정책을 택했던 민주당 출신의 바이든 대통령이 집권한 후에도 대(對) 중국 정책이 트럼프 정권과 크게 다르지 않은 것을 보아도 그렇게 예상할 수 있다. 오히려 더욱 민주주의 국가 간의 동맹과 연합을 대서양과 태평양을 가리지 않고 강조하고 있다.

예를 들어, 앞서 바이든 대통령 당선 이후로 TTIP의 재협상 가능성이 커지고 있다고 언급한 바 있다. 2021년 9월 무역과 기술 위원회(the Trade and Tech Council)를 통한 첫 회동은, 산업과 기술 표준에 있어 협력을 촉진하기 위한 것인데, 양자의 회동은 중국의 부상에 대항하기 위한 것이었다. 해당 위원회에서의 언급은 통상 질서의 전략적 함의를 명확히 보였다. 흥미로운 점은 유럽연합이 중국의 부상에 이전보다 더 큰 우려를 가지고 있다는 것이다.[30] 따라서 규제 조정보다도, 공동의 가치를 바탕으로 중국에 대항하기 위해 협력을 할 가능성이 커졌다.

미국은 대서양 측뿐 아니라, 인도·태평양에서도 '인도·태평양 경제 프레임워크(Indo-Pacific Economic Framework, IPEF)'를 추진하기 시작했다. 기존의 안보 프레임워크 위주에서 드러난 통상 협력 틀의 공백을 메우기 위한 행보이다. 미국은 기존에 있는 CPTPP나 RCEP에 참여하기보다 새로운 틀을 만들어서 무역 원활, 공급망 안정, 디지털 경제, 탈탄소 청정에너지, 인프라 협력 등 새로운 어젠다를 포함시키며 주도권을 잡고자 한다. 관세는 기존의 무역 합의를 통해서 상당 부분 낮춰져 있기 때문에, 새로운 분야에서의 기준과 규범 설립에 영향력을 가질 것이다. 나아가 기존 RCEP 회원국을 다수 포함할 것이기 때문에, RCEP의 영향력을 낮추며 중국 주도의 기준과 규범 설립에 대항하게 된다.

마지막으로 중소 국가의 이니셔티브가 데이터 흐름의 거버넌스에 미치는 영향도 간과할 수 없다. 예를 들어, 2020년 6월 뉴질랜드, 싱가포르, 칠레는 '디지털 경제 동반자 협정(Digital Economy Partnership Agreement, DEPA)'에 서명했다. DEPA는 FTA 내 디지털 무역에 대한 별도의 장을 마련하는 형식이 아닌, 디지털 분야만을 다룬 최초의 협정이다. CPTPP와 같은 수준의 자유로운 데이터 이동의 거버넌스를 지향한다.

2021년에는 한국도 DEPA와 가입 협상을 공식으로 개시했으며 중국도 참여 의사를 밝힌 바 있다. 이러한 중견국 간의 협정이 글로벌 데이터 거버넌스에 어떤 영향을 미칠지는 앞으로 주의 깊게 바라볼 필요가 있다.

6장

미중 희토류·희소 금속 패권 경쟁

김연규(한양대학교 국제학부)

21세기 세계 경제의 새로운 구조와 산업이 윤곽을 드러내고 있다. 흔히 4차 산업으로 표현되는 21세기 경제 첨단 산업인 전기차와 재생 에너지, 주요 디지털 기술의 주도권을 선점하기 위한 주요 강대국의 경쟁이 치열하게 전개되고 있다. 이 글은 '21세기판 석유' 또는 '첨단 산업의 비타민'으로 알려진 희소 금속과 희토류의 원재료 채굴, 중간 가공, 최종 부품 제조로 이어지는 글로벌 밸류 체인 장악을 위한 주요 강대국의 경쟁과 협력을 분석하는 것을 목적으로 한다. 특히 미국과 중국의 경제적 비동조화(Decoupling)로 인한 주요 희소 금속과 희토류의 글로벌 밸류 체인 급변동 상황과 이에 따른 주요 국가들의 대응, 그리고 한국의 대응 방안을 밝히는 것을 중요한 목적으로 한다.

키워드

미중 패권 경쟁, 희소 금속, 희토류, 글로벌 공급망

1. 첨단 기술 시대의 자원 쟁탈전

최근 탈석유화와 디지털 전환으로 인해 전 세계 국가 간 희토류, 희소 금속(Rare metal)과 같은 전략 광물 확보 경쟁이 치열해지고 있다. 20세기의 냉전과 미·러 강대국 대립은 전통 제조업과 그 원료인 석유와 가스를 기반으로 한 것이었다.

하지만 21세기 미중 간의 경쟁은 재생 에너지, 전기차, 드론, 양자컴퓨터, 3D 프린팅, 인공지능과 로봇, 첨단 무기를 대상으로 일어나고 있는 만큼 핵심 원료인 희토류와 희소 금속 등을 두고 소리 없는 전쟁을 벌이는 상황이다.

희토류와 희소 금속은 아주 소량으로 첨단 기능을 가능케 한다. 보통의 철과 금속에 소량의 희토류와 희소 금속을 추가로 합금해 고효율의 기능을 얻는 만큼 희토류는 '산업의 조미료(MSG)', '향료 금속(Spice metal)', '첨단 산업의 비타민' 등으로 불린다. 이것들은 원재료의 형태로 다량의 채굴이 어렵다. 대체재를 찾기도 쉽지 않다. 이 같은 희소 금속에 대한 수요는 컴퓨터와 전자통신 기술 등이 급속히 발전하기 시작한 1970년대부터 늘어나기 시작했다. 새로운 전자통신 기술에서 전기 전자의 흐름을 배가하는 초전도체·반도체적인 특징을 갖게 해주는 희소 금속들이 없어서는 안 될 원료로 부상한 것이다.

미국과 중국은 패권 경쟁의 시각에서 반도체, 전기차와 배터리 시장을 지배하는 국가가 세계를 지배할 것이라고 말하고 반도체와 배터리 제조 공장 증설과 기술 개발을 21세기형 '군비 경쟁'으로 표현하고 있다.

'글로벌 공급망 재편'이라는 이름 아래 미국 바이든 정부의 첨단 산업 제조 능력 따라잡기가 진행되고 있다. 반도체 산업에서 중국의 추격을 따돌리기 위해 미국 정부는 다양한 경제 안보 수단들을 활용하고 있으며 중국이 월등하게 앞서가고 있는 전기차 배터리 분야에서 미국의 행보가 더욱 두드러진다.

미국 주도 글로벌 공급망 재편의 가장 큰 장애물은 희토류와 리튬, 코발트, 니켈 등 희소 금속 원자재 확보이다. 미국은 현재로서는 전기차 배터리, 태양광·풍력 등의 재생 에너지를 비롯한 21세기 첨단 산업 체계와 희토류, 리튬, 코발트, 니켈, 망간, 흑연 등 핵심 광물 원자재 공급 기반을 갖고 있지 못하다. 반면 중국은 희토류와 배터리 핵심 재료인 니켈, 리튬, 코발트 등의 생산과 가공을 장악하고 있다.

미국은 어쩌다 21세기 첨단 산업의 제조와 원자재 기반을 결여하고 자원 빈국으로 전락했나? 중국은 어떻게 전기차와 배터리, 재생 에너지, 희토류(Rare earth elements), 희소 금속(Rare metal) 강국으로 등장했나?

이 글은 오늘날 국제 관계와 세계 경제의 가장 뚜렷한 추세인 미국과 중국의 제조업과 원자재 관련 극적 대비 상황을 살펴보는 것을 목적으로 한다.

미국과 중국의 향후 세력 경쟁의 결과는 '반도체, 전기차 배터리, 재생 에너지 산업을 누가 지배하느냐'에 달려 있다. 이 글의 핵심 주장은 첨단 산업 공급망은 희토류와 희소 금속과 같은 원재료 채굴과 가공·소재화, 영구자석과 같은 최종 부품 제조로 구성되어 있는데 현재 미국과 유럽의 어려움은 특히 가치 사슬의 첫 단계인 원재료 채굴과 가공에 있다는 것이다.

본 연구는 미중 세력 경쟁을 첨단 산업과 그 원재료로서의 희토류와 희소 금속 쟁탈전의 시각에서 살펴본다. 세계 경제 자본 흐름의 기저에 첨단 산업과 그 원재료인 희토류, 리튬, 코발트, 니켈 등의 움직임이 있음을 주시하고 주요 국가들의 희토류와 희소 금속을 둘러싼 경쟁을 밝히고자 한다. 결국 첨단 산업과 그 원재료를 지배하는 국가가 미래를 지배할 것이다.

2. 희토류, 왜 21세기 최고의 전략 자원인가

희토류(稀土類, Rare Earth Elements, REE)를 한자 그대로 해석하면 '희소한 흙의 종류'다. 일단은 흔하지 않다는 것이고, 복수 형태인 것으로 보아 하나의 원소가 아니라 일단의 원소들을 지칭하는 용어임을 짐작할 수 있다. 지구의 지각(Earth's Crust)은 대부분 수소와 산소로 이루어져 있고, 지각 내 가장 많이 존재하는 금속 원소는 알루미늄과 철이다. 이 4가지 원소가 지각의 약 90%를 구성하고 실리콘, 니켈, 마그네슘, 황, 칼슘 등이 나머지 9%를 차지한다. 그리고 주기율표에 나온 100여 가지 원소가 마지막 1%를 구성한다.

기본 금속과 대척점에 있는 희소 금속은 개념상 모호하고 상대적이다. 언뜻 생각해봐도 나라마다 부존량이 다르고 경제 수준에 따라 수요도 다를 것이기 때문이다.

희소 금속이 '희소한 금속'이라는 '수식어와 명사'의 형태가 아니라 하나의 용어로 정립된 것은 1954년 미국에서 발간된 《희소 금속 핸드북(Rare Metals Handbook)》이 시작이다. 이 책에서는 다음 4가지 사항 중 하나의 조건만 만족시켜도 희소 금속에 속한다고 정의했다. ① 지각 내 부존량이 적은 경우 ② 부존량은 많으나 생산하는 데 경제성이 있는 품위의 광석이 적은 경우 ③ 부존량은 많으나 생산 및 추출이 어려운 경우 ④ 추출한 금속의 용도가 없고 특성이 뚜렷하지 않아 미개발로 있는 경우.

〈그림 6-1〉 희토류 지각 분포량

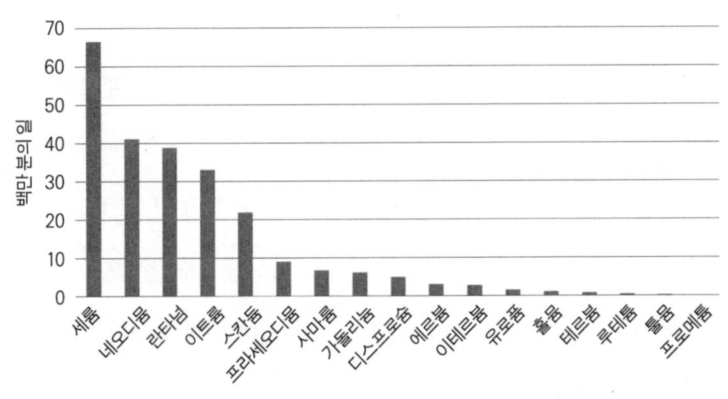

주: 이 수치는 1997년 지구 지각의 희토류 원소 농도에 대한 Lyde(1997)의 추정치를 사용한 것임.
출처: Brian Daigle and Samantha DeCarlo, "Rare Earths and the U.S. Electronics Sector: Supply Chain Developments and Trends.", US Inthernational Trade Commission (USITC), Office of Industries Working Paper ID-075 Jun 2021, p.5

위의 기준을 보면 '희소하다'는 가치 판단은 단순 부존량을 일컫는 것이 아니다. 인간의 노력에 의해 사용 가능하도록 만들어지기까지의 과정상에서의 종합적 판단이다.

희토류라는 이름 때문에 매우 드문 금속이라는 오해를 불러일으키곤 하지만, 희토류는 대체로 지표에 풍부하게 분포한다. 오해를 확실하게 풀기 위해 희토류를 우리가 매우 잘 알고 있는 금속들의 부존량과 비교해서 살펴보자. 대표적 희토류인 세륨의 지각 분포는 60ppm으로 10ppm의 납보다 6배 흔하다. 이름 그대로 희소한 희토류로 꼽히는 루테튬이 0.5ppm인데, 금은 그보다 200배 희소한 0.003ppm이다.[1] 이트륨은 리튬만큼 풍부하고, 세륨은 아연만큼 풍부하고, 네오디뮴과 란탄은 구리만큼 풍부하다. 귀하다는 디스프로슘조차 금보다 2배 풍부하다.

희토류의 매장량은 현재 세계의 연간 생산량의 798배이다. 즉 가채년수(可採年數)는 700년이다. 석유의 가채년수가 40년이란 것을 감안하면 상대적으로 매우 풍족한 편이다. 물론 수요 급증과 특정 국가 편중 현상은 별개로 하고 그렇다. 최근 강원도 양양에서 대규모 희토류 광맥이 발견되었고, 이는 국내에서 50년간 자급이 가능한 양이라는 기사가 나온 적도 있다.

1) 지난 200년간의 자원 전쟁

19세기 영국·독일의 아프리카 쟁탈전

인류는 오랜 기간 바람, 태양과 같은 자연 에너지에 의존해 살아왔다. 18세기에 들어서야 최초로 증기기관을 사용해 기관차를 구동할 만큼의 강력한 기계적 에너지를 만들어냈다. 석탄을 이용한 증기기관은 1차 산업혁명을 주도했다. 세계 최대 석탄 생산국이었던 영국은 풍부한 자원과 증기기관 기술을 이용해 산업뿐 아니라 군사적으로도 세계 최강대국에 올랐다.

19세기 국제 질서의 가장 큰 특징은 영국과 독일의 패권 경쟁이다. 재미있는 사실은 당시 영국은 현재의 미국과 유사하고, 당시 독일은 현재의 중국과 유사하다는 점이다. 영국은 시장경제에 기반해 산업혁명을 주도했으며 기술적으로 우월했다. 반면 독일은 후발 산업국으로 정부 주도의 산업화 전략을 펼쳤다. 금융기관들에 영향력을 행사해 자국 산업을 보호·육성했으며, 영국 산업화와 기술을 추격하고 모방하는 전략을 펼쳤다. 19세기 말로 오면서 자유 무역을 표방하던 영국의 제조업 경쟁력이 약화되고 독일의 제조업 기술이 약진하면서, 무역과 관세 전쟁이란 형태로 본격적인 영국-독일 간의 패권 경쟁이 시작되었다(허재환 2020).[2]

두 강대국의 경쟁은 에너지·자원·광물·식량의 확보를 위해 당시 최고의 신흥 시장이자 자원 공급지인 아프리카로 옮겨갔다. 당시 영국의 《이코노미스트》는 이러한 강대국들의 움직임을 '아프리카 쟁탈전(Scramble for Africa)'이라고 칭했다. 이는 매우 의미심장한 지점이다. 21세기 희토류를 향한 글로벌 자원 전쟁에서도 똑같이 아프리카가 중요한 키워드로 등장하기 때문이다.

20세기 미국의 석유 패권

20세기에 들어와 자동차의 가솔린 엔진으로 대표되는 2차 산업혁명이 일어났다. 이는 석유를 주인공으로 하는 에너지 전환이기도 했다. 20세기 미국 주도의 세계 경제에서 자동차 산업의 역할은 지대했다. 자동차는 도시를 만들었고 이동의 개념을 바꿔놓았다.

원재료와 소재라는 측면에서 자동차 연료로서의 석유는 원유를 정제해서 나오는 수많은 화학제품 중 하나에 불과하다. 원유라는 원재료가 중동 등지에서 채굴이 된 다음 대규모 석유화학 시설을 갖춘 나라로 옮겨져 석유화학 공정을 거치면 다양한 제조업의 소재와 부품이 탄생하는 것이다. 이렇게 원유 정제 과정에서 나오는 화학제품은 20세기 제조업의 다양한 소재가 되었고 다양한 국가가 글로벌 석유화학 밸류 체인에 분업 형태로 참여해 공급망(Supply chain)을 구축했다. 우리나라 역시 오랫동안 중간 소재인 석유화학 제품 수출의 강자로 군림해왔다.

중동·아프리카 등 원재료 채굴에 특화한 국가들은 오랫동안 상위 밸류 체인인 석유화학 공정 시설을 갖추지 못한 채, 저부가가치의 원재료 수출에만 매달려야 했다. 산유국들은 원재료 확보를 위한 강대국들의 치열한 각축장이 되었고 석유는 수많은 전쟁의 원인이 되기도 했다. 미국의 동맹 관계와 세계 군사 배치의 이면에는 석유 자원 확보와 운송로 보호라는 고려 사항이 숨어 있었다.[3] 미국은 원유의 주생산지인 중동 지역을 정치적으로 지배하고 원유를 정제하여 소재화하는 기술과 공급망을 지배했으며 석유를 원료로 하는 자동차 산업과 부품 산업 등을 장악했다.

20세기 동안 러시아와 미국 경쟁의 경제적 기반은 석유와 가스였다. 석유와 가스는 20세기 제조업과 자동차 산업의 가장 근본적인 원료였기 때문에 이 핵심 원료를 지배한 국가가 세계를 지배하는 것은 당연했다. 미국은 세계 석유 생산, 가격, 운송, 정제 산업 등 공급망을 지배했다. 러시아가 미국과 강대국 경쟁을 대등하게 벌일 수 있었던 것은 석유·가스 생산과 운송·공급망을 미국에 도전할 수 있을 만큼 지배했기 때문이다. 결국 세계는 러시아 석유·가스를 가스관으로 공급받아서 제조업을 유지하는 국가와 미국 석유·가스를 공급받아서 산업을 발전시키는 2종류 국가로 양분되었던 것이다. 사우디아라비아와 걸프 중동 국가들의 도움으로 미국은 러시아와 대결할 수 있었다. 결과는 1980년대 말 소련의 붕괴, 2010년대 러시아에 대한 장기 경제 제재로 미국의 승리였다. 1980년대 말은 미국과 사우디아라비아의 석유 공조, 2010년대는 미국의 셰일가스 개발이 결정적이었다.

전략 물자와 20세기 강대국 경쟁

냉전 기간 미국과 러시아가 석유·가스 경쟁만을 벌인 것은 아니었다. 20세기에도 미국과 러시아는 아프리카와 중남미 국가들을 상대로 19세기에 일어났던 자원 전쟁을 벌였다. 세계 금속과 광물 산업은 오랫동안 전통적으로 미국·호주·캐나다 3국의 다국적 기업이 지배를 해왔다. 1950~1960년대만 해도 미국의 광산 개발과 주요 금속 채굴은 세계 최고 수준이었다.

1970~1980년대부터 미국의 국내 광산 개발은 하향길로 들어서기 시작했다. 미국이 광물과 금속의 국내 생산을 줄이고 해외 수입에 의존하기 시작했기 때문이다. 미국의 환경 규제가 배경으로 작용했다. 신규 광산 개발에 대한 정부 허가 절차가 까다롭고 길

어졌으며 기존 광산 활동을 하던 기업들은 환경 문제에 따른 소송으로 사업이 점점 힘들어졌다. 이렇게 미국의 금속과 광물 생산은 1990년대를 정점으로 급속히 감소하기 시작했다.

반면 구소련은 자원을 통제해 서방을 취약하게 만들었다. 결과적으로 미국·유럽·일본은 중앙아프리카의 구리와 콜탄(탄탈럼), 남아프리카공화국의 크롬·코발트·백금족 광물(Platinum Group Metals)·망간 등의 안정적 공급에 매우 취약해졌다. 미국은 반격을 위해 로디지아와 남아프리카공화국 정치에 지속적으로 개입하고 백인 소수자 정권을 지원하는 정책을 펼쳤다.

1971년부터 1976년까지 미국 정부의 버드 수정안(Byrd Amendment), 레이건 행정부의 1981년부터 1986년까지의 남아프리카공화국의 아파르트헤이트 체제 지원 등은 모두 전략적 광물에 대한 접근을 유지하려는 전략이었다. 미국은 1977년 자이레(현재 콩고민주공화국)의 모부투 독재 정권을 대신해 구리와 코발트 광산이 위치한 자이르의 샤바(카탕가)주를 지키기 위해 군사적으로 보호했다. 친소련 앙골라와 쿠바가 지원하는 반군 세력이 지속적으로 자이레 정부의 구리 및 코발트 광산을 차지하려고 했기 때문이다.[4]

2) 21세기 미중 세력 경쟁과 희토류

21세기 초입에서 인류는 뜻하지 않은 복병 코로나19를 만났다. 문제는 인류를 괴롭히고 있는 이 특별한 바이러스가 에너지 전환을 가속화시키고 있다는 것이다. 코로나19로 인해 석유와 가스의 시대는 예상보다 빨리 저물고, 희토류와 희소 금속의 시대는 성큼 앞으로 다가왔다. 화석연료의 시대가 가고 재생 에너지의 시대가 도래하면 에너지를 둘러싼 지정학적 충돌이 사라질 것이라는 환상은 이미 거의 깨진 상태다.

재생 에너지와 디지털 시대는 더 많은 종류의 희토류와 희귀 금속을 필요로 하며 이러한 광물은 석유보다 더욱더 특정 국가와 지역에 편재되어 있기 때문이다. 더 큰 문제는 석유의 정제·가공과는 비교도 되지 않을 정도로 복잡하고 정교한 희소 금속 정제·가공 기술을 특정 국가가 독점하다시피 한 것이다.

21세기 자원을 향한 지정학적 충돌은 이미 시작되었다. 미중 무역 분쟁으로 주요 광물의 공급망이 새롭게 재편되는 중에 구리·코발트·콜탄 등 디지털 경제 구축에 필수적인 원료들을 두고 미국과 중국의 치열한 경쟁이 가속화될 전망이다.[5]

20세기의 경쟁 구도가 이제는 종반으로 접어드는 동시에 새로운 강대국 경쟁 구도가 이미 등장했다. 21세기 구도는 중국과 미국의 경쟁이다. 이제 세계 경제는 첨단 제조업, 재생 에너지, 디지털 산업이 주도하고 그 주된 원료는 희토류와 희소 금속이다. 20세기와는 판세가 완전히 바뀌어서 희토류·희소 금속의 생산·가격·정제와 공급망 모두 중국이 장악하고 있다.

우선 희토류는 산업적·경제적 활용의 중요성이 매우 크다. 재생 에너지, 전기차, 스마트폰, 인공위성 등에 없어서는 안 될 원료 물질이며 첨단 무기에도 사용하기 때문에 최고의 전략 물자이다. 희토류를 사용하지 않고 비슷한 기능을 유지하기는 현재로서는 힘들다. 대체 기술과 물질이 존재하지 않기 때문에 그 가치가 더욱 높다. 재활용을 통해 2차 물질을 사용하기도 힘들다.

중국은 어떻게 이렇게 중요한 전략 물자를 세계에서 제일 많이 생산하게 되었을까? 중국은 단순히 희토류 원재료 생산에 그치지 않고 기능성 소재를 개발하고 부품을 개발하여 첨단 제조업으로 가는 중요한 기반을 희토류 산업 개발을 통해 마련했다.

희토류 가공 기술과 부품 소재화 기술, 특히 영구자석 부품 기술을 어떻게 그렇게 빠른 시간 안에 손에 넣을 수 있게 되었을까? 1970년대까지 세계 희토류 생산의 중심지이자 희토류를 활용한 산업 기술 혁신의 중심지였던 미국에서의 희토류 생산과 연구개발이 점점 쇠퇴하여 1990년대가 되면 희토류 생산과 기술 개발이 사라지게 된 이유는 무엇인가?

2009년 이후 현재까지 중국의 희토류–첨단 제조업 연결 전략은 어떻게 진화되어왔을까? 국내에서는 희토류와 기타 광산 활동을 줄이고 중국에 아웃소싱하면서 희토류와 기타 금속들을 중국에서 주로 수입하던 미국·유럽·일본은 금속 부족으로 첨단 제조업이 위기에 빠지게 되자 어떻게 대응했는가?

글로벌 희토류 수요 공급과 무역 구도에서 1965~1983년은 마운틴 패스 시기(Mountain Pass Era)로 알려져 있다. 이 시기에 전 세계 희토류 산업은 미국·브라질·인도·호주·남아프리카가 주도했다. 미국은 당시 캘리포니아와 네바다주 접경의 세계 최대 마운틴 패스 희토류 광산에서 전 세계 희토류의 60%를 생산했다.

미국은 희토류 원재료 광석 채굴부터 원재료의 분리와 가공, 산화물 제조, 금속 제조, 그리고 다양한 제품화로 이어지는 일괄 공급망을 가동했다. 1950년대부터 생산을 하고 있던 마운틴 패스 희토류 광산은 당시 세계 최대 규모로 1960년대 컬러텔레비전, 레이저, 형광 램프 등의 등장으로 활황기를 맞게 되었다. 마운틴 패스 광산에 다량으로 묻혀 있는 '유로퓸'이라고 하는 희토류가 밝은 빛을 내는 성질을 가지고 있기 때문이다.[6]

1990년대부터 첨단 제조업과 디지털 등 새로운 산업 패러다임과 에너지 전환의 물결이 시작되었다. 2000년대 21세기 석유로 불리는 희토류와 희소 금속 원료 생산과 소재 부품화 산업 생태계가 중국을 중심으로 형성된 것은 1980년대 이후 희소 금속 생산과 소재 부품화 기술이 지속적으로 미국·유럽·일본에서 중국으로 건너간 결과이다. 단순히 당시 중국의 저렴한 노동력 때문만은 아니었다. 중국 내 저렴한 희토류를 사용하기 위하여 애플과 삼성·GM·BMW 등이 모두 중국으로 공장을 이전했던 것이다. 이렇게 미국의 러스트 벨트에서 중국으로 이전된 경제적 가치가 약 4조 달러에 달한다. 독일의 총 GDP와 맞먹는 규모이다.[7]

2010년 이후 중국은 본격적으로 전기차·태양광·풍력·에너지 저장 장치 등의 첨단 제조업과 인공위성·반도체 등 디지털 제품을 생산하기 시작했다. 이 같은 전략 산업들을 지속 발전시키기 위해 중국이 가장 우선순위를 두고 추진한 정책은 희토류와 수많은 희소 금속의 확보였다. 중국은 국내 생산 금속에 그치지 않고 아프리카·호주·중남미 등 해외에서 생산되는 금속들까지 독점적으로 차지하는 전략을 세웠다. 이제는 해외에서 생산된 희토류를 수입하는 전략으로 전환하기 시작했다.

희토류를 중국 밖에서 중국으로 들여올 수 있는 가장 적합한 지역은 아프리카였다. 중국 안에서 생산된 희토류는 우선적으로 중국의 제조업에 사용하고 남는 것은 비축하는 전략이라고 할 수 있다. 미중 세력 경쟁이 본격화하고 중국이 미국과 결별하고 신냉전의 길로 본격적으로 들어서게 된 배경에는 이와 같이 21세기 미래 산업의 원재료를 두고 중국이 미국의 제조업 기반을 정면으로 와해시킬 노선을 택했기 때문이다.

중국은 2011년에 희토류와 희소 금속 비축 제도를 공식적으로 마련해서 중국 내 여러 장소에 희토류와 희소 금속을 비축하기 시작했다. 마치 미국이 20세기에 전 세계 석유 시장을 지배하고 있을 때 미국 영토 안에 대규모 전략 비축유를 마련하고 동시에 국제적으로 국제에너지기구(International Energy Agency) 회원국들을 통해서도 석유 비축을 시행해 유사시 석유 비축유를 방출해 국제 석유 시장을 장악했던 것을 연상시킨다. 중국에게 희토류가 무기가 될 수 있는 것은 이와 같이 희토류 수출 자체를 줄이고 수출량 조절로 국제 희토류 가격을 좌우하게 되었기 때문이다.

급기야 미국 하원 과학기술위원회는 2010년 3월 16일에 '희토류와 21세기 첨단 산업'에 대한 청문회를 열었다. 청문회에서는 미국 지질조사국이 작성한 광물 보고서가 공개되었다. USGS의 희토류 보고서는 청문회에 참석한 많은 사람에게 충격적이었다. 2005~2008년 기간 미국은 희토류를 100% 수입에 의존하고 있었으며 특히 중국 수입에 91%를 의존하고 있었기 때문이다. 중국 이외에 미국은 프랑스에서 3%, 일본에서 3%, 러시아에서 1%, 나머지 국가들에서 2%의 희토류를 수입하고 있었다.

2008~2009년 미국의 국내 희토류 광산 활동과 생산은 전무했다. 전 세계에서 희토류는 총 12만 4,000톤이 생산되었는데 중국의 생산량이 12만 톤에 달했다. 인도가 2,700톤을 생산해서 중국 다음으로 많이 했다. 그다음으로 미미하지만 브라질이 650톤, 말레이시아가 380톤을 생산했다.

청문회의 결론은 전기차 등 미래 첨단 산업의 원료라고 할 수 있는 수많은 희소 금속을 미국이 가지고 있지 않다는 것이었다. 20세기 자동차 산업의 원료인 석유를 장악했던 미국으로서는 전기차의 원료인 희소 금속을 장악하지 못하고 있다는 것이 큰 패착이었다. 21세기 미국의 위상 유지에 경고등이 켜졌다.

3) 4차 산업혁명과 희토류 5형제

21세기 첨단 산업에 있어서 희토류 의존은 갈수록 심화될 것이다. 어떤 기기가 소형화·경량화·고기능화·친환경화되었다면 희토류가 관련되었을 것이다. 쉽게 말해 스마트폰의 화질이 더 좋아졌다면 그만큼 희토류를 더 사용한 것이다. 내연기관 차보다 전기차에 몇 배 많은 희토류가 들어가고, 기존 전력 시스템보다 재생 에너지 시스템에 그보다 더 많은 희토류가 들어간다. 전투기와 미사일이 개량되었다면 그만큼 많은 희토류를 사용했다고 생각해도 무방하다. 즉 '디지털 전환'과 '그린 에너지 전환'을 희토류와 희소 금속에 대한 수요 급증으로 읽어도 된다.

17개의 희토류 소재 가운데 우리가 특히 주목해야 할 것은 5종, 즉 네오디뮴, 디스프로슘, 유로퓸, 테르븀, 에르븀이다.

희토류 응용 산업 가운데 가장 혁명적인 것은 영구자석 소재인데, 이것이 전기차와 풍력 터빈의 핵심 부품이기 때문이다. 1980년대 일본이 희토류를 이용해 영구자석을 만드는 데 성공했다. 희토류 합금 자석은 기존 자석보다 2배 이상 강력하면서 작고 가벼웠다. 오디오, 전기 모터, 이어폰, 모바일폰 등 가전 기기에 일대 혁신을 일으켰다. 그러니 향후 폭발적으로 늘어날 전기차와 풍력 터빈은 영구자석 부품의 원활한 공급에 달려 있다. 다시 말해 그 원료인 네오디뮴과 디스프로슘이 공급되지 않으면 끔찍한 결과가 발생한다는 뜻이기도 하다.

특히 디스프로슘(Disprosium, Dy)은 네오디뮴(Neodymium, Nd) 자석의 성능을 향상시키는 데 사용된다. 전기차와 풍력 터빈에 들어가는 영구자석이 고온에 견딜 수 있게 만들어주는 것이 디스프로슘이다. 네오디뮴은 그나마 공급량이 풍부하다. 그러나 디스프로슘은 아주 필수적인 반면 공급 부족이 예상되어 각 국가가 핵심 금속으로 특별 관리하고 있다.

많은 전문가는 희토류 중 산업적 중요도와 공급 부족 위험이 모두 가장 큰 것으로 디스프로슘을 꼽는다. 영구자석의 사용 온도가 높을수록 디스프로슘을 많이 사용하기 때문이다. 디스프로슘의 가격은 네오디뮴의 10배나 달해, 각 국가는 가능한 한 사용을 안 하는 방법을 찾고 있으나 전기 모터의 효율을 위해서는 불가피하다.

최근 기존 자동차 회사들뿐 아니라 인공지능 회사들까지 전기자동차 생산에 뛰어들고 있다. 앞으로 전기자동차를 구입하겠다는 소비자도 늘어나고 있다. 각국 정부는 전기자동차에 대한 지원책을 앞다퉈 내고 있다. 이런 상황 속에 디스프로슘 수요는 급증하고 가격이 상승하고 있다. 전기자동차 한 대당 대략 100g의 디스프로슘을 사용한다고 한다. 전기자동차와 풍력 발전의 확대에 따라 디스프로슘 공급 부족은 심각한 문제가 될 것으로 보인다.

미래 에너지와 관계있는 희토류는 테르븀(Terbium, Tb)이다. 미래 에너지에서 효율적 조명의 역할은 매우 크다. LED(Light Emitting Diode)는 전기 에너지를 빛 에너지로 전환하는 데 그 효율이 높다.

최대 90%까지 에너지를 절약할 수 있어, 에너지 효율이 5%밖에 되지 않는 백열등과 형광등을 대체할 수 있는 차세대 에너지원으로 각광받고 있다.

물질이 에너지를 흡수하여 빛을 방출하는 것을 발광(Luminescence)이라고 한다. 일반 발광 물질은 산화물에 들어가면 화학적 성질이 바뀌어 시간이 지날수록 빛을 잃는다. 그런데 희토류는 독특한 전자 궤도 덕분에 다른 물질에 녹거나 결정에 들어가도 자신의 성질을 유지한다. 즉 디스플레이 액정에서 원래의 선명함을 오래 유지하는 것이다.

희토류 중 테르븀이 발광 소재로 사용되고 있고, 유로퓸 (Europium)도 비슷한 기능을 가지고 있다. 유로퓸은 고가이지만 생산량은 비교적 여유가 있는 편이다. 반면 테르븀은 희토류 중에서도 부존량이 아주 적고 공급 부족이 우려되어 녹색 경제 성장을 위협하는 요소가 된다.

미래 디지털 산업을 대표하는 것은 광통신이다. 광통신은 빛을 이용해 정보를 주고받는 통신 방식을 말한다. 다른 모든 통신 채널과 마찬가지로 광섬유 역시 전송 거리가 길어질수록 신호의 세기가 약해진다. 구리선의 경우 수 킬로미터마다 신호를 다시 생성해주어야 하지만, 광섬유는 약 100km마다 다시 생성해주는 것으로 충분했다. 이는 광통신 초기에 큰 장점 중 하나였다. 그러나 100km마다 달려 있는 전기적 증폭기는 비용과 속도 측면에서 장애물로 작용하게 되었다. 이러한 문제를 해결한 것이 '광증폭기'이다.

이전에는 감소된 광신호를 전기적인 신호로 바꾼 뒤에 증폭시키고 이를 다시 광신호로 바꿔주는 복잡한 과정을 거쳐야 했다. 광증폭기를 설치하면 빛의 상태에서 그대로 증폭시킬 수 있어 번거로운 과정이 일거에 해결된 것이다. 현재 가장 널리 이용되고 있는 것은 희토류 에르븀(Erbium)이 첨가된 광섬유 증폭기(EDFA)이다.

3. 희토류를 넘어 희소 금속이 문제이다

희소 금속에 대한 수요가 급속히 늘어난 것은 1970년대부터다. 제품들이 디지털화하면서 전기·전자의 흐름을 배가하는 초전도체와 반도체적인 특징을 갖게 해주는 희소 금속들이 없어서는 안 될 원료가 되었다. 일례로 스마트폰 내 커패시터의 일부로 사용되던 알루미늄은 탄탈륨으로 교환되었다. 매년 전 세계에서 10억 개의 스마트폰이 팔리고 있다는 사실을 상기한다면, 탄탈륨의 가치를 짐작할 수 있다.

희소 금속은 환경 보호에도 중요한 역할을 해왔다. 1970년대 이후 미국에서 생산되는 모든 자동차는 촉매 변환기(Catalytic converter)를 장착하고 있는데 여기에 백금, 팔라듐 및 로듐이 사용된다. 촉매 변환기에 포함된 5g 정도의 희소 금속이 촉매로 작용해 일산화탄소를 수증기로 만들고 수십만 마일 동안 무해한 배기가스가 배출되도록 한다. 금과 백금은 귀금속이지만 동시에 전자제품, 내연기관 엔진 등 산업에도 중요하게 쓰이는 희소 금속이다.

미국의 저명한 이론가인 제레미 리프킨(Jeremy Rifkin)은 이를 녹색 기술과 정보통신이 이끄는 '3차 산업혁명'이라 부른다. 이러한 세계에서 휴대폰, 태블릿, 컴퓨터는 더 친환경적인 경제 모델의 핵심 구성 요소이다. 10년 동안 풍력 에너지는 7배, 태양 에너지는 44배 증가했다. 재생 에너지는 이미 세계 최종 에너지 소비의 19%를 차지하고 있으며 유럽은 2030년까지 그 비중을 27%로 늘릴 계획이다.[8] 그러므로 희소 금속에 대한 수요는 갈수록 늘어날 것이 확실하다.

미국 의회 조사처는 2019년 〈전 세계에서 생산되는 희소 금속 현황〉 보고서를 발표했다.[9] 2000년 이후 거의 모든 희소 금속에 대한 수요와 생산이 급증했다. 크롬·인듐·리튬·망간·니오븀·탄탈륨은 생산량과 수요가 2배 증가했다. 코발트·갈륨·텔루륨은 3배 가까이 급증했다.

현재 세계에서 사용되는 주요 에너지원(석탄·석유·가스)의 소비는 안정화나 감소 또는 기껏해야 약간 증가하는 추세이다. 반면 희소 금속에 대한 잠재적 수요는 기하급수적으로 증가 중이다. 우리는 이미 매년 20억t 이상의 금속을 소비하고 있다. 이는 하루 단위로 나누면, 매일 500개 이상의 에펠탑을 만드는 양이다.

희소 금속이든 기본 금속이든 확보하지 못한다면 전자·자동차·

철강·기계·의료·군수 등 관련 산업이 위축되고 경제에 막대한 영향을 미치게 된다. 따라서 각각의 중요성과 취약성을 면밀하게 검토해, 관리의 우선순위 리스트를 만드는 일은 매우 중요하다.[10]

금속 자원의 공급 리스크는 다양하다. 신흥국의 고성장에 따른 기본 금속 소비 급증, 그린 산업 발전으로 인한 희소 금속 의존도 확대, 자원 보유국의 공급 통제, 대형 자원 기업의 고가격 정책 등이다. 한마디로 언제 어디서 금속 자원의 공급 불안이 발생할지 모르는 상황이다. 그래서 각 나라는 금속 자원 관리를 위해 더욱 확장된 개념을 도입했다.

미국은 2007년 공급 차질이 발생할 우려가 있는 금속을 핵심 광물(Critical Mineral)로 지정했다. 기본 금속으로는 구리, 희소 금속으로는 망간·갈륨·인듐·니오븀(Niobium)·탄탈럼(Tantalum)·리튬·티타늄·바나듐(Vanadium)·백금 계열 금속·희토류 등이 포함된다. 일본은 31종을 희소 금속으로 지정하는 한편 니켈·크롬·텅스텐·몰리브덴·코발트·망간·바나듐의 7종을 전략 비축 물자로 관리하고 있다.

EU는 2008년 전략 물자를 지정한 데 이어, 2009년 6월에는 〈EU를 위한 핵심 원자재(Critical raw materials for the EU)〉 리스트를 발표했다. 여기에는 희소 금속을 비롯한 41개 자원이 포함된다. 그 중에서도 자원 대체 및 리사이클의 가능성, 자원 보유국의 불안정성 등을 고려해서 14개(희토류는 1개로 취급) 고위험 자원을 적시했다.

안티모니, 베릴륨(Beryllium), 코발트, 게르마늄, 텅스텐, 마그네슘, 천연 흑연, 형석(Fluorspar) 등이다.

희소 금속은 매장량이 적은데 그나마도 몇몇 국가에 편중되어 있다. 희소 금속 부자 나라는 5개국으로 중국·캐나다·러시아·호주·미국이다. 모두 땅덩어리가 큰 나라들로 이들이 전체 매장량의 80%를 차지하고 있다. 여기에 코발트는 콩고, 백금은 남아프리카공화국, 니오븀은 브라질과 같은 식으로 특정 희소 금속 매장량이 압도적인 나라들도 있다.

100여 종의 희소 금속은 이렇게 집중적으로 매장되어 있고 집중적으로 생산되는 경우가 많다. 특히 중국에 편중된 금속들이 많다. 당연하게도 자원의 편재성이 클수록 공급 불안정을 보일 가능성이 크다. 특히 지역 편중이란 특성이 다른 요인(가채연한과 산업적 중요성 등)과 결합되어 나타날 때 극심한 공급 불안은 물론 국가 간 분쟁으로 비화될 가능성도 있다.

국가별로 편재성이 큰 금속들을 나열하면 다음과 같다.

- 미국: 베릴륨(90%), 헬륨(73%)
- 브라질: 니오븀(90%)
- 중앙아프리카: 코발트(DRC, 콩고 64%), 탄탈럼(르완다 31%)
- 남아프리카공화국: 인듐(85%), 크롬(43%), 백금족(70%), 로듐(83%), 루테늄(93%), 망간(33%)

- 러시아: 팔라듐(46%)
- 터키: 보레이트(42%)
- 인도네시아: 니켈(33%)
- 호주: 리튬(44%)
- 중국: 안티모니(87%), 바라이트(44%), 비스무스(82%), 형석(64%), 갈륨(73%), 게르마늄(67%), 인듐(57%), 마그네슘(87%), 천연 흑연(69%), 인산염 암석(44%), 인(58%), 스칸듐(66%), 실리콘 메탈(61%), 텅스텐(84%), 바나듐(53%), 경희토류(95%), 중희토류(99%)

중국의 희소 금속 집중도가 얼마나 높은지 실감할 수 있다. 특히 경희토류 95%, 중희토류 99%란 수치에 이르러서는 공포심까지 느껴진다. 세상의 그 어떤 자원이라도 이러한 독점은 심각한 문제를 양산할 수밖에 없다.

가채년수가 짧을수록, 생산 집중도가 높을수록 공급 차질 리스크가 크다. 그 대표적 사례가 '안티모니'다. 안티모니의 가채년수는 11년, 중국의 생산 집중도는 90%가 넘는다. 안티모니는 납 전지용 전극, 반도체 재료 첨가제, 섬유 및 플라스틱 첨가제 등에 사용하고 있다.

가채년수 15년에 남아공 등 상위 생산국의 집중도가 74%에 달하는 '크롬'도 공급 우려가 크고, 가채년수 16년에 생산 집중도가

98%인 스트론튬(Strontium)도 이 범주에 포함된다. 크롬은 스테인리스 등 금속의 부식을 억제하는 합금 재료로 쓰이고 있고 스트론튬은 고온 초전도 재료, 브라운관 유리용 첨가제, 자석 재료 등에 사용된다.

중국이 1위 생산국이면서 국내 수요를 우선하여 자원의 보전과 수출 통제를 강화하기 시작한 품목들은 비스무스(Bismuth), 갈륨, 바나듐(Vanadium)과 희토류다. 비스무스는 납을 대신하는 전자 기기의 새로운 땜납 재료로 첨가하거나 의약품·총알·낚시 도구 등에 사용한다. 그뿐 아니라 LED, 파워 칩, 스마트폰, 계산기, 가정용 온도계, 고속 인터넷 연결 등에도 갈륨이 필요하다. 바나듐은 고층 빌딩 등의 고강도 철강재, 자동차용 부품, 각종 공구, 항공기용 합금(티타늄과 혼합), 원자로, 치과용 임플란트, 석유화학용 촉매제, 전력 저장용 대형 전지, 형광체 등에 사용하고 있는 중요한 재료이다.

희소 금속의 문제는 단순히 매장량 문제만이 아니다. 예를 들어 LED의 중요 소재인 갈륨은 국내에서 연간 10여 톤이 생산된다. 그런데 이를 LED 부품으로 사용하기 위해서는 원재료에 특수한 화학 처리('전구체'라고 함)를 해야 한다. 믿기 어렵겠지만 국내에는 기술이 없어 원재료를 전량 수출하고 전구체를 수입하고 있다.

지난 20년 동안 미국은 중국으로부터의 광물 수입을 지속적으로 늘려왔다. 1993년 이후 일부 공급선 다변화를 이루었지만 최근까지 핵심 광물의 주요 공급자로서 중국의 위치는 변하지 않았다.

미국이 활발히 생산하다가 순수입으로 바뀐 희소 금속에는 게르마늄과 바나듐도 있다. 게르마늄의 경우 1950년대부터 1980년대까지는 미국 내 생산이 활발히 진행되었다. 그런데 첨단 전자제품, 태양광 제조, 인공위성과 광통신섬유 등에 게르마늄을 사용하기 시작한 시기부터 국내 생산이 감소하고 해외 의존율이 급격히 증가했다. 현재 미국은 거의 대부분의 게르마늄을 중국에서 수입한다.

강철에 0.15%만 첨가해도 강도가 높아지는 희소 금속이 바나듐이다. 바나듐강은 고온에서도 경도를 유지하기 때문에 드릴 비트, 전동 톱, 엔진 터빈 및 기타 많은 열을 발생시키는 부품에 사용된다. 교량이나 철근 구조물에도 들어가므로 건설 수요가 많은 중국 때문에 수요가 폭증했다. 세계 바나듐 수요의 40%를 중국이 차지한다. 미국에서는 1980년대 초까지 바나듐 생산이 활발했고, 1950년대에는 심지어 바나듐 수출국이었다. 현재 미국은 러시아·체코·남아프리카에서 바나듐을 100% 수입한다.

최근 미국이 17종의 희토류와 40여 종의 희소 금속을 대상으로 최소 50% 이상 수입에 의존하고 있는 품목을 조사했다. 그 결과 가장 많은 품목을 수입한 나라는 중국과 캐나다였다. 1위를 기록한 중국에서 무려 24개 금속을, 2위인 캐나다에서는 16개 금속을 수입했다. 멕시코, 러시아, 남아프리카가 그 뒤를 이었다.

일부 금속의 경우 재활용을 하고는 하지만, 미국은 미국 경제와 국가 안보에 결정적으로 중요한 금속과 19가지 광물을 100% 수입에 의존하고 있다. 미국은 코발트, 티타늄 정광, 게르마늄, 아연 및 백금족 금속을 비롯한 여러 다른 광물도 75% 이상 수입에 의존하고 있다. 단, 철광석과 몰리브덴은 자급자족이 가능하다. 정제된 알루미늄, 아연, 우라늄의 경우 미국의 주요 교역 파트너는 안정적인 동맹국인 캐나다다.

한편 크롬, 망간, 백금족 금속, 탄탈륨, 코발트의 주요 생산 지역은 남아프리카다. 미국 지질조사국 데이터에 따르면 브라질은 세계

〈표 6-1〉 미국의 대중국 수입 의존 광물(2014년)

(단위: %)

광물	수입 의존율	대중국 수입 의존율
인듐	100	21
흑연	100	45
탄탈럼 금속	100	28
스칸듐	100	100
바나듐 (Vanadium Pentoxide)	100	15
갈륨	99	23
이트륨	>95	62
게르마늄	95	65
코발트	76	21
실리콘 (Silicon Carbide)	77	NA
희토류	59	75
마그네슘 화합물	43	54
티타늄 금속	51	12
텅스텐	43	45
텔루륨	>80	17

출처: USGS, Mineral Commodity Summaries, 2015.

〈표 6-2〉 미국의 중국 이외 수출 의존 광물(2014년)

(단위: %)

광물	수입 의존도	참고사항
망간	100	남아프리카
바나듐	100	중국, 남아프리카, 러시아
탄탈럼	100	남아프리카, 브라질
니오븀	100	브라질, 캐나다
티타늄	91	남아프리카, 브라질
백금족 PGMs(Platinum)	85	남아프리카
코발트	76	남아프리카
크롬	72	남아프리카, 러시아

출처: USGS, Mineral Commodity Summaries, 2015.

〈표 6-3〉 미국의 핵심 광물: 산업 응용 및 미국 순수입 의존도

(단위: %)

광물	산업 응용	수입 의존도	주요 수입국	비고
알루미늄(보크사이트)	운송, 포장, 건물, 전기	>75	자메이카(46), 브라질(25), 기니(15), 기타(14)	데이터는 알루미늄의 원천 광물인 보크사이트의 수입 의존도를 반영함
안티모니	도자기, 유리 및 고무 제품, 난연제	85	중국(61), 기타(39)	주요 공급원은 산화안티몬임
비소	납축전지, 제초제, 살충제, 군 활용	100	중국(91)	비소 금속 수입
중정석	플라스틱 및 고무의 충전제, 증량제 및 칭량제	86	중국(63), 인도(14), 기타(23)	—
베릴륨	자동차 및 소비자 전자제품, 국방 애플리케이션	17	카자흐스탄(44), 일본(14), 기타(42)	—
창연	무연 파이프 피팅용 첨가제	97	중국(80), 기타(20)	—
세슘	광전 셀 및 에너지 변환 장치	100	캐나다	대부분 수입품은 캐나다에서 수입함. 수입의존도 데이터 추정 불가능(USGS)

크로뮴	운송, 포장, 건물, 전기	71	남아프리카 공화국(97)	크로마이트 광석에 대한 수입 의존도
코발트	초합금, 항공기 엔진, 배터리, 영구자석	69	노르웨이(18), 중국(12), 일본(12), 기타(58)	수입은 금속, 산화물 및 염류에 함유된 코발트를 반영함
형석	알루미늄 및 우라늄 가공에 사용	100	멕시코(69), 베트남(10), 남아프리카(8), 기타(13)	—
갈륨	집적 회로(첨단 장비), 발광 다이오드(LED), 태양 전지	100	중국(32), 영국(28), 독일(15), 우크라이나(14), 기타(11)	—
게르마늄	광섬유, 적외선 광학, 태양 전지, 기타 태양 에너지 응용 분야	>50	중국 (58), 벨기에 (26), 기타 (14)	게르마늄 금속 수입 의존도
천연 흑연	제강, 내화물 응용, 주조 작업, 브레이크 라이닝	100	중국(37), 멕시코(29), 캐나다(17), 기타(17)	—
하프늄	초합금	없음	독일·프랑스·영국	각 국가의 수입의존도는 추정 불가능
헬륨	리프팅 가스, 실험실 응용품, MRI, 용접	—	—	미국은 순수출국
인듐	전기 전도, 액정 디스플레이(LCD), 태양 전지 및 광전지	100	중국(27), 캐나다(22), 기타 (51)	—
리튬	충전지, 세라믹, 유리, 화합물	>50	아르헨티나(51), 칠레(44), 기타(4)	—
마그네슘 화합물	농업, 화학, 건설 및 산업 응용	51	중국(57), 캐나다(22), 기타(21)	—
망간	철강 및 기타 금속 생산	100	가봉(74), 남아프리카(13), 호주(8), 기타(5)	—
니오븀	강철 및 초합금	100	브라질(72), 캐나다(18), 기타(10)	니오븀 수입에는 광석 및 정광, 니오븀 산화물, 페로 니오븀 및 니오븀 금속이 포함됨
백금족 원소	자동차 촉매, 연료 전지, 보석	71	남아프리카공화국(44), 독일(15), 영국(10), 기타(31)	수입 의존도는 백금만 해당함. 미국은 팔라듐에 대한 수입 의존도가 38로 대부분 러시아와 남아프리카공화국임
칼륨	비료, 화학 산업 응용	92	캐나다(84)	—

희토류 원소	영구자석, 정유, 유리, 레이저, 합금강, 형광 등	100	중국(80)	—
레늄	고온 터빈 엔진 부품 및 석유 개질 촉매의 초합금	81	카자흐스탄(34), 캐나다(19), 한국(13), 독일(10), 기타(24)	—
루비듐	생물의학 연구, 전자, 특수 유리	100	캐나다	캐나다의 수입 의존도 추정 불가능
스칸듐	도자기, 전자, 레이저, 방사성 동위원소, 조명	100	중국·유럽·일본·러시아	각 국가의 수입 의존도 추정 불가능
스트론튬	유정 및 가스정용 드릴링 유체 첨가제	100	멕시코(52), 독일(39), 기타(9)	—
탄탈럼	전자용 장치 콘덴서	100	브라질(35), 르완다(31), 호주(15), 기타(19)	—
텔루륨	광전지 패널, 태양 전지, 열전 장치	>75	캐나다(66), 중국(27), 기타(7)	—
주석	화학 물질, 주석 도금, 땜납 및 합금	76	인도네시아(23),말레이시아 (23), 페루(22), 볼리비아(17), 기타 (15)	—
티타늄 농축물	항공 우주 응용 프로그램	92	남아프리카공화국(35), 호주(27), 캐나다(12), 모잠비크(11), 기타(15)	—
텅스텐	절삭 공구, 건설 및 금속제조에 사용되는 내마모 재료	>50	중국(32), 독일(9), 볼리비아(9), 캐나다(8), 기타(42)	—
우라늄	원자로용 연료	93	캐나다·호주·러시아	2017년 미국 발전소에서 구매한 우라늄의 7%를 미국이 공급
바나듐	제강, 항공 우주 응용 분야	100	남아프리카공화국(46), 러시아(18), 브라질(13), 중국(10), 기타(13)	—
지르코늄	세라믹, 주물사, 내화물 및 연마재에 사용	—	남아프리카공화국(59), 호주(22), 세네갈(14)	미국은 순수출국

주: 나열된 국가들은 미국 수입품의 주요 공급처를 나타냄.
출처: USGS, Mineral Commodity Summaries, 2019.

니오븀의 88%를 생산하고 호주는 세계 리튬 생산량의 58%를 생산한다. 이렇게 단일 국가가 생산량을 지배하는 주요 광물에는 브라질의 니오븀, 콩고민주공화국(DRC)의 코발트, 남아프리카의 백금족 금속, 중국의 희토류와 텅스텐이 포함된다.

4. 자원 발(發) 미중 신냉전 체제

1) 중국의 지배 전략과 트럼프 정부의 반격

2010년을 기점으로 중국은 본격적으로 전기차, 태양광, 풍력, 에너지 저장 장치, 드론, 고속철도 등의 첨단 제조업과 특히 해저 케이블, CCTV, 슈퍼컴퓨터, 인공위성, 반도체 등 디지털 제품을 생산하기 시작했다. 이러한 전략 산업들을 지속적으로 발전시키기 위해 중국 정부가 최우선으로 추진한 정책은 희토류와 희소 금속의 확보였다. 중국은 희토류뿐 아니라 수많은 희소 금속을 세계에서 가장 많이 생산하는 국가다.

그러나 중국 정부는 여기에서 그치지 않았다. 2010년 이후 중국 희토류 전략의 가장 큰 특징은 해외 자원 확보다. 그리고 희토류를 중국 밖에서 중국 안으로 들여오기에 가장 적합한 지역은 아프리카였다. 중국 내에서 생산된 희토류는 이제 수출용이 아니다. 우선적으로 중국의 제조업에 사용하고 남는 것은 비축하겠다는 전략이다.

중국이 희토류와 희소 금속 비축 제도를 공식적으로 마련해 국내 여러 장소에 비축하기 시작한 것은 2011년이다. 이는 20세기 미국의 모습과 묘하게 닮았다. 전 세계 석유 시장을 지배하던 미국은 영토 내에 대규모로 원유를 비축했고, 국제에너지기구 회원국들을 통해서도 원유를 비축하고 유사시 비축유를 방출해 국제 유가의 등락을 마음대로 조종했던 것이다.

중국이 희토류를 무기로 사용한다는 것은 생산량과 수출량을 조절해 가격을 지배한다는 뜻이다. 그동안 중국의 골칫거리였던 희토류 불법 채굴과 불법 수출도 정비했다. 2015년 이후 중국 정부는 6개의 국영 희토류 기업만 생산과 수출을 할 수 있게 수직 통합화를 실시했다.

이러한 전략 변화와 거의 동시에 철강, 구리, 아연, 알루미늄 등 기본 금속과 리튬, 코발트, 니켈, 탄탈럼, 크롬, 망간, 백금족, 니오븀, 바나듐 등 희소 금속의 확보를 위해 해외 자원 개발 전략을 펼치기 시작했다. 중국 내에서 충분히 생산되는 희토류와는 달리, 이러한 희소 금속은 중국의 생산량이 적다. 아프리카·남미 등에서 미국·유럽·일본과 중국 간의 본격적인 자원 쟁탈전이 시작된 것이다.

중국이 미국과 결별하고 신냉전의 길로 본격적으로 들어서게 된 배경에는 21세기 미래 산업의 원재료를 놓고 중국이 미국의 제조업 기반을 정면으로 와해시킬 노선을 선택했기 때문이다. 이러한 상황이 수년간 전개되었음에도 불구하고, 오바마 정부(2009~2017년)는 중국과 협력하는 기본 노선에 변화가 없었다. 중국의 희소 금속 지배 전략에 맞불을 놓은 것은 트럼프 정부에 들어와서다.

2010년 중국의 희토류 수출 규제와 무기화가 가시화되자 시장의 반응은 중국 밖에서 200여 개의 희토류 광산 개발 회사들이 탐사를 시작한 것이다. 이것이 바로 2010년 이후 세계적인 희토류 개발붐이다. 2010년 중국의 수출 규제로 희토류 가격이 치솟자 광산 개발 자본이 희토류로 더욱 몰리기 시작했다.

희토류는 개발부터 상업 생산까지 10년 이상이 걸리기 때문에 많은 경우 탐사나 생산을 한 결과 다양한 이유로 경제성이 떨어져 포기하게 된다. 또한, 개발 시 동반되는 토륨, 우라늄과 같은 방사성 물질을 어떻게 처리하느냐 하는 것이 어려운 문제이다.

중국이 낮은 비용으로 희토류를 대량으로 생산할 수 있었던 가장 중요한 이유는 이러한 환경 비용과 규제를 부담하지 않고 생산할 수 있었기 때문이다. 전 세계에서 수백 개의 희토류 광산을 개발했지만, 최종 경제성을 가지고 개발에 들어간 것이 소수에 불과한 이유는 산업적 경제성을 가지고 있으면서도 정부가 적극적으로 지원을 해야 하고 동시에 투자자가 나서야 하는 3박자가 잘 맞아야 하기 때문이다. 그래서 어려웠던 것이다.

2010년 중국의 희토류 수출 제한 조치와 국제 희토류 가격의 급등으로 희토류뿐 아니라 다양한 전략 광물 수급 취약성에 대한 각국의 경각심이 높아지면서 정부들이 적극 나서서 희토류 및 전략 광물 공급망 구축을 위해 광산 활동을 적극 장려하기 시작했다.

주요 수요처인 미국, 일본, 유럽 국가들은 자체 매장량은 제한적이기 때문에 일부 국내 생산을 하지만 수출에 의존할 수밖에 없다. 그래서 호주·아프리카·그린란드·미얀마·인도·브라질·베트남 등 해외 희토류 개발이 중심이 될 수밖에 없는 상황이다. 2010년 이후 중국까지 국내 희토류 개발과 수출은 제한하면서 해외 희토류 광산 물색에 본격적으로 나서면서 중국과 서구 국가들 간 희토류 해외 자원 쟁탈전 양상으로 상황이 흘러가기 시작했다.

희토류는 물리·화학적 특성에 따라 경희토류(Light Rare Earth Elements, LREE)와 중희토류(Heavy Rare Earth Elements, HREE)로 나뉘며, 중희토류는 경희토류에 비해 부존량이 적고 매장 지역이 편중되어 있다. 중희토류가 중요한 이유는 테르븀(Tb), 디스프로슘(Dy) 등이 영구자석 제조의 원료이기 때문이다. 경희토류인 네오디뮴(Nd), 프라시오디뮴(Pr)도 영구자석의 핵심 원료이다.

현재 국가들 간 희토류 쟁탈전의 주요 대상은 17개 희토류 원소 가운데 특히 디스프로슘이다. 디스프로슘 수요의 95%는 영구자석에 소요되기 때문에 영구자석 수요 증가에 따라 디스프로슘 수요가 폭발적으로 확대될 것이기 때문이다. 2010년 디스프로슘 전체 수요를 1,800t으로 볼 때 2050년에는 최저 1만 4,000t, 최고 5만t의 디스프로슘 수요가 예측된다.

영구자석에 필요한 디스프로슘 부족이나 가격 급등에 가장 민감한 산업 분야는 풍력 터빈, 특히 해상 풍력 터빈 제조와 전기차이다. 2003년 5월 kg당 35달러였던 디스프로슘 가격은 2011년 2월에는 kg당 375달러, 같은 해 12월에는 kg당 3,500달러까지 치솟았다. 가격이 안정된 2020년 8월 현재 디스프로슘 가격은 여전히 kg당 350달러 내외에 형성되어 있으며 다른 희토류 소재에 비해 10배 정도에 해당한다.

경희토류와 중희토류의 매장량과 생산량 비중은 18:1로 경희토류가 압도적으로 많다. 디스프로슘과 테르븀이 가장 많이 생산되는 지역은 중국 남부의 장시성으로 희토류 도시라 할 수 있는 간저우시를 중심으로 영구자석 공장 수백 개가 몰려 있다. 세계 영구자석 공급의 90%가 여기에서 나온다.

세계 희토류 생산에서 차지하던 중국의 비중은 2010년 90%에서 2018년 70%, 2020년 58%로 대폭 낮아졌다. 중국의 생산 비중을 낮추는 데 가장 큰 역할을 한 희토류 기업은 호주의 라이나스(Lynas Corp.)이다. 2011년 중국의 수출 규제 이후 중국의 희토류 공급에 90% 이상을 의존하던 일본 정부는 중국 의존을 축소하기 위하여 라이나스의 마운트 웰드 광산에 투자한다. 라이나스는 서부 호주 마운트 웰드 희토류 광산에서 2013년 1,000t에 불과하던 희토류 생산량을 2018년 1만 9,000t까지 확대했다. 마운트 웰드에서는 희토류 원재료 생산만 하고 가공과 분리는 말레이시아에 있는 라이나스의 가공 분리 시설에서 한다. 라이나스는 중국 밖에 있는 최대의 디스프로슘과 네오디뮴 원재료 채굴과 가공 분리 기업이다. 이제는 일본 희토류 수요의 30%를 라이나스가 공급하여 일본의 중국 희토류 의존도는 대폭 낮아졌다.[11]

2) 주목받는 바이든 전략

미국 정부는 국방부가 선두에 서서 국가 안보 차원에서 희토류 국산화 작업을 위한 정책들을 펼치기 시작했다. 2012년 조업이 중단되었던 마운틴 패스 광산에 월스트리트와 미국 국방성의 투자가 몰려들기 시작했다. 2017년부터 희토류 생산을 재개했다. 2019년 미국의 희토류 생산은 2018년 대비 8,000t이 늘어 2만 6,000t으로 증가했다. 이로써 미국은 중국에 이어 세계 2위의 희토류 생산국이 되었다.

호주 희토류 광산 업체 라이너스와 미국 화학 업체 블루라인이 합작으로 텍사스 지역에 희토류 분리·정제 공장 건설을 추진 중이다. 미국은 그린란드 자체를 통째로 매입하려고 시도했다. 비록 적은 양이지만 그린란드 남부의 크바네피엘드(Kvanefjeld) 희토류 광화대에 중희토류가 매장돼 있기 때문이다. 2020년 8월 미국은 우주 탐사를 통해 희토류를 확보하겠다고 선언하고 캐나다·일본·UAE 등과 협력 체계를 선언했다.

2019년 미국 콜로라도에 본부를 둔 미국 희토류(USA Rare Earth) 주식회사가 설립되었다. 미국 희토류 주식회사는 최초로 미국 내에 중희토류 원재료 생산에서 영구자석 부품 제조까지 완전한 공급망을 구축한다는 목표로 설립되었다. 이를 위해 서부 텍사스 엘파소에서 약 137km(85마일) 떨어진 라운드톱(Round Top) 중희토류 광산을 사들이고 여기서 채굴된 중희토류는 콜로라도 휘트릿지(Wheat Ridge) 가공 분리 공장으로 가져가게 된다. 휘트릿지는 광산과 자원 분야 최고 전문 대학원인 콜로라도 광산대학원(Colorado School of Mines)이 위치한 장소로 산학 협력을 위한 최적의 장소이기도 하다. 콜로라도 처리 시설은 중국 밖에서는 최초로 경희토류에서 중희토류를 모두 분리 가공하는 시설이다.

영구자석 부품 제조를 위해 노스캐롤라이나에 과거 히타치 메탈이 운영하던 공장을 다시 가동하기 위해 장비를 구입해 재가동 준비를 하고 있다.

미국 프로젝트들 가운데에는 와이오밍주의 베어 롯지(Bear Lodge) 프로젝트와 알래스카주의 보칸-닷슨(Bokan-Dotson) 프로젝트가 주목받고 있다. 특히 보칸산맥 희토류 광산은 매장량의 약 40%가 중희토류인 것으로 밝혀져 더욱 관심의 대상이다.

2017년 트럼프 대통령의 지시로 만들어진 공급망 구축 방안 보고서도 보칸 희토류 광산의 중요성을 강조하고 있다. 개발사로 지정된 유코어 레어메탈(Ucore Rare Metal)의 2012년 보고서에 따르면 개발 첫해 2,500t의 희토류 생산이 가능하고 첫 5년 동안 105톤의 디스프로슘을 생산할 수 있을 것으로 예측했다. 또한 유코어레어메탈은 광산에서 56km(35마일) 떨어진 항구에 분리·가공 시설을 갖출 계획도 갖고 있다.

5. EU의 희토류·희소 금속 대응

유럽이 꿈꾸는 21세기는 지식 사회, 혁신 사회, 포용적 저탄소 경제로의 완전한 전환이다. 이런 목표를 달성하기 위해 유럽은 새로운 녹색 기술에 많은 투자를 해왔다. 2008년 글로벌 경기 침체와 계속된 부채 위기 이후, 유럽은 녹색 경제와 기후 행동을 통해 위기를 극복해왔다. 그러나 이러한 비전을 달성하고 첨단 기술 부문을 발전시키기 위해서는 필연적으로 핵심 금속과 광물이 필요하다는 것이 문제다. 희토류 위기가 발생했을 때 이 문제는 표면화되었다. 금속 광물의 유럽 생산 비중은 극히 낮으며, 유럽이 글로벌 공급망에 전적으로 의존해 있음이 드러났기 때문이다.[12] 다음은 유럽연합 집행위원회에서 나온 발언이다.

"금속(Metals), 광물(Minerals), 자원(Raw materials)은 이제 유럽 국가들의 일상생활 일부가 되었다. 경제적으로 가장 중요하고 공급 위험이 큰 것을 핵심 자원(Critical raw materials)이라고 부른다. 핵심 자원은 광범위한 첨단 제품의 기능과 산업 생태계에 필수적이다. 텅스텐은 휴대폰이 진동할 수 있도록 하는 기능에 있어 없어서는 안 되는 금속이고, 갈륨과 인듐은 LED 기술의 필수 요소다. 반도체에는 실리콘 금속이 필요하다. 수소 연료 전지와 전해조에는 백금족 금속이 필요하다."

유럽연합은 이러한 필수 자원에 대한 안정적 공급을 그린딜을 완성하기 위한 전략적 안보 문제로 다루어나가겠다고 밝혔다. 자원과 금속의 문제는 유럽의 새로운 산업 전략의 일부이기도 하다는 것이다. 과거의 산업 체제는 화석연료에 의존했기에 화석연료의 안정적 공급이 전략적 안보 문제였다. 이제는 그 자리를 금속·광물이 대체했다.

유럽은 금속과 광물의 공급 문제에 대해 개방적 자립(Open strategic autonomy)을 목표로 하며, 이를 통해 유럽의 기후 중립을 달성할 것이라고 주장한다. EU의 입장은 전 세계적으로 금속과 자원에 대한 수요가 폭발적으로 늘어나고 있기 때문에 국가들 간의 쟁탈전은 약화될 가능성이 미미하다는 것이다. EU는 재활용과 순환 경제를 통해 금속과 광물 수요를 감축시키는 방법을 최종 해결책으로 제시하고 있다.

유럽연합은 자원을 에너지·식량·금속·광물 등으로 포괄적으로 규정하면서 이러한 모든 분야에서 폭발적으로 수요가 늘어나는 것이 문제의 본질이라고 본다. 이러한 증가가 결국 온실가스 배출량의 절반 이상을 차지하며, 지구 생물 다양성 파괴, 수질 악화, 물 부족에 있어서 90% 이상의 원인을 제공한다는 것이다.

자원과 관련한 유럽연합의 정책 목표는 자원의 안정적 공급과 동시에 지속 가능성(Sustainability)의 확보이다. 단순한 자원의 공급과 확보를 넘어서 회복 탄력성(Resilience)을 달성하겠다는 의미다. 이를 위해서는 자원과 물질의 1차적인 생산과 공급(Primary resources)뿐 아니라 2차적인 재활용을 통한 공급 강화가 필요하다. 즉 자원의 효율성과 순환성(Circularity)을 강화하는 것이 공급 다양화란 사실을 강조하고 있다. 이러한 정책은 금속과 비금속뿐 아니라 광범위한 의미의 자원 모두에 해당하며 특히, 공급 리스크가 큰 핵심 광물들은 더욱 그렇다.

EU는 단순히 금속과 광물 공급 리스크에 대비하는 것을 넘어, 전반적 자원 관리(Resource management)를 위한 국제 협력 체계를 다양한 국제기구와 갖추어나갈 예정이다. 이런 방법을 통해 EU는 2050년까지 기후 변화와 디지털 전환이 가져올 새로운 변화에 탄력적으로 대응할 수 있으며, 국제 사회에서 영향력과 리더십을 계속 유지할 수 있을 것이다. 향후 새로운 기술과 산업의 등장을 예측하고 자원 측면에서 장애물이 생기지 않도록 전략과 계획을 세우는 것을 중요한 목표로 하고 있다. EU는 다음과 같이 예측하고 있다.

- 전기자동차 배터리 및 에너지 저장 장치의 경우, EU는 2030년까지 최대 18배의 리튬, 5배의 코발트가 필요하고, 2050년에는 60배의 리튬, 15배의 코발트가 필요할 것이다.

• 영구자석에 사용되는 희토류에 대한 수요는 2050년까지 10배 증가할 것이다.

결론적으로 EU는 현재 광물에 관해 회복 탄력성(Resilience)을 갖고 있지 않으며, 이것이 공급망 취약성으로 이어지고 산업 생태계를 약화시키고 있다. 예를 들어 리튬과 희토류의 경우 EU 안에서 채굴이 된다 하더라도 가공과 분리를 위해 다른 나라로 수출해서 가공 후 다시 수입해야 하기 때문이다. 따라서 EU는 금속과 광물에 대해 생산 능력뿐 아니라 가공, 정제, 분리 등의 기술을 확보해야 한다.

유럽배터리연합(European Battery Alliance)은 정부와 민간 기업들의 협력으로 배터리 산업 공급망을 유럽 내에 구축하는 것을 목표로 한다. 2050년까지 리튬 수요의 80%를 유럽 내에서 자체적으로 공급한다는 것이 1차 목표다. 이처럼 향후 유럽의 산업 동맹과 전략은 금속과 광물 공급에 관한 내용을 반드시 고려할 것이다.

현재 EU 내에는 유럽자원동맹(European Raw Materials Alliance)이 구축되어 있다. 동맹의 최고 우선순위 업무는 영구자석 공급망의 회복 탄력성 달성이다. 영구자석은 재생 에너지, 국방, 우주 산업에 매우 중요하다. 유럽은 순환 경제(Circularity) 실행 계획도 실천하고 있다. 지속 가능한 제품 설계와 금속 광물의 재활용을 통해 2차적 생산 원료를 확대하고 탄소 중립 목표를 달성할 것이다.

〈그림 6-2〉 유럽연합의 CRM 수입 의존도 현황

(단위: %)

출처: European Commission report on the 2020 criticality assessment.

순환 경제와 재활용은 탄소 중립에 없어서는 안 될 필수 정책이다. 아울러 2030년까지 EU 내에서 70만 개의 일자리를 창출할 것을 목표로 하고 있다.

또한, 제품의 수명을 연장하고 재활용 재료를 사용함으로써 자원 수요를 줄여나가려고 한다. 2020년 10월 EU는 갈수록 증가하는 자동차 배터리의 재사용, 재활용, 용도 변경(Re-purposing) 등 개념 규정과 함께 배터리 재활용 재료의 회수, 재활용된 내용물과 생산자 책임 제도 등을 종합적으로 정비했다.

EU는 순환 경제의 선두주자다. 철, 아연, 백금족 금속 등은 재활용률이 EU 소비량의 25% 이상이다. 그러나 희토류, 갈륨, 인듐과 같은 금속의 재활용 비율은 아직 미미하다.

6. 우리나라의 희토류·희소 금속 대응

1) 대한민국 희소 금속 교역 동향

우리 정부와 민간 기업에서 희토류와 희소 금속에 대해 본격적인 전략을 마련하기 시작한 것은 2016년경이다.[13] 직전 2년간(2014~2015년)은 석유와 천연가스는 물론이고 희소 금속과 주요 광물 자원 가격도 하락과 침체기였다.

2016년부터 경기 회복 기대에 따른 투자 심리 개선, 신산업 성장에 따른 수요 증가 등으로 가격이 오르기 시작했다. 2017년에는 전기차 배터리의 핵심 소재를 중심으로 수요가 급증했다. 2017년 12월 말을 기준으로 2016년 말과 대비한 가격 상승률은 코발트가 130.8%로 가장 높았고, 그다음이 바나듐(90.8%), 지르코늄(89.6%), 티타늄(78.7%), 텅스텐(57.9%) 순이었다.

한국무역협회 국제무역연구원(2018)은 2018년 발표한 〈첨단 산업의 비타민, 희소 금속의 교역 동향과 시사점〉이라는 보고서에서 이렇게 지적했다.

"희소 금속의 안정적 확보는 반도체, 디스플레이 등 우리나라 주

〈표 6-4〉 2016~2017년 가격 상승 폭 상위 10대 희소 금속(2017년 12월 말 기준)

(단위: %)

순위	광종	품목	규격	2016년 말 대비 상승률	2015년 말 대비 상승률
1	코발트	LME cash	99.3	130.8	205.7
2	바나듐	오산화바나듐	98.0	90.8	302.5
3	지르코늄	지르코늄스펀지	99.4	89.6	65.0
4	티타늄	티타늄스펀지	99.8	78.7	48.0
5	텅스텐	텅스텐APT	88.5	57.9	71.4
6	탄탈륨	탄탈륨 메탈	99.8	53.8	44.1
7	카드뮴	카드뮴 메탈	99.9	49.6	135.7
8	몰리브덴	산화몰리브덴	57.0	45.5	86.4
9	리튬	탄산리튬	99.0	32.7	49.1
10	셀레늄	셀레늄파우더	99.5	30.4	134.0

주: 2017년 12월 말 기준 2016년 말 대비 상승 폭 순으로 정렬(주간 가격 기준).
출처: KOMIS 한국자원정보서비스.

력 산업의 경쟁력을 좌우할 뿐만 아니라 전기자동차, 신재생 에너지 등 빠르게 성장하는 신시장을 선점하기 위해서도 필수적이므로 국가적 차원에서 희소 금속의 안정적 확보를 위한 전략적 접근이 필요하다."

이는 우리나라 최초의 희소 금속 전반에 대한 보고서로서 지질자원연구원(KIGAM)이 매년 발표하는 기초 통계 자료를 넘어서는 분석을 하고 있다. 이 보고서의 가장 큰 공헌이라면 우리나라 희소 금속 수출·수입에서 중국이 차지하는 비중과 중국 의존도를 명확히 드러냈다는 점이다.

당시 우리 정부(한국광물자원공사)는 신산업과 관련성이 높으면서 우선적으로 확보가 요구되는 핵심 광물 자원 5종(코발트, 리튬, 텅스텐, 니켈, 망간)의 수급 동향을 분석했다. 조사 기간 중 코발트가 가장 가격 상승률이 높았으며, 향후 늘어나는 수요에 비해 공급 부족 현상이 가장 심각할 것으로 지목되었다. 2016년 10.9만t이었던 전 세계 코발트 수요는 2025년 26.4만t으로 2.4배 증가할 전망이며, 국내 수요도 2016년 1.6만t에서 2025년 4.8만t으로 연평균 13.2% 증가할 것으로 예상되었다.[14]

그다음으로 주목받은 희소 금속은 리튬이다. 리튬은 대부분 2가지 화합물의 형태로 수급되는데 바로 수산화리튬과 탄산리튬이다. 이 두 화합물은 리튬 함량이 달라서 일반적으로 시장에서 수량을 언급할 때는 탄산리튬 기준인 LCE(Lithium Carbonate Equivalent) 수치로 환산한다.

LCE 기준으로 전 세계 리튬 수요는 2015년 17.7만t에서 2025년 32.8만t으로 1.9배 증가할 전망이다. 같은 기간 국내 수요는 1.9만t에서 5.5만t으로 연평균 11.2% 증가할 것이 예상된다.

당시 우리나라는 전 세계 4위의 리튬 수요국이었다. 중국(40%), 유럽(21%), 일본(11%), 한국(11%) 순이다. 그런데 우리나라가 가까운 미래에 리튬 2위 수요국이 된다는 예측이 나온 것이다. 리튬은 전 세계 생산의 91.4%를 단 3개국(호주 40.9%, 칠레 34.3%, 아르헨티나 16.3%)이 차지해 생산의 편재성이 매우 높은 자원이다. 공급 위기는 언제든 발생할 수 있다고 판단하고 대비해야 한다.

〈표 6-5〉 2016년 희소 금속 원재료 수입 1억 달러 이상 원소의 주요 수입국과 비중

(단위: 천 달러, %)

순위	원소명	수입액	1위(비중)	2위(비중)	3위(비중)
1	규소	1,192,403	중국(45)	미국(11)	일본(8)
2	니켈	1,071,895	뉴칼레도니아(22)	일본(15)	인도네시아(13)
3	크롬	644,498	남아공(34)	인도(24)	카자흐(22)
4	몰리브덴	314,213	칠레(43)	멕시코(16)	일본(10)
5	주석	312,495	말레이시아(36)	인도네시아(32)	일본(14)
6	팔라듐	299,528	영국(34)	남아공(23)	일본(15)
7	백금	288,887	독일(40)	중국(11)	영국(10)
8	리튬	253,011	칠레(71)	중국(23)	아르헨티나(5)
9	티타늄	250,253	일본(34)	중국(23)	카자흐(7)
10	텅스텐	225,721	중국(56)	일본(25)	미국(10)
11	망간	210,309	호주(55)	남아공(24)	중국(8)

주: 금속 원재료 교역분석 2017(한국지질자원연구원).
출처: 한국무역협회 국제무역연구원. 2018.《첨단산업의 비타민, 희소금속의 교역동향과 시사점》, p.17.

반도체 금속 배선의 주요 재료인 텅스텐도 핵심 광물로 지목되었다. 텅스텐은 초경합금, 특수강, 절삭 공구 분야에서도 꾸준한 수요가 예상된다. 그런데 전 세계 텅스텐 부존량의 60%, 생산량의 82%를 차지한 중국이 1991년부터 텅스텐을 국가 보호 광종으로 지정하고 수출량을 제한하고 있기 때문에 공급 부족에 대한 우려가 상존한다.[15]

다른 광물과 비교해 부존 및 생산의 편재성이 높지 않은 니켈도 핵심 광물로 올라가 있다. 공급 리스크는 낮은 편이지만, 수요 급증이 예상되기 때문이다. 2차 전지의 양극재가 NCM(니켈·코발트·망간)

〈표 6-6〉 2016년 희소금속 소재·부품 수입 1억 달러 이상 원소의 주요 수입국과 비중

(단위: 천 달러, %)

순위	원소명	수입액	1위(비중)	2위(비중)	3위(비중)
1	규소	1,192,403	중국(45)	미국(11)	일본(8)
2	니켈	1,071,895	뉴칼레도니아(22)	일본(15)	인도네시아(13)
3	크롬	644,498	남아공(34)	인도(24)	카자흐(22)
4	몰리브덴	314,213	칠레(43)	멕시코(16)	일본(10)
5	주석	312,495	말레이지아(36)	인도네시아(32)	일본(14)
6	팔라듐	299,528	영국(34)	남아공(23)	일본(15)
7	백금	288,887	독일(40)	중국(11)	영국(10)
8	리튬	253,011	칠레(71)	중국(23)	아르헨티나(5)
9	티타늄	250,253	일본(34)	중국(23)	카자흐(7)
10	텅스텐	225,721	중국(56)	일본(25)	미국(10)
11	망간	210,309	호주(55)	남아공(24)	중국(8)

출처: 희유금속 원재료 교역분석 2017(한국지질자원연구원).

과 NCA(니켈·코발트·알루미늄) 중심으로 대체되면서 향후 니켈 수요를 견인할 것이다.

최근 기술 개발을 통해 삼원계 배터리의 양극재에 사용되는 니켈·코발트·망간의 비율을 조정함으로써(1:1:1 → 5:3:2 → 6:2:2 → 8:1:1) 값비싼 코발트의 비중을 줄이고 니켈의 비중을 높이는 방향으로 개선되고 있다는 것도 니켈에 주목해야 될 이유 중 하나다.

2016년 우리나라의 희소 금속 원재료 교역 규모는 수출 29.7억 달러, 수입 60.9억 달러로 수입이 수출의 2배 이상이다. 원재료 수입액이 1억 달러가 넘는 원소는 총 14개인데, 그중 철강 생산에 다량 사용되는 규소, 니켈, 크롬의 비중이 전체 희소 금속 수입액의

절반 가까이(48%)를 차지했다. 전체 35종의 희소 금속 중 대(對) 중국 수입 비중이 1위인 광종은 12개이며, 수입액 1억 달러 이상의 주요 원소 중에는 규소(45%), 텅스텐(56%), 마그네슘(72%), 코발트(36%)의 비율이 높은 것으로 나타났다.

희소 금속 소재·부품의 수입은 해당 산업의 경쟁력이 높은 일본, 중국, 미국에 집중되는 경향을 보이고 있다. 특히 희토류 소재·부품의 경우 대중국 수입 비중이 98%에 달한다. 리튬(67%), 망간(81%), 크롬(69%), 몰리브덴(88%)의 소재·부품 역시 대중국 의존도가 높아 수입선 다변화나 국산 자급도를 높이기 위한 대책이 시급하다.

2) 2020~2021년 코로나 팬데믹 속 다시 뜨거워진 자원 전쟁

코로나 팬데믹이 여전히 세계 경제를 억누르고 있는 가운데, 희소 금속 원재료와 소재·부품 확보를 위한 국가 간의 치열한 쟁탈전이 다시 뜨거워지고 있다.

2021년 2월 미국 바이든 대통령은 배터리, 반도체, 희토류, 의약품의 4대 업종에 대한 공급망 리스크 검토를 지시하는 행정명령을 내렸다. 2021년 6월 관계 부처의 4대 산업에 대한 공급망 검토 보고서가 발표된 데서 알 수 있듯이, 배터리 산업은 기후 변화에 대한 리더십 확보, 국가 안보, 일자리 창출에 필수적이다.

각 국가가 배터리 금속과 희토류 등 공급망 취약성에 대응한 투자 확대 등 즉각적인 조치와 더불어 공정하고 지속 가능한 산업 기반 구축, 공급망의 회복력 강화를 위한 장기 전략 등을 마련하고 있는 가운데, 우리나라도 국가 안보 차원에서 배터리 금속과 희토류 공급망 리스크에 대비하는 정책들을 신속히 마련하고 있다.

2016~2017년과 2020~2021년, 우리나라의 배터리 금속과 희토류의 원재료 교역과 공급망에 몇 가지 중요한 변화들이 감지된다. 가장 큰 변화라면 코로나 팬데믹으로 인한 글로벌 밸류 체인 분산으로 인해, 핵심 품목에 대한 안전망 구축에 대한 인식이 강화되면서 주요국들이 배터리와 희토류 산업 등 공급망 재편을 추진하고 있다는 것이다.

미국과 EU가 배터리 공급망 재편 계획을 가동하고 있어, 이러한 변화가 가져올 기회와 도전 과제에 우리나라도 적절히 대응해야 하는 상황이 되었다. 최근 우리 정부는 '2030 2차 전지 산업 발전 전략'을 발표한 바 있다.

2021년 희소 금속 가격 상승

최근 코로나 팬데믹으로 침체되었던 경기가 회복세를 보이고 있다. 2021년 상반기부터 리튬, 니켈, 코발트 등 주요 광물 가격이 상향 곡선을 그린 데 이어 철광석과 구리 등 제조업에 필수적인 자원마저 연일 브레이크 없는 가격 상승이 이어지고 있다.[16]

2020년 희소 금속 원재료 주요 수입국은 중국·일본·미국·남아프리카공화국·칠레 등이다. 특히 중국과 일본의 수입 비중이 31%

〈그림 6-3〉 주요 광물 가격 추이

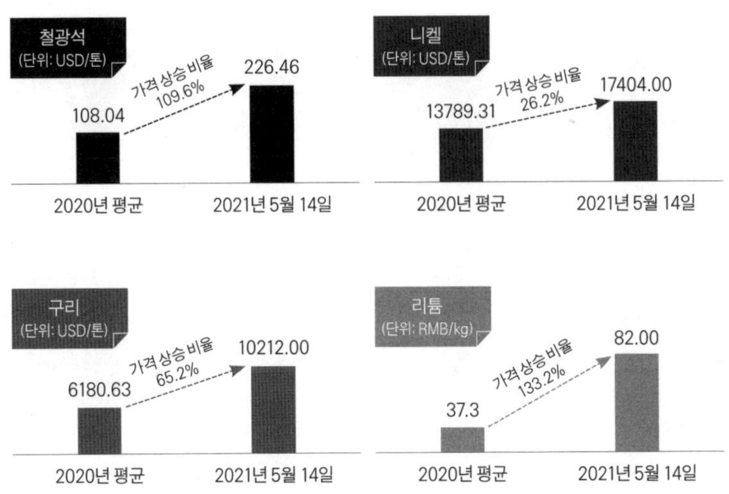

출처: 이한듬 · 권가림, 〈날뛰는 광물값에 수요업체 비상… 머나먼 원자재 자립〉, 《머니투데이》, 2021.05.30.

를 차지하고 있다. 주요 수출국은 중국·일본·미국·영국 등이며 중국·일본으로의 수출 비중은 37%를 차지하고 있다.

한국무역협회 국제무역통상연구원이 2021년 6월 발표한 〈우리나라와 주요국의 희토류 공급망 현황 및 시사점〉에 따르면 2020년 우리나라 희토류 수입액은 7,421만 달러로 수출액(2,421만 달러)의 3.1배에 달했으며, 수입량은 3,215톤으로 수출량(320톤)의 10배를 기록했다.

2020년 희토류의 대일 수입액은 전년 대비 39.5% 증가한 반면, 대중 수입액은 35.2% 감소하면서 일본이 우리나라의 1위 수입 대상국으로 부상했다. 우리나라의 대중국 희토류 수입 비중은 2011년

〈표 6-7〉 우리나라의 국가별 희토류 수입액 및 비중

(단위: 천 달러, %)

국가명	2019년		2020년	
	금액	비중	금액	비중
일본	21,393	26.7	29,843	40.2
중국	40,343	50.4	26,137	35.2
대만	5,593	7.0	7,360	9.9
미국	2,123	2.7	1,151	1.6
러시아	53	0.1	497	0.7
오스트리아	278	0.3	411	0.6
독일	332	0.4	399	0.5

주: HS 280530과 HS 2846의 합계.
출처: 김경훈·박가현, 2021.6. 〈우리나라와 주요국의 희토류 공급망 현황 및 시사점〉, 한국무역협회 국제무역통상연구원, p. 31.

71.6%를 기록한 이후 점차 감소하는 추세인 반면, 일본의 비중은 꾸준히 증가한 점이 특징이다. 2020년 희토류의 국가별 수입 비중은 일본이 40.2%로 가장 높았고 다음이 중국(35.2%), 대만 (9.9%), 미국(1.6%), 러시아(0.7%) 순이었다. 이를 단순 중량 기준으로 보면 중국 58.9%, 프랑스 16.2%, 일본 12.9% 순이었다.[17]

2020년 희토류 금속 및 합금(HS 280530) 수입액은 746만 달러, 화합물(HS 2846) 수입액은 6,675만 달러로 화합물 형태의 수입이 대부분을 차지했다. 금속 및 합금은 거의 중국(91.8%)으로부터 수입하는 반면, 화합물은 일본(44.1%) 비중이 가장 높았다.[18]

희토류의 주요 응용 분야 중 하나인 네오디뮴 영구자석(NdFeB)은 전기차 모터, 풍력 발전 터빈 등의 핵심 소재로 사용되면서 전

〈그림 6-4〉 우리나라의 대중국 영구자석 수입 추이

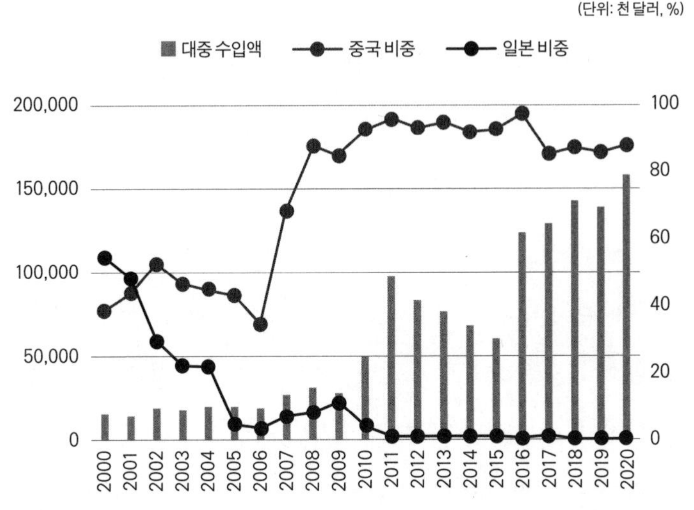

주: HS 8505119000.
출처: 한국무역협회 국제무역통상연구원.

세계적으로 수요가 급증하고 있다. 우리나라의 경우 네오디뮴 영구자석의 대중국 수입 비중이 88%에 달해 중국 의존도가 심각한 것으로 나타났다. 2020년 수입액은 1억 8,064만 달러로 수출액(2,094만 달러)의 8.6배에 달했으며, 수입량은 4,317톤으로 수출량(994톤)의 4.3배를 기록했다.[19]

희토류 국내 공급망 구축

우리나라도 국가 안보 차원에서 희토류 공급망 리스크에 대비하는 정책들을 신속히 마련하고 있다. 우리나라는 일부 지역에 희토류 매장이 확인되고 있으나 경제성이 없어 희토류 전량을 수입에 의존하고 있다. 과거 중국으로부터의 수입 비중이 가장 높았으나 2020년에는 일본이 중국을 제치고 우리나라의 1위 희토류 수입 대상국으로 부상했다. 다만 전기차, 풍력 발전 등에 필수적으로 사용하는 네오디뮴 영구자석의 경우 중국으로부터의 수입이 전체 수입액의 88.0%에 달해 대중 의존도가 심각하다.

우리나라의 대중국 희토류 수입 비중은 2011년 71.6%를 기록한 이후 감소하는 추세를 보인 반면, 일본의 비중은 꾸준히 증가한 점이 특이하다. 2020년 희토류의 국가별 수입 비중은 일본이 40.2%로 가장 높고 다음으로 중국(35.2%), 대만 (9.9%), 미국(1.6%), 러시아(0.7%) 순이다. 금속 및 합금은 거의 대부분 중국(91.8%)으로부터 수입하는 반면, 화합물은 일본(44.1%)으로부터 수입하는 비중이 가장 높다.

최근 영구자석 공급을 중국에 의존하지 않는 자립적인 희토류 공급망을 국내에 구축하는 첫 번째 시도로서 호주의 광산 개발 회사가 희토류를 채굴하여 산화물 형태로 공급하고 이를 국내에서 환원, 합금으로 생산한 후 자석으로 가공하기 위한 파일럿 플랜트 구축을 진행하고 있다.

7장

미중 전략 경쟁하의 중국의 경제-안보 딜레마

김용신(인하대학교 중국학과)

이 글은 관세와 통상 분야에서 시작되어 최근 기술 경쟁으로 진화되고 있는 미중 전략 경쟁을 중국의 입장에서 설명하고자 한다. 2001년 WTO 가입을 통해 중국은 미국 주도의 자유 무역 질서의 일원으로 편입되었다. 2001년을 기점으로 무역의 중요성이 급등하여, GDP에서 무역이 차지하는 비율은 물론이고 대외 수출량, 대미 무역 흑자액 등이 급증했다. 그러나 무역을 통해 세계의 공장으로 그 위치를 확고히 했던 중국의 입장에서도 말 못 할 고민이 있었다.

개혁·개방 초기 기술 및 외환 부족 해결을 위해 시장을 매개로 기술을 교환하는 '시장환기술(以市场换技术)' 정책을 통해 대량의 외국인 직접 투자(FDI)가 유입되었고, 중국의 무역 수출에서 외자 기업이 매우 큰 역할을 하게 되었다. 중국은 중국판 '라틴아메리카화' 현상을 타개하기 위해 국내적으로는 자주창신(自主创新)을 강조하는 산업 정책을, 대외적으로는 '공격적인 법리주의 전략'을 통한 통상 정책을 채택했다. 이렇듯 중국은 자국 경제의 대외 의존이라는 취약성을 해소하기 위해 적극적인 산업 정책과 통상 정책을 결합한 전략을 구사했으나, 이는 중국의 최대 무역 파트너이자 패권국인 미국에 위협을 가하는 안보 딜레마 상황을 만들어냈다.

결국, 중국의 산업 정책과 통상 정책에 대응하기 위해 미국은 관세 전쟁을 개시했고, 이후 중국의 취약성이 더욱 높은 기술 분야로 전장을 이동시키고 있다. 미중 양국은 통상 및 기술 영역으로 전장을 이동하며 비전통 안보 영역에서 '군비 경쟁(Arms race)'을 진행하고 있는데, 미국의 공세에 대응하기 위해 중국은 국가자본주에서 당-정 자본주의(Party-state capitalism)으로 전환하는 모습을 보이고 있다.

키워드

안보 딜레마, 미중 전략 경쟁, 관세, 기술, 산업 정책, 통상 정책, WTO, 당-정 자본주의

1. 안보 딜레마 상황이 초래된 맥락

이 글은 관세와 통상 분야에서 시작되어 최근 기술 경쟁으로 진화하고 있는 미중 전략 경쟁에서 중국의 대응을 안보 딜레마적 관점에서 설명하고자 한다. 안보 딜레마란 한 국가가 자신의 안보(Security)를 증가시키기 위해 취한 행동이 상대 국가의 불안정성(Insecurity)을 높이고 상대 국가가 불안정성을 해소하기 위해 취한 대응이 결국 원래 국가의 안보를 증대시키기보다는 약화시키는 상황을 말한다. 안보 딜레마는 일반적으로 군비 경쟁과 같은 전통적 안보 상황을 설명하는 현실주의적 개념이다. 그러나 이 글에서는 최근 미중 간 통상에서 시작하여 기술 영역으로 확대되고 있는 전략 경쟁 상황에서 중국이 취하고 있는 일련의 대응을 안보 딜레마 시각에서 설명하고자 한다.

안보 딜레마와 같은 전통적인 현실주의적 갈등 상황에 대한 대응책으로 자유주의적 시각의 학자들은 무역의 증대와 같은 상호 의존의 증가가 평화를 증진하는 효과적인 수단이 될 수 있다고 주장했다. 중국은 2001년 WTO 가입을 기점으로 미국은 물론이고 미국 주도의 자유 무역 질서에 어느 때보다 깊이 관여했고, 미중 간의 상호 의존 역시 전례 없이 높아진 상황이다.

그러나 무역에서의 상호 의존 역시 상호 의존의 비대칭성 문제를 낳았고, 상호 의존을 안보화하고 무기화하는 새로운 안보 딜레마 상황을 만들어냈다(Farrell and Newman 2019; Drazner, Farrel and Newman 2021). WTO 가입 이후 대체 불가능한 세계의 공장으로 자리 잡은 중국은 그 어느 때보다 빠른 무역의 증가와 그에 힘입은 GDP 성장을 기록했지만, 무역 흑자의 알짜배기 몫(Lion's share)은 국내 기업들이 아닌 외자 기업들이 가져가는 라틴아메리카식의 종속 발전 상황에 직면했다.

중국이 세계의 공장으로 변했음에도 외자 기업이 그 과실의 상당 부분을 차지하는 상황을 타개하기 위해 중국 정부는 본격적으로 국내에서는 산업 정책을 국제적으로는 통상 정책을 결합하여 추진하기 시작했다.[1] 국내적으로는 과거의 '시장환기술' 정책을 파기하고 중국 기업들의 자주창신을 독려하기 위한 산업 정책을 광범위하게 추진하기 시작했다.[2] 중국 정부는 2007년 〈국가중장기과학기술발전계획요강(国家中长期科学和技术发展规划纲要)(2006-2020)〉을 통해 자주창신을 기치로 혁신 정책을 내놓고, 이를 토대로 2010년 '7대 전략적 신흥 산업 육성 계획', 2015년 '중국제조 2025' 등으로 산업 정책을 강화했다.[3]

저부가가치 품목에서 비교 우위를 지닌 중국 기업들의 덤핑 관행과 중앙 정부의 산업 정책 강화는 필연적으로 WTO 내에서 중국에 대한 무역 제소의 증가를 가져왔다. 이에 대응하기 위해 국외적으로도 '공격적인 법리주의'를 택한 통상 정책을 통해 점증하는 대중국 무역 제소에 대응하기 시작했다.

국내적으로 고부가가치 산업에서 외자 기업에 대한 과도한 의존 상황을 해결하기 위한 중국의 공격적인 산업 정책과 통상 정책은 결국 점증하는 대중 무역 적자 상황에 직면한 미국을 자극했다. 공격적인 산업 정책과 통상 정책을 결합한 중국의 태도 변화와 WTO 분쟁 해결 기구에서의 결과는 결국 트럼프 행정부가 WTO를 통한 다자 무역 질서보다는 양자 협상을 통한 무역 분쟁 해결을 선호하도록 만들었다.

미중 양국 간의 전략 경쟁은 2018년 7월 트럼프 행정부의 중국산 제품에 대한 '관세 폭탄'으로 본격적인 포문을 열었다. 그러나 미중 통상 전쟁의 단초가 된 2018년 3월 미국 무역대표부(USTR)가 발표한 보고서는 미국이 무역 불균형뿐만 아니라 첨단 기술과 관련된 중국의 불공정 행위 전반을 표적으로 삼았음을 보여준다.

〈기술 이전, 지식재산권 그리고 혁신과 관련된 중국의 법안, 정책 그리고 행동에 관한 1974년 무역법 301조에 따른 조사〉라는 제목이 암시하듯, 이 보고서는 중국이 미국 기업의 시장 접근을 차단하고 불공정한 방법으로 첨단 기술 이전 강요 및 탈취를 하고 있다고 주장한다.[4] 미국 무역대표부는 중국의 혁신 전략을 IDAR 접근(Introduce-Digest-Absorb-Re-innovation Approach)이라고 정의하며, 소화·흡수 과정에서 벌어지는 부당한 기술 획득 행위에 대한 강력한 제재 조치를 강구할 것을 요구했다.[5] 결국 미국은 중국과의 장기화된 무역 불균형 상황에서 중국의 기술 굴기를 계속 묵과하면 더는 미국의 기회는 없다는 절박한 위협 인식하에서 관세 전쟁을 개시했다.[6]

관세를 매개로 한 미중 통상 전쟁은 WTO의 분쟁 해결 기구를 통한 해결보다 즉각적이고 광범위한 효과를 가져왔지만, 그 효과 역시 제한적이었다. 미국 피터슨국제경제연구소의 분석에 의하면 1단계 무역 합의 이후 중국의 합의 이행률은 57%에 그쳤다. 2020~2021년 사이 중국은 미국으로부터 5,024억 달러어치를 수입하기로 합의했으나, 실제로는 2,888억 달러에 그쳤다. 양국 합의 이후 2021년 대중 무역 적자는 오히려 14.5% 증가한 3,553억 달러에 이르렀다.[7]

미중 양국 간 무역 합의는 오히려 2019년 말 전 세계를 강타한 코로나 팬데믹 이후 미국이 지닌 취약성이 무엇인지 극명하게 드러냈다. 코로나 상황이 미국에서 극성을 부리던 2020년 초기, 미국 정부는 중국산 마스크 및 의료 장비 100여 개 품목에 대해 관세 면제를 허용할 수밖에 없었다.[8] 세계 최대 마스크 생산 기업 1·2위인 3M과 허니웰 모두 미국 기업이지만, 미국보다는 중국과 같은 해외 공장에서 생산해왔던 터라 미국 의료 시설에 공급할 마스크조차 수급이 쉽지 않았다.[9] 글로벌 가치 사슬을 통해 '세계의 공장' 중국에 재화 생산을 위탁했던 미국은 코로나 팬데믹이라는 예상치 못한 위기 상황에서 중국 이외에 대체 생산처를 찾을 수 없었다.

코로나 팬데믹 상황에서 미국 정부가 마스크 등을 비롯한 의료 장비 수급을 위해 관세 면제를 허용했던 예에서 보듯이, 미중 무역 불균형을 해결하기 위한 관세 전쟁은 오히려 미국 측의 취약성이 무엇인지 더욱 선명하게 드러내는 계기가 되었다.

결국, 트럼프 행정부는 2015년 중국 정부가 주도한 '중국제조 2025'에 대응하여 기술 전쟁으로 그 주전장을 이동시켰다. 또한, 트럼프 행정부 시기 미국의 대중 압박이 주로 양자적 차원에서 이루어졌다면, 2021년 1월에 취임한 바이든 행정부는 동맹과의 연대를 적극적으로 이용하여 전방위적으로 중국에 대한 압박을 진행하고 있다.[10] 미국의 대응책 역시 미국의 취약성(Insecurity, Vulnerability)을 최소화시키고, 미국이 가진 중국에 대한 상대적인 강점을 최대화시키기 위한 전략적 구상이다. 미국이 절대적 우위를 점하고 있는 과학 기술과 동맹 네트워크에서 중국을 배제하고 이를 적극 활용하여 중국에 대한 안보 우위를 유지하려는 것이다.

중국의 관점에서 미중 전략 경쟁과 안보 딜레마 상황을 분석하기 위해 이 글은 다음과 같이 구성되었다. 우선 2절에서는 미중 통상 전쟁의 구조적 원인에 대한 전반적인 그림을 제시한다. 3절에서는 중국 정부 주도의 산업 정책과 그에 따른 문제점에 대해 분석한다. 4절에서는 WTO 내에서 중국의 무역 구제 방식이 어떻게 변화했는지와 2006년 이후 더 공격적인 법리주의 전략을 채택한 이유에 대해 분석한다. 5절에서는 미중 전략 경쟁의 안보 딜레마 상황에서 중국이 어떠한 대응을 취하고 있는지 살펴본다. 마지막 6절에서는 미중 전략 경쟁의 안보 딜레마 상황을 정리하고, 미소 냉전기의 교훈을 검토하여 향후 주목해야 할 과제들을 제시한다.

2. 미중 통상 전쟁의 구조적 원인

개혁·개방 이후 중국의 전례 없는 GDP 성장은 미국이 주도한 국제 무역 질서에 편입되었기에 가능했다. 〈그림 7-1〉의 세계은행 데이터에서 볼 수 있듯이, 2001년 중국 GDP 중 무역 비중은 38.57% 정도였으나, 2006년이 되면 64.48% 정도까지 상승한다. 다시 말하면, 2001년 이후 급격한 GDP 성장은 상당 부분 무역의 증가를 통해 가능했다. 글로벌 가치 사슬에서 중국이 세계의 공장으로 확고히 자리 잡으면서 중국의 무역 의존도와 무역 흑자는 대폭

〈그림 7-1〉 중국의 GDP 대비 무역의 비중

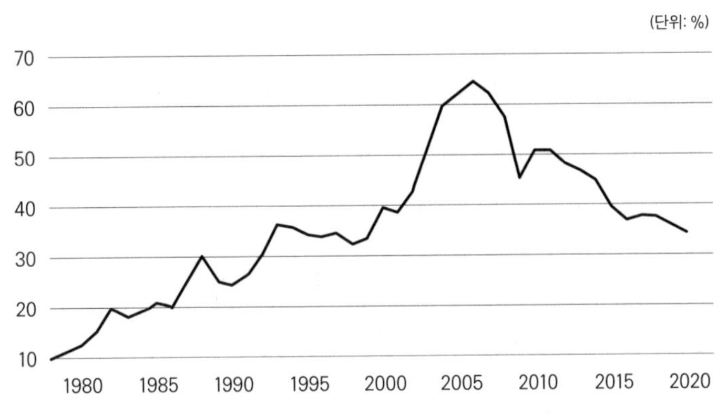

출처: 세계은행.

〈그림 7-2〉 미국과 중국의 교역량

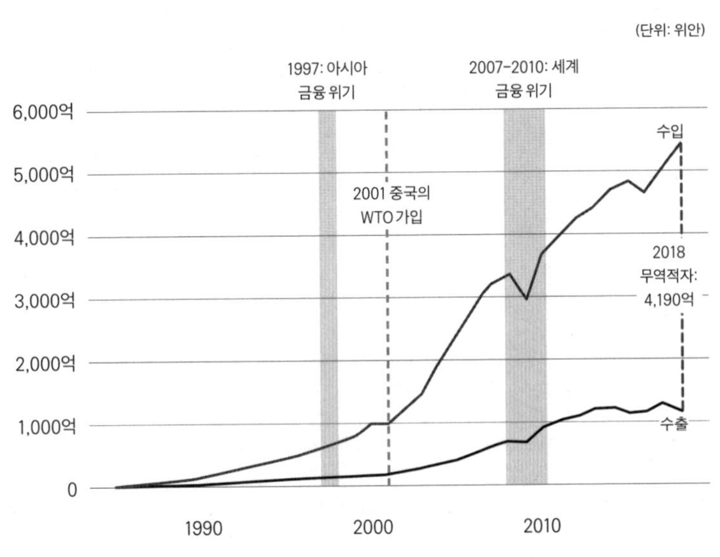

출처: Daniele Palimbo, Ana Nicolaci da Costa. 2019. Trade War: US-China Trade Battle in Charts, *BBC News*, (May 10), https://www.bbc.com/news/business-48196495 (검색일: 2020. 10. 5.).

상승할 수밖에 없었다. 2021년 기준으로 중국의 3대 무역 파트너는 미국·일본·한국으로 미중 무역 전쟁과 코로나19의 여파에도 불구하고 단일 국가로는 미국이 최대 교역 파트너로 남아 있다.

또한, EU·ASEAN 같은 권역을 포함해도, 아세안(4조 7,357억 위안), EU(4조 4,957억 위안), 미국(4조 597억 위안) 순을 기록하고 있다.[11] 중국의 대미 수출 증가와 함께 미국의 대중 무역 적자 역시 급증하여, 2018년 미국의 대중 무역 적자는 4,192억 달러(약 473조 원)에 이르렀다(〈그림 7-2〉 참고).[12]

미국과의 교역에서 엄청난 흑자를 기록하고 있는 중국이지만, 사실 중국의 입장에서도 말 못 할 고민이 있다. 한국·일본·대만 등과 같은 미국의 동맹국처럼 미국의 원조와 시장 개방의 혜택을 누릴 수 없었던 중국은 광범위한 국내 시장을 매개로 기술과 자본을 도입하는 '시장환기술(以市场换技术)' 전략을 택할 수밖에 없었다. 그러나 외국 자본에 대한 과도한 종속 현상은 중국이 종속이론의 본산지인 라틴아메리카처럼 변모하는 것은 아닌지 하는 우려까지 낳았다.[13]

〈그림 7-3〉에서 보이는 것처럼, 중국의 전체 수출 비중에서 외자 기업이 차지하는 비중은 2006년 거의 60%에 이르렀다. 더욱 심각한 문제는 점선으로 표시한 고부가가치 품목의 수출 비중인데, 2006년 고부가가치 수출품의 거의 90%를 외자 기업이 담당하고 있었다. 수출에 의해 중국의 GDP가 부양되고 있지만, 그중 과반을

〈그림 7-3〉 중국 내 외자 기업의 수출

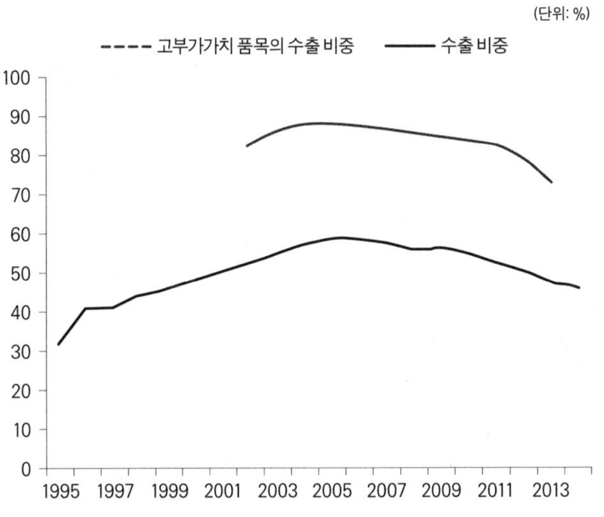

출처: Arthur Kroeber, *China's Economy: What Everyone Needs to Know* (Oxford University Press, 2016), p. 54.

외자 기업이 담당하고 있었고 고부가가치 품목의 경우 대부분이 외자 기업에 의한 수출이었다.

이러한 상황에서 중국 정부는 국내적으로는 산업 정책의 방향을 자주창신 정책으로 선회하면서, 중국 기업들이 독자적인 지식재산권과 상표권을 가지고 수출 시장에서 더욱 적극적인 역할을 하도록 장려하기 시작한다. 2006년 발표한 《국가 중장기 과학 및 기술 발전 규획 강요(国家中长期科学和技术发展规划纲要) 2006-2020》을 통해 더는 정책의 방점을 외국 선진 기업들로부터 기술과 외자를 수입하는 데 두지 않고 자주창신에 힘을 쏟기 시작했다. 2006년을 기점으로 중국의 기술 및 산업 정책이 본격적으로 활성화되기 시작한다. 대외적으로는 2007년을 기점으로 WTO의 분쟁 해결 기구에서도 적극적인 무역 구제 절차를 취하는 '공격적인 법리주의 전략(Aggressive legalism strategy)'으로 선회했다.[14]

물론 중국 지방 정부의 광범위한 산업 보조금 지원과 불명한 보고 행위,[15] 협상 초기에 받아들일 수 없는 선제안을 한 후 최종 협상에서 약간의 양보를 통해 목적한 바를 달성하는 트럼프 대통령 특유의 협상 전략[16] 등과 같은 요인 역시 이후 미중 간의 협상 과정에 주요한 영향을 미치는 요인이다.

백악관에서 2018년 발행한 Economic Report of the President는 WTO 분쟁 해결 기구(Dispute Settlement Body)에서의 승률을 정리하고 있다. 이에 따르면 미국은 세계 평균인 84.4%보다 높은 85.7%를, 중국은 세계 평균에 훨씬 못 미치는 66.7%를 기록했다.[17] 그러나 WTO 내에서의 무역 분쟁 구제 절차가 미중 간 무역 수지 현황을 개선시키지 못하고 있는 상황은 마치 트럼프 행정부 입장에서는 전투에서는 이기지만 전쟁의 승기를 놓치는 상황으로 인식되었다. 이러한 상황에서 트럼프 대통령은 WTO 자체에 강한 불신을 제기하며 무역 분쟁 최종심(2심)을 담당하는 WTO 상소 기구 재판관의 임명을 저지했다.

미국이 신임 항소 기구 재판관 임명에 동의해주지 않을 경우 2019년 12월 11일부터 WTO의 분쟁 해경 기능은 사실상 마비 상태에 들어갈 수밖에 없는 상황이다.[18] 트럼프 대통령은 WTO 재판관들이 중국을 위시한 개발도상국들의 이익을 대변하면서 미국에 매우 불공정한 판결을 내린다고 주장하면서 WTO 탈퇴까지 고려했다.[19] 결국 트럼프 행정부는 미국이 주도한 WTO를 통한 다자 무역 질서가 아닌 양자 협상을 통해 대중 무역 적자 현상을 개선하기 시작했다.

3. 중국의 산업 정책

늘어나는 대미 무역 흑자에도 불구하고 외자 기업이 수출에서 차지하는 높은 비중을 절감한 중국 정부는 2006년에 기존의 '시장환기술'에서 '자주창신'으로 정책 방향을 선회한다.[20]

중국 기업들의 자주창신을 촉진하기 위해서는 우선 외국 기업들의 무분별한 중국 진출을 막아야 했는데, 이를 위해 2007년 〈외국인 투자 산업 지도 목록〉을 개정하여 외국인 투자의 포커스를 '양'에서 '질'로, '자본'에서 '기술과 노하우'로 전환하고, 중국의 산업 발전에 꼭 필요하거나 도움이 되는 산업만 선별적으로 투자 유치하고 부정적인 산업은 투자 유치를 제한했다.[21]

외상 지도 목록을 통해 국내 시장에서 외국 기업의 진출을 제한함과 동시에 국무원 차원에서도 산업 정책 반포를 활성화했다.

1989년 국무원의 〈현재 산업 정책 요점에 관한 결정(国务院关于当前产业政策要点的决定)〉에서 시작된 산업 정책은, 1993년 사회주의 시장경제 체제의 주요한 거시 경제 수단으로 채택되었다. 1994년 〈국가 산업 정책 강요〉를 통해 개별 지주 산업에 대해 산업 정책을 반포하고 적극적으로 산업 정책을 추진할 것을 요구했으나, 2000년대 초반까지는 적극적으로 반포되지 않았다.

2007년도에 그나마 5건을 넘어섰고, 2008~2009년 세계 경제 위기 이후 더욱 본격적으로 발표되기 시작했다. 2009년 한 해에만 처음으로 국무원에서 발표한 산업 정책이 10건을 넘어섰는데, 10대 산업 진흥 정책으로 일환으로 철강, 자동차, 섬유, 기계 장비, 조선, 전자 정보, 경공업, 석유화학, 금속, 물류 산업에 관한 일련의 정책을 발표했다.[22]

이윈 우(Yiyun Wu) 등의 최근 연구에 따르면 지방 정부가 어떤 산업을 육성할 것인지 결정하는 데 있어 가장 중요한 요인은 중앙 정부가 정책적으로 육성하고자 하는 산업 여부라고 한다.[23] 즉, 중앙 정부 차원에서의 정책적 방향은 중국 내에서 고정 자산 투자의 가장 중요한 주체인 지방 정부의 행위에 상당한 영향을 미친다고 할 수 있다. 이런 상황에서 중앙 정부는 외상 투자 지도 목록을 발표하여 국내에 필요한 외국 기업들만을 선별적으로 받아들이는 방식으로 위치 권력의 극대화를 꾀하고 있다. 또한, 국무원 차원에서 보다 적극적으로 산업 정책을 발표함으로써 지방 정부가 어떤 방향

〈그림 7-4〉 중국의 국내 연구 개발 지출과 기술 수입 지출 추이

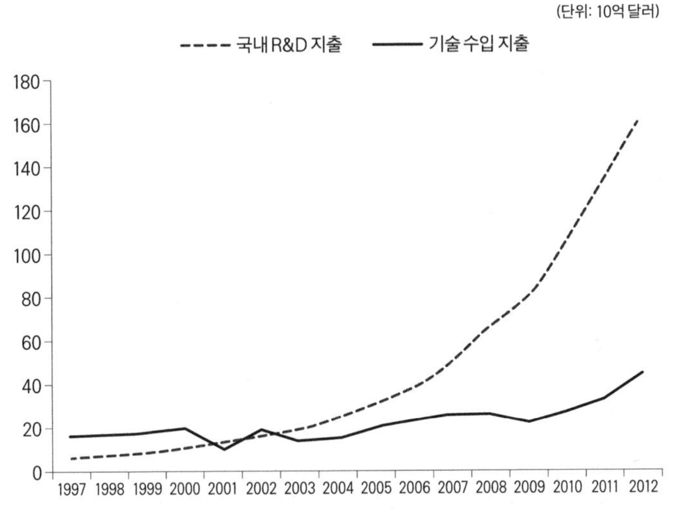

출처: Chen, Ling, and Barry Naughton, 2016, "An Institutionalized Policy-Making Mechanism: China's Return to Techno-Industrial Policy," *Research Policy* 45(10), p. 2142.

으로 나아가야 하는지 보다 통일적인 신호를 제공하기 시작했다.

〈그림 7-4〉는 1997년부터 2012년까지 중국 국내 연구개발(Research and development) 지출과 기술 수입 지출 추이를 보여주는데, 자주창신에 도움이 되는 국내 연구개발 지출은 지속적으로 성장하여 2003년경에 기술 수입 지출을 능가한다. 또한, 2006년 이후부터는 더욱 가파르게 증가하기 시작하여, 2002년 200억 달러에 그치던 연구개발 투자가 2013년에는 2,600억 달러에 이르렀다.

2004년 발표한 논문에서 에릭 툰(Eric Thun)은 자동차 산업 정책을 사례로, 중국에서의 산업 정책은 중앙 정부가 외자 기업들 대해

지닌 외부적 역량(External strength)을 이용하여 지방 정부에 대한 내부적 취약점(Internal weakness)을 보충하는 것이라고 주장했다.[24] 중국의 자동차 산업 정책은 외자 기업이 단독으로 중국에 진출하지 못하고 중국 국유 기업들과의 합자 회사(Joint venture) 설립을 통해 최대 49%의 지분만을 보유할 수 있도록 강제했다. 이러한 강제를 통해 중앙 정부는 중국에 진입하고자 하는 외국 기업들을 선별하고, 외국 기업의 합자 파트너가 될 국유 기업 간의 중매자(Match-maker) 역할을 담당했었다.

중국에서 중앙 정부에 의해 입안된 정책이 지방 정부에 의해 집행될 때, 정책적 의도와 실제 집행 사이에 존재하는 간격(Implementation gap)은 매우 일반적인 현상인데, 산업 정책의 입안을 통해 중앙 정부가 외자 기업들의 진입을 조정하는 위치 권력을 제도화하여 내부적인 취약점에서 발생하는 문제점들을 그나마 해결할 수 있었다.

2006년 자주창신 이후 중국 산업 정책의 변화는 외상 지도 목록의 지속적인 수정을 통해 중앙 정부의 외자 기업에 대한 통제력을 강화하고, 더 활성화된 산업 정책 발표를 통해 지방 정부에 대해 지녔던 취약성도 어느 정도 개선되고 있음을 보여준다. 외자 기업은 물론이고 국내의 행위자들에게도 좀 더 강력한 통제력을 확보하게 된 중앙 정부는, 결국 2015년 5월에 국무원에서 '중국제조 2025' 반포를 통해 향후 30년간 3단계에 걸쳐 산업 구조를 고도화하여 2045년에는 주요 산업에서 세계 시장을 선도하는 경쟁력을 확보하

는 것을 목표로 했다.[25]

2006년 이후 더욱 광범위한 수준에서 산업 정책을 추진하기 시작한 중국 정부가 2015년 '중국제조 2025'를 통해 30년 안에 미국을 따라잡겠다는 구체적인 목표를 제시하자, 미국은 "중국이 중국제조 2025를 통해 자국 기업들에 보조금을 지급해 경쟁에서 불공정한 이익을 얻도록 하는데다가 해외 시장까지 왜곡"하면서 "세계를 장악하기를 원하고 있다"고 주장하면서 중국과의 관세 전쟁을 시작했다.[26] 중국 정부는 미국과의 무역 협상을 타결하기 위해 '중국제조 2025'를 수면 아래로 내리는 유화적인 제스처를 보였고, 결국 미국과 2020년 1월 1단계 무역협정을 체결했다.[27]

4. WTO 내에서 중국의 공격적인 무역 구제

국내적으로 2006년을 기점으로 더 적극적으로 산업 정책을 추진함과 동시에, 중국은 세계무역기구라는 다자 무역 질서에서도 좀 더 공격적으로 자국의 이익을 대변하기 위해 분쟁 해결 기구를 이용하기 시작했다.

2001년 12월 WTO에 가입한 이래 중국은 WTO의 분쟁 해결 기구를 통해 더 유리한 결론을 얻을 수 있을 것으로 예상되는 상황에서도 양자 협상을 선호하는 모습을 보여왔다. 그러나 2007년을

〈표 7-1〉 10대 주요 수출국들의 WTO 분쟁 해결 기구에서의 제소 현황

수출액 순위	국가명	원고 (As complainant)	피고 (As respondent)	제3자 (As third party)
1	중국	21	44	179
2	EU	102	85	206
3	미국	124	155	156
4	일본	26	16	212
5	한국	21	18	127
6	홍콩	1	-	22
7	캐나다	40	23	154
8	멕시코	25	15	106
9	싱가포르	1	-	57
10	타이완	2	1	12

주: 국가별 수출액 순위는 CIA World Factbook을 근거로 작성. EU 멤버 국가들은 순위에 따라 포함시키지 않았음. WTO 분쟁 해결 기구에서의 제소 현황은 WTO 홈페이지 참조.

출처: CIA, "The World Factbook," https://www.cia.gov/library/publications/the-world-factbook/rankorder/2078rank.html (검색일: 2019. 11. 3); WTO, "Disputes by Member," https://www.wto.org/english/tratop_e/dispu_e/dispu_by_country_e.htm (검색일: 2019. 10. 2).

기점으로 중국은 더 '공격적인 법리주의(Aggressive legalism)' 전략을 채택하기 시작했다. 〈표 7-1〉에서 보듯이 중국은 2019년 기준으로 총 21건의 케이스에서 원고(Complainant)로 분쟁 해결 기구에 제소했는데, 이 중 19건이 2007년 이후에 제기되었다.

2007년 이전까지는 고작 2건의 제소에 그쳤던 중국이, 2007년을 기점으로 공격적인 기소 전략을 택하게 된 이유는 무엇일까? 샤오쥔 리(Xiaojun Li)는 2007년 무렵이면 중국이 WTO의 멤버로 충분히 사회화되어 WTO의 규범과 운영 규칙을 내재화했고, 이제는 WTO의 신입 멤버가 아닌 제반 규범과 규칙들을 원숙하게 운영할

수 있는 성숙한 구성원으로 역할을 시작했기 때문이라고 주장한다.[28]

그러나 2007년 이후 중국의 '공격적인 법리주의 전략'으로의 태도 변화를 중국이 자유 무역 질서를 사회화한 결과라고 해석하는 데는 많은 이견이 존재한다. 예를 들어, 과거에 비해 국유 기업의 수와 전체 경제에서 차지하는 비중이 현저하게 줄어들고 있지만 다른 국가와 비교했을 때 중국의 국유 기업이 차지하는 비중은 아직도 상당히 높다.

WTO 멤버들은 국영 무역 기업(State trading enterprise) 및 보조금에 대해 통보 의무가 있는데, 중국은 2003년 이후 통보 의무를 불이행했고, 2014년 미국의 역통보에 대한 2015년 중국의 통보에서도 정부 조달 가격, 국내 판매 가격, 수출 가격 등에 무역 공정성을 평가하는 데 기준이 되는 중요한 정보가 미비된 보고서를 제출했다.

환태평양 경제 동반자 협정(環太平洋 經濟 同伴者 協定, Trans-Pacific Strategic Economic Partnership, TPP)의 국유 기업 관련 통보의 경우, 모든 국유 기업에 대해 정부 지분율, 공무원의 이사회 참여, 회계 자료, 보조금을 제공하는 정책 및 프로그램을 공공 웹사이트에 공개할 것으로 요구하고 있다.[29] 자유 무역 질서 유지를 위한 최소한의 기초적인 정보 제공 의무조차 이행하지 않았던 중국을 WTO의 규범을 사회화한 구성원으로 간주하기는 쉽지 않을 것이다.

결국, 2007년 이후 WTO에서 중국의 공격적인 법리주의로의 전환은 2006년 이후 중국의 강화된 국가 주도의 산업 정책과 관련되어 있다고 추론할 수 있다. 2018년 3월의 USTR 보고서 역시 중국의 국가 주도적 성장을 중국이 가지고 있는 근본적인 문제점으로 지적하고 있다.[30]

즉, 산업 정책으로 대변되는 중국의 국가 주도 기술 정책 및 경제 성장은 중국과의 교역국들에 양자 협상으로 해결되지 않는 문제들을 야기시켰고, 중국 역시 원고와 피고로서 더욱 적극적으로 스스로를 방어하지 않으면 안 되는 상황이었다. WTO 후발 가입국으로 중국의 WTO 분쟁 해결 기구에서의 제소 건수는 무역 규모에 비해 아직 적은 편이지만, 2007년 이후 본격적으로 증가하고 있다. 제3자로 기소 의견에 참여하는 경우 역시 매우 활발하여 2019년 11월 현재 179건을 기록하고 있다. 이는 미국의 156건보다도 많은데, 제3자 의견 개진을 통해 개발도상국의 이익을 대변하는 국제 여론 형성 작업의 일환이라 할 수 있다. 중국은 미국 주도의 브레튼우즈 체제하에서 발전된 WTO에서 설계자의 특권을 누릴 수는 없었지만, 개발도상국이 개입된 사건에 적극적으로 의견을 개진하여 집합 권력을 극대화시키고 있다.

〈표 7-2〉는 중국과 미국이 상대국을 대상으로 WTO에서 제소한 사건을 목록화한 것이다. 중국이 제소한 전체 21건 중 10건이 미국에 대한 것이었고, 중국이 제소받은 44건 중 28건이 미국으로부터 제기된 것이다. 중국이 WTO 분쟁 해결 기구에서 다투고 있는

〈표 7-2〉 중국과 미국이 상대국을 대상으로 WTO 분쟁 해결 기구의 제소한 사건 목록

원고 (Complainant)	사건명 (Case number)
중국 (총 10건)	DS252 DS368 DS379 DS392 DS399 DS422 DS437 DS449 DS471 DS515
미국 (총 28건)	DS543 DS339/340/342 DS358 DS362 DS363 DS373 DS387 DS394/395/398 DS413 DS414 DS419 DS427 DS431/432/433 DS440 DS450 DS489 DS501 DS508 DS511 DS517 DS519 DS542

사건 중 반 정도가 미국과의 사건임을 감안하면 WTO의 설계 권력자인 미국의 수성과 중국의 도전이 얼마나 치열하게 진행 중인지 알 수 있다.

5. 미중 전략 경쟁의 안보 딜레마와 당-정 자본주의로의 전환

2001년 WTO 가입을 계기로 미중 양국 간 상호 의존은 전례 없이 강화되었지만, 경제적 상호 의존이 만들어낸 비대칭성은 미중 양국에게 새로운 취약성을 노정했다. 미국이 주도한 글로벌 가치 사슬에서 중국은 '세계의 공장' 역할을 담당했지만, 중국 기업들은 저부가가치의 낮게 매달린 열매만을 따먹는 데 만족해야 했다. 이에 중국 정부는 중국의 라틴아메리카화 혹은 '중진국의 함정'을 탈출하기 위해 자주창신에 기초한 본격적인 산업 정책을 추진했다.

또한, WTO에서 더 공격적인 통상 정책을 추진하게 됐다.

2006년 중국 정부는 이전의 '시장환기술' 정책에서 '자주창신' 정책으로 전환했고, 국내적으로는 산업 정책을 적극적으로 반포하여 산업 구조 조정을 추진하고 있다. 또한, WTO 같은 다자 무역 질서에서도 기존의 수동적인 양자 협상에 머무르지 않고 더욱 공격적인 법리주의 전략으로 전환했다. 2006년을 전후한 중국의 공세적인 산업 정책과 통상 정책은 대외 무역을 통한 GDP 성장에도 불구하고 라틴아메리카화 함정에 빠진 중국 국내 경제 질서의 취약성을 보완하기 위한 조치에서 출발했다.

전통적 안보 영역에서 안보 딜레마 상황이 국가 간 군비 확장 경쟁(Arms race)으로 귀결되는 것처럼, 중국의 공격적인 산업 정책과 통상 정책의 결합을 통한 경제 안보 강화 노력은 미중 간 전략 경쟁으로 귀결되고 있다. 중국의 상대적 취약성을 보완하기 위한 전략은 역설적이게도 미국의 신경을 자극했다.

2018년 미국 무역대표부의 두 보고서는 중국에 대해 〈표 7-3〉과 같이 매우 다층적인 문제를 제기하고 있다. 결국, 2018년 6월에 시작된 관세 전쟁은 가장 표층적인 차원에서 중국에 대한 미국의 문제 제기였다. 그러나 무역 불균형 문제는 쉽게 개선되지 않았고, 중국을 특정한 기술 전쟁으로 확대되었다.

2019년 6월 미중 무역 합의가 결렬되면서, 사회주의 당·국가 체제가 지닌 심층적인 문제에 대해 본격적으로 문제를 제기하기 시작

〈표 7-3〉 중국에 대한 미국의 다층적 문제 제기

표층	1. 무역 불균형 시정 - 중국의 미국산 농산물, 재화·서비스 수입 증대 요구
↑	2. 중국이 구축하는 기술력과 혁신 역량에 대한 문제 제기 - 외자 기업에 대한 기술 이전 강요, 인허가, 중국 내 합자 법인에 대한 지분 제약 문제 - 중국 정부의 지원을 받는 중국 기업들의 해외 M&A 문제
↓	3. 중국 정부의 역할과 국가계획 - 국유 기업 보조금 문제 - 중국제조 2025 - 국가 계획: 5개년 규획(14차: 2021-2025년), 중장기 과기 계획(2차: 2021-2035년)
심층	4. 사회주의 당·국가 체제 - 민영 기업 내 공산당 조직 - 공산당 영도하의 당·국가 체제

출처: 은종학. 2021.《중국과 혁신: 맥락과 구조, 이론과 정책 함의》. 한울아카데미. p.470.

했다.[31] 미국은 체제의 불공정성에 대한 문제를 제기하기 시작하면서 EU, 일본 등과 같은 동맹국들과 중국의 당-국가 체제에 대한 공동 대응을 모색하기 시작했다.

관세 전쟁에서 시작되어 기술 전쟁, 그리고 체제의 불공정성까지 지적하는 미국의 공세적 태도에 대해 중국 역시 대응의 수위를 지속적으로 변경하고 있다. 무역 전쟁에 대해서는 이미 익숙한 문제이므로, 이에 대해서는 미국과 협상을 지속하며 보호주의에 반대하고 있다. 또한, 세계 최대 다자 무역 협정인 역내포괄적경제동반자협정(Regional Comprehensive Economic Partnership, RCEP)을 추진하여 아시아-태평양 지역에서 무역 체제를 주도하려고 노력하고 있다.[32]

기술 전쟁에 대해서는 협상이 가능한 문제로 보고, 2021년 외상법 등을 개정하면서 내부적으로 준비하고 있다. 2021년 외상법은 기존의 외국인 투자 방식을 '네거티브 리스트(Negative list, 负面清单)' 관리로 변경하는 것을 골자로 하는데 이는 '정부에서 업종별로 투자를 금지하거나 투자를 제한하는 항목을 리스트 방식으로 관리' 하는 것을 말한다.[33] 과거 외상 투자 지도 목록 등을 통해 특정 산업의 외자 기업만을 선별적으로 허가하던 방식에서 벗어나, 리스트에서 금지하지 않는 모든 업종에 대해 투자를 허용하는 방식으로 변경한 것이다.

그러나 중국 고유의 체제 불공정성 문제에 대한 문제 제기는 협상이 불가능한 영역으로 인식되었다. 체제 문제에 있어서 중국은 오히려 당의 통제를 강화시키며 국가자본주의(State capitalism)에서 당-정 자본주의(Party-state capitalism)로 성격을 전환하고 있다.

다층적인 차원에서 진행되고 있는 미중 전략 경쟁은 분명 외자 기업에 과도하게 의존했던 중국 기업들에게 '몸에 좋은 쓴 약'의 효능을 보이고 있다. 사영 자동차 기업인 지리(吉利, Geely)는 대다수의 국유 자동차 기업들이 외자 파트너의 하청 업체로 전락하는 모습을 보이는 것과는 달리, 자주창신의 전형을 보이고 있다.[34]

지리는 고유의 지식재산권을 지닌 자체 모델을 주력 상품으로 하고 있는 것은 물론이고, 스웨덴 브랜드인 볼보(Volvo) 승용차 부분을 인수하여 성공적으로 운영하고 있다. 또한, 2018년 메르세데스-벤츠 브랜드를 가지고 있는 다임러의 지분 9.69%를 인수하면서 최대 주주로 등극했다가, 2019년 베이징자동차(BAIC) 지분9.98%을

인수하면서 2대 주주가 됐다.[35]

현재 지리의 이런 모습은 2000년대 중반 중국의 라틴아메리카화를 염려하던 중국 지도부가 간절히 소망했지만 상상하기 힘든 현실이었다. 미국과의 관세 전쟁에서 시작되어 기술 전쟁으로 확전된 미중 전략 경쟁은 분명 중국의 자주창신을 독려하는 약이 되기도 하지만, 동시에 미국의 더욱 심층적인 문제 제기와 공세는 중국 지도부에게 새로운 위협이 되고 있다.

관세 전쟁에서 중국의 상대적인 선방을 목도하며, 미국은 기술 전쟁으로 그 전장을 이동시켰다. 2022년 1월 30일 미중 기술 경쟁 상황에 대한 중국 내부의 평가를 엿볼 수 있는 보고서를 베이징대학 국제전략연구원에서 발표했다.[36] 이 보고서는 미중 기술 경쟁의 3대 영역인 정보통신, 인공지능, 항공우주 분야에서 미중 기술 경쟁 상황을 평가하고, 미중 기술 경쟁 미래에 대해 간략하게 전망을 하고 있다. 보고서는 미국과 비교했을 때 중국의 기술 수준은 대다수에 영역에서는 아직 '뒤따라가기(跟跑)' 수준이고 소수의 영역에서 '나란히 달리기(并跑)'를 하고 있고 극소수의 영역에서만 '선두를 달리는(领跑)' 수준이라고 평가하고 있다.

또한, 중국은 장래에 더 많은 영역에서 미국과의 격차를 좁히고 일부 핵심 기술에서 '자주적인 통제(自主可控)'가 가능하겠지만, 전면적인 추월에는 상당한 시간이 소요되고 수많은 도전에 직면할 것이라고 평가하고 있다. 미중 기술 경쟁으로 인한 기술 디커플링(脱钩)

에 대한 평가 역시, 미중 양국에 엄청난 손실을 가져오고 있지만, 현재 미국에 비해 중국의 손실이 훨씬 크다고 평가하고 있다.

물론 베이징대 보고서가 중국 지도부의 현재 상황에 대한 평가를 그대로 반영한다고 말할 수는 없다. 그러나 중국의 최고 대학에서 과제조(课题组)의 이름으로 작성된 보고서는 중국 지도부에 보고되었을 가능성이 크다. 또한, 외국 언론 보도 후 인터넷상에서 삭제된 정황 등을 고려할 때 중국 지도부 내부에서 미중 기술 경쟁 상황을 얼마나 민감하게 받아들이고 있는지 간접적으로 드러낸다고 할 수 있다. 결국, 표층적인 관세 전쟁에서 시작되어 기술 전쟁, 그리고 체제 전쟁으로 확전되고 있는 미중 전략 경쟁은 개혁·개방에 따른 국내적인 위기 상황[37]과 함께 중국 최고 지도부의 생존(Survival)을 위협하는 심대한 문제가 되었다.

결국, 2000년대 후반 중국의 라틴아메리카화라는 상황을 타개하기 위한 중국의 공세적 산업 및 통상 정책은 미중 전략 경쟁의 상승과 함께 중국 공산당의 생존을 위협하는 새로운 안보 딜레마 상황을 만들고 있다. 이를 타개하기 위해 중국 공산당은 당 주석과 공산당의 통치를 집중화하고, 과거 국가자본주의 모델보다 훨씬 노골적으로 당이 경제 영역에 대한 통제를 강화하고 있다.

마가렛 피어슨, 멕 리트마이어, 켈리 차이 등은 중국의 새로운 경제 통치 방식을 '당-정 자본주의(Party-state capitalism)'라고 명명했다. 이들은 중국 당-정 자본주의의 세 가지 주요 특징으로 당-

정 국가의 시장 잠식, 국가와 사영 기업의 기능과 이해관계 혼합, 해외 자본과의 정치화된 상호 작용 등을 꼽고 있다.[38]

당-정 국가의 시장 잠식은 다양한 형태로 나타나는데, 사영 기업에 당 조직을 건설해서 기업 가버넌스에 당의 영향력을 강화하고, 사영 기업 주식 매입을 통해 국유 자본이 사영 기업에 대주주로 참석하기도 한다. 결국, 혼합소유제를 통해 국유 기업과 사영 기업의 경계를 불분명하게 하고, 사영 기업에 대해서도 통제 기능을 강화하고 있다. 이러한 당의 기업에 대한 통제 강화는 단기적으로 중국 당-정 국가의 통제력을 강화시킬 수 있으나, 더 심층적인 수준에서 미국의 문제 제기에 직면할 가능성이 크다.

6. 중국 당-정 자본주의의 전개 상황

이 글은 안보 딜레마의 관점에서 미중 간에 진행되고 있는 전략 갈등을 상황을 분석했다. 2001년 중국은 WTO에 정식 가입하면서 미국 주도의 세계 무역 질서에 본격적으로 편입되었다. 빈약한 기술 및 경영 수준과 낮은 수준의 외환 보유고를 보충하기 위해 중국의 넓은 시장과 외국의 기술을 교환하기 위한 '시장환기술' 기조하에 중국은 '세계의 공장'으로 그 위치를 공공히 했다.

그러나 빠른 GDP 성장과 급증하는 수출에도 불구하고, 외자 기업이 이윤의 가장 큰 부분을 가져가는 중국판 라틴아메리카화 현상을 극복하기 위해 중국 정부는 국내적으로 산업 정책을, 대외적으로 공격적인 통상 정책을 펼치게 되었다.

국내의 경제적 취약성을 해소하기 위한 중국의 정책적 움직임은 2000년대 말 미국을 위시한 서구 선진국을 강타한 세계 금융 위기를 지나면서 미국에도 잠재적인 위협으로 인식되기 시작했다. 중국의 경제적 취약성을 강화하기 위한 산업 정책은 이후 점점 고도화되었는데, 2015년 '중국제조 2025'처럼 특정 시점까지 중국 기업의 세계 시장 점유율을 끌어올리겠다는 구체적이고 명시적인 목표는 미국의 신경을 자극하기에 충분했다. 초기 중국의 방어적인 산업 및 통상 정책이 고도화되고, 글로벌 금융 위기 이후 위축된 미국의 경제 상황은 미중 양국을 경제 영역에서 안보 딜레마 상황에 놓이게 만들었다.

트럼프 행정부 시기 미중 양국 간 무역 불균형을 시정하기 위한 관세 전쟁으로 시작된 미중 전략 경쟁은, 점차 그 층차를 고도화하면서 현재 단계에서는 기술 영역을 주전장으로 하고 있다. 또한, 초기 미중 경쟁은 양자 간(Bilateral) 대립으로 시작되었으나, 미국은 이슈 영역을 이동시키는 것은 물론이고 미중 대립을 미중 양국의 문제라기보다는 민주주의 대 권위주의라는 이념적인 문제이며 민주주의 진영이 함께 싸워야 할 공동의 문제라고 천명하기 시작했다.

표층적인 문제에서 심층적인 문제로의 이슈 전환은 다양한 포럼을 연계하는 복합 지정학적 양상을 띠며 중국 지도부에게 새로운 도전이 되고 있다. 자신의 안보를 증대하기 위한 노력이 스스로를 더 큰 위협 상황에 빠지게 만드는 안보 딜레마 상황에서 중국 지도부는 최고 지도자를 위시한 중국 공산당의 집중화를 통해 문제 상황을 타개하려고 시도하고 있다.

시진핑을 중심으로 한 권력 집중화 현상은 단순히 시진핑 1인 지배 체제의 공고화를 의미하기보다, 당의 영도자를 중심으로 한 당의 일체에 대한 영도(党领导一切)를 강화하고 있는 현 상황에서의 부산물로 보는 것이 합당해 보인다. 미중 전략 경쟁 문제에 있어서도 당은 기업과 시장에 대한 통제를 강화하고 있는데, 이러한 당-정 자본주의는 향후 미중 전략 경쟁의 새로운 전장이 될 가능성이 높다.

20세기의 미소 간 안보 딜레마 상황에서 미소 양국의 군비 경쟁은 몇 차례의 성공적인 군비 감축 노력에도 불구하고 본질적으로 치킨 게임의 성격을 띠었다. 결국, 승자독식 상황에서 먼저 겁쟁이가 되길 원치 않았던 미소 양국은 과잉 확장(Overstretch)의 경쟁을 할 수밖에 없었다. 이 와중에 미-중-소 삼각관계에서 회색 지역에 있었던 중국이 1972년 상하이공동성명(Shanghai Communique, 上海公报)을 통해 소련과 명확히 선을 긋고, 미국의 베트남전 침공에 개입하지 않는다는 명시적 약속을 함으로 소련의 군비 지출을 가속화시키는 계기가 되었다.[39] 결국, 과잉 확장에 더욱 박차를 가할 수밖에 없었던 소련이 붕괴하면서 미소 냉전은 종식되었다.

당-정 자본주의로 전환하고 있는 중국의 상황과 미소 냉전의 역사적 경험을 고려하면, 향후 다음 두 가지 방향의 연구가 요구된다.

첫째, 중국의 당-정 자본주의가 실제적으로 어떻게 운영되고 있는지 실증적으로 검토할 필요가 있다. 중국의 주요 사영 기업들에 대한 국유 자본의 잠식 메커니즘과 그 현황에 대한 분석은 향후 중국 국내 정치 경제적 움직임은 물론 미중 전략 경쟁의 방향을 이해하는 데에도 핵심적일 것으로 기대된다.

둘째, 미중 양국의 과잉 확장 여부에 주목해야 한다. 과잉 확장은 결국 미중 양국의 국력과 지정학적 요인에 의해 좌우될 수 있다. 거대 강대국의 국력을 객관적으로 측정하는 것은 매우 많은 도전이 존재하지만, 미중 양국의 국력 변화와 외부 확장 간의 관계를 시계열적으로 추적하는 것은 꼭 필요한 과제이다. 또한, 현재 진행 중인 4차 산업혁명과 같은 새로운 기술 패러다임이 양국의 국력 변화에 어떤 영향을 미치는지도 주목해야 한다.

참고 문헌

1장. 미중 전략 경쟁과 지경학의 국제 정치

이승주. 2021. 〈세계 경제의 네트워크화와 미중 전략 경쟁: 복합 지경학의 부상〉. 《정치·정보연구》 24(3): 51-80.

Aggarwal, Vinod K.. 2013. "U.S. Free Trade Agreements and Linkages." *International Negotiations* 18: 89-110.

Blackwill, Robert D. and Jennifer M. Harris. 2016. *War by Other Means: Geoeconomics and Statecraft*. Belknap Press.

Campbell, Kurt M. and Rush Doshi. 2021. "How America Can Shore Up Asian Order." *Foreign Affairs*. January 12. 〈https://www.foreignaffairs.com/articles/united-states/2021-01-12/how-america-can-shore-asian-order〉.

Farrell, Henry and Abraham L. Newman. 2019. "Weaponized Interdependence: How Global Economic Networks Shape State Coercion." *International Security* 44(1): 42-79.

Green, Michael and Evan S. Medeiros. 2020. "The Pandemic Won't Make China the World's Leader." *Foreign Affairs*. April 15. 〈https://www.foreignaffairs.com/articles/united-states/2020-04-15/pandemic-wont-make-china-worlds-leader〉.

Haass, Richard. 2020. "The Pandemic Will Accelerate History Rather Than Reshape It." *Foreign Affairs*. April 7. 〈https://www.foreignaffairs.com/articles/united-states/2020-04-07/pandemic-will-accelerate-history-rather-reshape-it〉.

Liu, Reng and Ruonan Liu. 2019. "China, the United States, and order transition in East Asia: An economy-security nexus approach." *The Pacific Review* 32(6): 972-995.

Martin, Bradley. 2021. Supply Chains and National Security. The RAND Blog. April 12. 〈https://www.rand.org/blog/2021/04/supply-chains-and-national-security.html〉.

Moraes, Henrique Choer. 2018. "The turn to managed interdependence: a glimpse into the future of international economic law?" August 14. 〈https://www.ejiltalk.org/the-turn-to-managed-interdependence-a-glimpse-into-the-future-of-international-economic-law/〉.

Navarro, Peter. 2018. "Why Economic Security is National Security?" Real Clear Politics. December 9. 〈www.realclearpolitics.com/articles/2018/12/09/why_economic_security_is_national_security_138875.html〉.

Nye, Jr., Joseph S. 2016. "Internet or Splinternet?" Project Syndicate. August 10. 〈https://www.project-syndicate.org/commentary/internet-governance-new-approach-by-joseph-s--nye-2016-08?barrier=accesspaylog〉.

Nye, Jr., Joseph S. 2020. "Power and Interdependence with China." *The Washington Quarterly* 43(1): 7-21.

Piketty, Thomas and Arthur Goldhammer. 2017. *Capital in the Twenty-First Century*. Belknap Press.

The White House. 2021. "Building Resilient Supply Chains, Revitalizing American Manufacturing, and Fostering Broad-Based Growth." June 4. 〈https://www.whitehouse.gov/wp-content/uploads/2021/06/100-day-supply-chain-review-report.pdf?utm_source=sfmc%E2%80%8B&utm_

medium=email%E2%80%8B&utm_campaign=20210610_Global_Manufacturing_Economic_Update_June_Members〉.

Wang, Jisi, and Hu Ran. 2019. "From cooperative partnership to strategic competition: A review of China-US relations 2009-2019." *China International Strategy Review* 1(1): 1–10.

Wei, Shang-Jin, Zhuan Xie, and Xiaobo Zhang. 2017. ""From Made in China" to "Innovated in China": Necessity, prospect, and challenges." *Journal of Economic Perspectives* 31(1): 49–70.

Wilkins, Thomas. 2021. "Middle power hedging in the era of security/economic disconnect: Australia, Japan, and the 'Special Strategic Partnership'." *International Relations of the Asia-Pacific*.

2장. 신세계 질서와 세계 안보: 미국의 전략

전재성. 2019. 〈미중 군사안보경쟁: 충돌의 현실화 가능성〉. 《이슈브리프》. 동아시아연구원. 7. 31.

Campbell, Kurt. 2016. *The Pivot: The Future of American Statecraft in Asia*. New York: Twelve.

Gates, Robert. 2020. "The Overmilitarization of American Foreign Policy." *Foreign Affairs* July/August 2020.

Gompert, David C., Astrid Stuth Cevallos, and Cristina L. Garafola. 2016. *War with China: Thinking through the Unthinkable*. Santa Monica, Calif.: RAND Corporation.

Hathaway, Oona. 2020. "COVID-19 Shows How the U.S. Got National Security Wrong." *Just Security*. April 7, 2020. https://www.justsecurity.org/69563/covid-19-shows-how-the-u-s-gotnational–security–wrong/

Monteiro, Nuno P. 2011/2012. "Unrest Assured Why Unipolarity Is Not Peaceful." *International Security*. Vol. 36, No. 3(Winter 2011/12): 9–40

Office of the Secretary of Defense. 2019. *Military and Security Developments Involving the People's Republic of China 2019*. Arlington, VA: U.S. Department of Defense. May 2.

Rodrik, Dani. 2011. *The Globalization Paradox: Democracy and the Future of the World Economy*. New York: W.W. Norton & Company.

Schmidt, Brian C., and Michael C. Williams. 2008. "The Bush Doctrine and the Iraq War: Neoconservatives Versus Realists," *Security Studies*, 17:2, 191–220.

Stilwell, David R. 2020. "The South China Sea, Southeast Asia's Patrimony, And Everybody's Own Backyard," Remarks at Center for Strategic and International Studies (Virtual), 14 July 2020.

Talmadge, Caitlin. 2017. "Would China Go Nuclear? Assessing the Risk of Chinese Nuclear Escalation in a Conventional War with the United States." *International Security* 41(4): 50–92.

U.S. Department of Defense. 2018. *Assessment on U.S. Defense Implications of China's Expanding Global Access*. December.

Watson Institute, Brown University. 2019. Costst of War: Fact Sheet: The True Costs of the Post–9/11 Wars.https://watson.brown.edu/costsofwar/files/cow/imce/home/2020%20Costs%20of%20War%20Overview.pdf

Zeballos–Roig, Joseph. 2019. "The US has blown past $6 trillion in 'war on terror' spending since 2001." *Business Insider*, Nov 22, 2019.

3장. 신흥 기술 안보와 미중 패권 경쟁

김상배. 2018.《버추얼 창과 그물망 방패: 사이버 안보의 세계정치와 한국》. 한울.

김상배. 편. 2020.《4차 산업혁명과 신흥 군사안보: 미래전의 진화와 국제정치의 변환》. 한울엠플러스.

김상배. 편. 2021a.《4차 산업혁명과 첨단 방위산업: 신흥권력 경쟁의 세계정치경제》. 한울엠플러스.

김상배. 편. 2021b.《우주경쟁의 세계정치: 복합지정학의 시각》. 한울엠플러스.

김상배. 편. 2021c.《디지털 안보의 세계정치: 미중 패권 경쟁 사이의 한국》. 한울엠플러스.

김연규. 2020.〈구글과 페이스북은 왜 해저케이블 기착지에서 홍콩을 배제했을까?〉.《여시재 인사이트》. 9월 18일.

김용신. 2020.〈미중 전략 경쟁과 세계화: AI 및 5G 경쟁 사례를 중심으로〉.《중국지역연구》, 7(1): 37–65.

민재용. 2019.〈데이터에 주권은 없다? 중·일·EU는 자국민 정보 보호 안전장치〉.《한국일보》, 8. 30.

유세진. 2019.〈러시아 새 독립인터넷법 발효…'디지털 철의 장막' 우려〉.《뉴시스》, 11. 3.

유준구. 2016.〈최근 우주안보 국제 규범 형성 논의의 현안과 시사점〉.《주요국제문제분석》, 1, 20. 국립외교원 외교안보연구소.

유준구. 2021.〈유엔정보안보 개방형작업반(OEWG) 최종보고서 채택의 의의와 시사점〉.《주요국제문제분석 》. 2020–59, 4월. 국립외교원 외교안보연구소

이원태·김정언·선지원·이시직. 2018.《4차 산업혁명 시대 산업별 인공지능

윤리의 이슈 분석 및 정책적 대응방안 연구》. 4차산업혁명위원회.

장원준·정만태·심완섭·김미정·송재필, 2017. 〈4차 산업혁명에 대응한 방위 산업의 경쟁력 강화 전략〉, 연구보고서 2017-856. 산업연구원.

Butcher, James and Irakli Beridze. 2019. "What is the State of Artificial Intelligence Governance Globally?" *The RUSI Journal*, 164(5-6): 88-96.

Drozhashchikh, Evgeniia. 2018. "China's National Space Program and the 'China Dream'." *Astropolitics*, 16(3): 175-186.

Gill, Amandeep Singh. 2019. "Artificial Intelligence and International Security: the Long View." *Ethics & International Affairs*, 33(2): 169-179.

Gu, Xuewu, et al. 2019. "Geopolitics and Global Race for 5G." *CGS Global Focus*, Center of Global Studies, Bonn University.

He, Qisong. 2019. "Space Strategy of the Trump Administration." *China International Studies*, 76: 166-180.

Holmes, Aaron 2020. "Tech leaders have long predicted a 'splinternet' future where the web is divided between the US and China. Trump might make it a reality." *Insider*. https://www.businessinsider.com/splinternet-us-china-internet-trump-pompeo-firewall-2020-8

Jensen, Benjamin M., Christopher Whyte, and Scott Cuomo. 2019. "Algorithms at War: The Promise, Peril, and Limits of Artificial Intelligence." *International Studies Review*, https://doi.org/10.1093/isr/viz025. (September 24, 2021).

Johnson, Keith and Elias Groll. 2019. "The Improbable Rise of Huawei. How did a Private Chinese Firm Come to Dominate the World's Most Important Emerging Technology?" *Foreign Policy*, Apr 3.

Koppelman, Ben. 2019. "How Would Future Autonomous Weapon Systems Challenge Current Governance Norms?" *The RUSI Journal*,

164(5-6): 98-109.

Lemley, Mark A. 2021. "The Splinternet." Stanford Law and Economics Oline Working Paper 555: 101-131.

Lim, Darren. 2019. "Huawei and the U.S.-China Supply Chain Wars: The Contradictions of a Decoupling Strategy." *War on the Rocks*. May 30.

Liu, Jinhe. 2019. "China's Data Localization." *Chinese Journal of Communication*. DOI: 10.1080/17544750.2019.1649289

Tang, Min. 2020. "Huawei Versus the United States? The Geopolitics of Exterritorial Internet Infrastructure." *International Journal of Communication*, 14: 4556-4577.

Zhao, Yun and Shengli Jiang. 2019. "Armed Conflict in Outer Space: Legal Concept, Practice and Future Regulatory Regime." *Space Policy*, 48: 50-59.

4장. 미중 무역 전쟁: 트럼프 행정부의 다차원적 복합 게임

이승주. 2018. 〈미중 경쟁과 디지털 무역 거버넌스의 국제정치경제〉. 하영선·김상배 엮음. 《신흥 무대의 미중 경쟁: 정보세계정치학의 시각》. 한울아카데미.

이승주. 2019. 〈복합 지정학과 디지털 세계경제질서의 미래〉. 《이슈브리핑》, No. 47. 2. 25. 국제문제연구소.

하영선. 2011. 《위기와 복합: 경제위기 이후 세계 질서》. EAI.

하영선·김상배 엮음. 2012. 《복합세계정치론 전략과 원리 그리고 새로운 질서》. 한울아카데미.

Aeppel, Timothy. 2019. "U.S. companies adapt to 'endless' China tariffs." *Reuters*. March 2. 〈https://www.reuters.com/article/us-usa-trade-china-tariffs-idUSKCN1QI55S〉.

Alderman, Liz. 2019. "France Moves to Tax Tech Giants, Stoking Fight With White House." *New York Times*. July 11.

Amadeo, Kimberly. 2019. "US Trade Deficit by Country, With Current Statistic and Issues: Why America Cannot Just Make Everything It Needs." 〈https://www.thebalance.com/trade-deficit-by-county-3306264〉.

Baldwin, Richard. 2014. "WTO 2.0: Governance of 21st century trade." *The Review of International Organizations*, 9(2): 261–283.

Bayard, Thomas and Kimberly Ann Elliott. 1994. Reciprocity and Retaliation in U.S. *Trade Policy*. Peterson Institute for International Economics.

Bearce, David H. 2003. "Grasping the Commercial Institutional Peace." *International Studies Quarterly*, 47(3): 347–370.

Beeson, Mark and Stephen Bell. 2009. "The G20 and the International Economic Governance: Hegemony, Collectivism, or Both?" *Global Governance*, 15: 67–86.

Blackwell, Robert D. and Jennifer M. Harri. 2016. *War by Other Means: Geoeconomics and Statecraft*. Belknap Press.

Bui, Quoctrung and Karl Russell. 2019. "How Much Will the Trade War Cost You by the End of the Year?" *New York Times*, September 1.

"China Focus: China opens more sectors to foreign investment with new negative lists," 〈XinhuaNet. http://www.xinhuanet.com/english/2019-06/30/c_138186392.htm〉.

"China to allow foreign ownership of securities companies in 2020." 2019. *Financial Times*, July 2.

Chong, Terence Tai–leung and Xiaoyang Li. 2019. Understanding China–US Trade War: Causes, Economic Impact, and the Worst–Case Scenario. Working Paper. 71. Lau Chor Tak Institute of Global Economics and Finance. The Chinese University of Hong Kong.

CIEC Data. 〈https://www.ceicdata.com/ko/indicator/united–states/private–consumption––of–nominal–gdp〉.

Corera, Gordon. 2019. "Could Huawei threaten the Five Eyes alliance?" BBC News. 〈https://www.bbc.com/news/technology–47305420. February 20〉.

Farrell, Henry and Abraham L. Newman. 2019. "Weaponized Interdependence: How Global Economic Networks Shape State Coercion." *International Security*, 44(1): 42–79.

General Administration of Customs. 〈http://www.customs.gov.cn/〉.

Gao, Xudong and Jianxin Liu. 2012. "Catching up through the development of technology standard: The case of TD–SCDMA in China." *Telecommunications Policy*, 36: 817–831.

Gartzke, Erik and Oliver Westerwinter. 2016. "The complex structure of commercial peace contrasting trade interdependence, asymmetry, and multipolarity." *Journal of Peace Research*, 53(3): 325–343.

Gold, Hadas. 2019 "US and France reach compromise on digital tax." 〈https://edition.cnn.com/2019/08/26/business/digital–tax–france–us/index.html〉.

Gros, Daniel. 2019. "The Real Cost of Trump's Trade Wars." Project Syndicate. August 6. 〈https://www.project–syndicate.org/commentary/america–china–trade–war–trump–tariffs–by–daniel–gros–2019–08〉.

Harrison, Mark. 2017. The Soviet Economy, 1917–1991: Its Life and

Afterlife. Warwick Economics Research Papers No. 1137.

Hirsh, Bruce. 2019. "Trump's plan to bypass Congress on trade with Japan." *Politico*, April 2. ⟨https://www.politico.com/agenda/story/2019/04/02/trump-trade-japan-000888⟩.

Holland, Ben and Cedric Sam. 2019. "A $600 Billion Bill: Counting the Global Cost of the U.S.-China Trade War." Bloomberg. May 28. ⟨https://www.bloomberg.com/graphics/2019-us-china-trade-war-economic-fallout/⟩.

International Bank for Reconstruction. The World Bank. 2017. Measuring and Analyzing the Impact of GVCs on Economic Development. Global Value Chain Development Report 2017.

Kennedy, Scott. *China's Risky Drive into New-Energy Vehicles*. Center for Strategic and International Studies. China Innovation Series. November.

Larsen, Rick and Gregory W. Meeks. 2018. "New Democrat Coalition Members' Statement on China Trade Negotiations." May 21. ⟨https://newdemocratcoalition.house.gov/media-center/press-releases/new-democrat-coalition-members-statement-on-china-trade-negotiations⟩.

Lawder, David. 2019. "U.S.-China trade conflict could take years to resolve: Kudlow." *Reuters*, September 6. ⟨https://www.reuters.com/article/us-usa-trade-china-meetings/us-china-trade-conflict-could-take-years-to-resolve-kudlow-idUSKCN1VR1S7⟩.

Lawder, David. 2018. "Democrat-led House seen backing Trump's China trade war, scrutinizing talks with allies." *Reuters*, November 8. ⟨https://www.reuters.com/article/us-usa-elections-trade/democrat-led-house-seen-backing-trumps-china-trade-warscrutinizing-talks-with-allies-idUSKCN1ND1HU〉.

Lee, Kai-Fu. 2018. *AI Superpowers: China, Silicon Valley, and the New World Order.* Houghton Mifflin Harcourt.

Lee, Seungjoo. 2016. "Institutional Balancing the Politics of Mega-FTAs." *Asian Survey*, 56(6): 1055-1076.

Leng, Sidney. 2018. "China's trade surplus with US hits record level as businesses scramble to beat tariff dead line." *South China Morning Post*, December 8.

Liptak, Kevin. 2019. "Trump says trade talks 'back on track' after meeting China's Xi." CNNpolitics. 〈https://edition.cnn.com/2019/06/28/politics/trade-donald-trump-xi-jinping-g20/index.html〉.

Matfess, Hilary. 2019. "The progressive case for free trade." Vox. 〈https://www.vox.com/policy-and-politics/2019/8/1/20750506/elizabeth-warren-trade-policy-bernie-sanders-tpp-2020-democrats-progressives〉.

Measuring and Analyzing the Impact of GVCs on Economic Development. Global Value Chain Development Report 2017.

Mozur, Paul and Cecilia Kang. 2019. "U.S. Tech Companies Sidestep a Trump Ban, to Keep Selling to Huawei." *The New York Times*, June 25.

Mutikani, Lucia. 2019. "China's trade surplus with US hits record level as businesses scramble to beat tariff dead line." *Reuters*, May 9.

National Bureau of Statistics of China. 2019. National Economic Performance Maintained within an Appropriate Range in 2018 with Main Development Goals Achieved. January 21. 〈http://www.stats.gov.cn/english/PressRelease/201901/t20190121_1645832.html〉.

Naughton, Barry. 2018. "Economic Policy under Trade War

Conditions: Can China Move Beyond Tit for Tat?" *China Leadership Monitor*, No. 57. August 29.

Navarro, Peter. 2018. "Economic Security as National Security: A Discussion with Dr. Peter Navarro." *Center for Strategic and International Studies*, November 9.

Norland, Erik. 2018. "Trade War Costs Consumers, Companies, and Nations." Open Markets. 〈http://openmarkets.cmegroup.com/13843/trade-war-costs-consumers-companies-nations〉.

Office of the United States Trade Representative. 2015. Summary of the Trans-Pacific Partnership Agreement. 〈https://ustr.gov/about-us/policy-offices/press-office/press-releases/2015/october/summary-trans-pacific-partnership〉.

Office of the United States Trade Representative. 2018. 2018 Fact Sheet: Key Barriers to Digital Trade. 〈https://ustr.gov/about-us/policy-offices/press-office/fact-sheets/2018/march/2018-fact-sheet-key-barriers-digital〉.

Office of the United States Trade Representative. UNITED STATES-MEXICO-CANADA TRADE FACT SHEET Modernizing NAFTA into a 21st Century Trade Agreement. 2018. 〈https://ustr.gov/about-us/policy-offices/press-office/fact-sheets/2018/october/united-states%E2%80%93mexico%E2%80%93canada-trade-fa-1〉.

Office of the United States Trade Representative. United States-Mexico-Canada Agreement, 〈https://ustr.gov/trade-agreements/free-trade-agreements/united-states-mexico-canada-agreement〉.

Office of the United States Trade Representative. "The People's Republic of China" 〈https://ustr.gov/countries-regions/chinamongolia–taiwan/peoples–republic–china〉.

Office of the United States Trade Representative. 2019. 2019 National Trade Estimate Report on Foreign Trade Barriers.

Packard, Clark. 2019. "Legislators must reinsert themselves into the trade policymaking process." *Foreign Policy*. 〈https://foreignpolicy.com/2019/05/04/congress–should–take–back–its–authority–over–tariffs–trump/〉.

Pettey, Christy. 2019. Supply Chain in the Age of Trade Wars. February 11. 〈https://www.gartner.com/smarterwithgartner/supply–chain–in–the–age–of–trade–wars/〉.

Pew Research Center. 2018. Spring 2018 Global Attitudes Survey. 〈http://www.pewglobal.org/2018/08/28/as–trade–tensions–rise–fewer–americans–see–chinafavorably/pg_2018–08–28_views–of–china–07–2/〉.

Ravenhill, John. 2010. "The 'new East Asian regionalism': A political domino effect." *Review of International Political Economy*, 17(2): 178–208.

Rogers, Mike and Dutch Ruppersberger. 2012. Investigative Report on the U.S. National Security Issues Posed by Chinese Telecommunications Companies Huawei and ZTE. U.S. House of Representatives. 112th Congress. October 8.

Rubio, Marco and Tammy Baldwin. 2018. Fair Trade with China Enforcement Act.

Sanger, David et. al. 2019. "In 5G race With China, U.S. Pushes Allies to Fight Huawei." *The New York Times*, January 26.

Schell, Orville and Susan L. Shirk. 2017. US Policy toward China: Recommendations for a New Administration. Task Force Report. Center on U.S.–China Relations. UC San Diego. February.

Shalal, Andrea. 2019. "U.S., China tariffs could lower global GDP by 0.8% in 2020: IMF. Reuters. ⟨https://www.reuters.com/article/us-imf-economy/us-china-tariffs-could-lower-global-gdp-by-08-in-2020-imf-idUSKCN1VX1WT⟩.

Solis, Mireya and Saori N. Katada. 2007. "Introduction: Understanding East Asian Cross-Regionalism: An Analytical Framework." *Pacific Affairs*, 80(2): 229–257.

State Council. 2017. Notice of the State Council Issuing the New Generation of Artificial Intelligence Development Plan. July 8.

Stein, Jeff. 2019. "Democrats struggle to present a united front on Trump's trade war." *Washington Post*, August 7.

The President of the United States. 2017. National Security Strategy of the United States of America. December.

United States Census Bureau. ⟨https://www.census.gov/foreign-trade/balance/c5700.html⟩.

U.S. Chamber of Commerce. 2017. *Made in China 2025: Global Ambitions Built on Local Protections*.

VanGrasstek, Craig. 2018. "What the 2018 (and 2020) Elections Mean for U.S. Trade Policy." ECIPE Policy Brief. No. 12.

Wagner, Harrison. 1988. "Economic Interdependence, Bargaining Power, and Political Influence." *International Organization*, 42(3): 461–483.

White House Office of Trade and Manufacturing Policy. 2018. *How China's Economic Aggression Threatens the Technologies and Intellectual Property of the United States and the World*. June.

Whittier, George. 2019. "U.S.-China Trade War: Supply Chain Crisis or Opportunity?" *EPSNews*, May 24. ⟨https://epsnews.

com/2019/05/24/u-s-china-trade-war-supply-chain-crisis-or-opportunity/〉.

World Bank. 〈https://data.worldbank.org/indicator/NY.GDP.PCAP.CD〉.

World Trade Organization. "United States initiates WTO dispute against Indian duties on US imports." 〈https://www.wto.org/english/news_e/news19_e/ds585rfc_04jul19_e.htm〉.

World Trade Organization. 2019. "Technological Innovation, Supply Chain Trade, and Workers in a Globalized World." *Global Value Chain Development Report 2019*.

Wright, Thomas J. 2017. All Measures Short of War: *The Contest for the Twenty-First Century and the Future of American Power*. Yale University Press: New Heaven & London.

国务院关税税则委员会办公室. 2018. 国务院关税税则委员会发布公告决定对原产于美国的部分进口商品(第二批)加征关税. 8月 3日.

国务院新闻办公室. 2019.《关于中美经贸磋商的中方立场》白皮书. 6月 2日.

5장. 미중 디지털 패권 경쟁과 초국적 데이터 거버넌스

강하연. 2018. 〈디지털 경제와 무역규범: 새로운 통상거버넌스의 부상〉. 이승주 편. 《사이버 공간의 국제정치경제》. 서울: 사회평론아카데미.

김상배. 2018. 〈초국적 데이터 유통과 정보주권: 국가주권 변환의 프레임 경쟁〉. 이승주 편. 《사이버 공간의 국제정치경제》. 서울: 사회평론아카데미.

권현호. 2018. 〈전자상거래 통상규범 형성을 위한 다자적 접근의 한계〉. 《동아법학》, 78권.

곽동철·안덕근. 2016. 〈아날로그 체제 하의 디지털 무역– 디지털무역 자유화와 무역협정의 역할〉. 《통상법률》, 131호, 51–90.

박노형·정명현. 2018. 〈디지털통상과 국제법의 발전〉. 《국제법학회논총》 63권 4호, 197–216.

유인태. 2022. 〈경쟁적 사이버 안보 다자주의의 출현: 2004년 유엔 정부전문가 그룹부터 2021년 개방형 작업반까지의 분석〉. 《국제정치논총》, 62권 1호: 143–180.

유인태. 2020. 〈자유무역질서의 파편화인가 아니면 분화인가? 복수국가 간 특혜무역협정을 통한 디지털 무역 레짐들의 경합〉. 《국제정치논총》, 60권 3호: 49–84.

이승주. 2019. 〈미중 무역 전쟁: 트럼프 행정부의 다차원적 복합게임〉. 《국제·지역연구》, 28권 4호: 1–34.

이종석. 2019. 〈디지털 통상규범 정립 지연 이유와 우리나라 디지털 통상 정책에 시사점〉. 《물류학회지》 29권 1호: 63–80.

Aaronson, Susan Ariel. 2018. "Data Is Different: Why the World Needs a New Approach to Governing Cross-border Data Flows." *CIGI Papers*, 197.

Aaronson, Susan Ariel and Patric Leblond. 2018. "Another Digital Divide: The Rise of Data Realms and Its Implications for the WTO." *Journal of International Economic Law*, 21(2): 245–272.

Aggarwal, Vinod K. 1985. *Liberal Protectionism: The International Politics of Organized Textile Trade*. Berkeley, CA: University of California Press.

Aggarwal, Vinod. K. 1998. *Institutional Designs for a Complex World: Bargaining, Linkages, and Nesting*. Ithaca, NY: Cornell University Press.

Alter, Karen J. and Sophie Meunier. 2009. "The Politics of International Regime Complexity." *Perspectives on Politics*, 7(1): 13–24.

Baldwin, Richard. 2006. "Multilateralising Regionalism: Spaghetti

Bowls as Building Blocs on the Path to Global Free Trade." *The World Economy*, 29(11): 1451–1518.

Berka, Walter. 2017. "CETA. TTIP. TiSA. and Data Protection." In Stefan Griller, Walter Obwexer and Erich Vranes (eds.). *Mega-Regional Trade Agreement: CETA. TTIP. and TiSA: New Orientations for EU External Economic Relations*. Oxford, UK: Oxford University Press.

Busch, Marc L. 2007. "Overlapping Institutions, Forum Shopping, and Dispute Settlement in International Trade." *International Organization*, 61(4): 735–761.

Cottier, Thomas and Panagiotis Delimatisis (eds). 2011. *The Prospect of International Trade Regulation: From Fragmentation to Coherence*. New York, NY: Cambridge University Press.

Chu, Cho-Wen. 2017. "Censorship or Protectionism? Reassessing China's Regulation of Internet Industry." *International Journal of Social Science and Humanity*, 7(1): 28–32.

Drezner, Daniel W. 2004. "The Global Governance of the Internet: Bringing the State Back In." *Political Science Quarterly*, 119(3): 477–498.

Ferracane, Martina F. and Hosuk Lee-Makiyama. 2017. *China's Technology Protectionism and Its Non-Negotiable Rationales*. Brussels, Belgium: European Centre For International Political Economy.

Haas, Peter M. 1992. "Banning Chlorofluorocarbons: Epistemic Community Efforts to Protect Stratospheric Ozone." *International Organization*, 46(1): 187–224.

Haggard, Stephan. and Beth A. Simmons. 1987. "Theories of International Regimes." *International Organization*, 41(3): 491–517.

Hasenclever, Andreas, Peter Mayer and Volker Rittberger. 1996. "Interests. Power. Knowledge: The Study of International Regimes."

Mershon International Studies Review, 40(2): 177–228.

Keohane, Robert O. 1984. *After Hegemony: Cooperation and Discord in the World Political Economy*. Princeton, NJ: Princeton University Press.

Keohane, Robert O. and David G. Victor. 2011. "The Regime Complex for Climate Change." *Perspectives on Politics*, 9(1): 7–23.

Krasner, Stephan D. 1982. "Structural Causes and Regime Consequences: Regimes as Intervening Variables." *International Organization*, 36(2): 185–205.

Mitchel, Andrew D. and Neha Mishra. 2018. "Data at the Docks: Modernizing International Trade Law for the Digital Economy." *Vanderbilt Journal of Entertainment & Technology Law*, 20.

Moravcsik, Andrew. 1997. "Taking Preferences Seriously: A Liberal Theory of International Politics." *International Organization*, 51(4): 513–553.

Morse, Julia C. and Robert O. Keohane. 2014. "Contested Multilateralism." *The Review of International Organizations*, 9(4): 385–412.

Nye, Joseph S. Jr. 2014. "The Regime Complex for Managing Global Cyber Activities." *Global Commission on Internet Governance*, 1.

Schwartz, Paul M and Daniel J. Solove. 2014. "Reconciling Personal Information in the United States and European Union." *California Law Review*, 102(4): 877–916.

Raustiala, Kal and David Victor. 2004. "The Regime Complex for Plant Genetic Resources." *International Organization*, 58(2): 277–309.

Tourkochoriti, Ioanna. 2014. "The Snowden Revelations, the Transatlantic Trade and Investment Partnership and the Divide Between U.S.–EU in Data Privacy Protection." *University of Arkansas at Little Rock Law Review*, 36(2): 161–176.

Wolfe, Robert. 2019. "Learning about Digital Trade: Privacy and

E-Commerce in CETA and TPP." *World Trade Review*, 18(S1): S63-S84.

Wunsch-Vincent, Sacha. 2006. "The Internet, Cross-Border Trade in Services, and the GATS: Lessons from US-Gambling." *World Trade Review*, 5(3): 319-355.

Wunsch-Vincent, Sacha and Arno Hold. 2012. "Towards Coherent Rules for Digital Trade: Building on Efforts in Multilateral versus Preferential Trade Negotiations" in Mira Burri and Thomas Cottier (eds.). *Trade Governance in the Digital Age: World Trade Forum*. New York, NY: Cambridge University Press.

Yoo, In Tae. 2017. "New Wine into Old Wineskins? Regime Diffusion by the Powerful from International Trade into Cyberspace." *Pacific Focus*, 32(3): 375-395.

Yoo, In Tae and Charles Chong-Han Wu. 2021. "Way of Authoritarian Regional Hegemon? Formation of the RCEP From the Persepctive of China." Journal of Asian and African Studies. https://doi.org/10.1177/00219096211049792.

Young, Oran R. 1991. "Political Leadership and Regime Formation: On the Development of Institutions in International Society." *International Organization*, 45(3): 281-308.

6장. 미중 희토류·희소 금속 패권 경쟁

김경훈·박가현. 2021. 〈우리나라와 주요국의 희토류 공급망 현황 및 시사점〉. 한국무역협회 국제무역통상연구원.

김연규. 2022. 〈美의 아킬레스건…'희토류 만리장성' 쌓는 중국〉. 《서울경제》, 11. 19.

김연규. 2020. 〈미·중 패권 경쟁과 아프리카 신흥 쟁탈전〉. 《CSF 전문가 오피니언》, 7월. 대외경제정책연구원.

김연규. 2020. 〈중국의 전기차 굴기와 리튬그레이트 게임〉. 《CSF 전문가 오피니언》, 8월. 대외경제정책연구원.

이지평. 2010. 〈잠재적인 경쟁력 위협요인, 금속 자원 리스크〉. 《LG Business Insight》, 11. 17.

이한듬·권가림. 2021. 〈날뛰는 광물값에 수요업체 비상…머나먼 원자재 자립〉. 《머니투데이》, 5. 30. (https://moneys.mt.co.kr/news/mwPrint.html?no=2021052815078058850&type=1)

한국무역협회. 2018. 《첨단 산업의 비타민, 희소 금속의 교역동향과 시사점》, 국제무역연구원.

허재환. 2020. 《코로나 19 이후 G2의 운명》. 유진투자증권.

Daigle, Brian and Samantha DeCarlo. 2021. "Rare Earths and the U.S. Electronics Sector: Supply Chain Developments and Trends." US International Trade Commission (USITC), Office of Industries Working Paper ID-075 June.

European Commission. 2020. "Critical Raw Materials Resilience: Charting a Path towards greater Security and Sustainability," 3. 9.

Humphries, Marc. 2019. *Critical Minerals and U.S. Public Policy*. Washington, DC: Congressional Research Service.

Mamula, Ned & Ann Bridges. 2019. *Groundbreaking! America's New Quest for Mineral*

Independence. Washington, DC: Washington Times.

Pitron, Guillaume. 2020. Rare *Metals War: The Dark Side of Clean Energy & Digital Technologies*. Victoria, Australia: Scribe Publications.

Voncken, J.H.L. 2016. *Rare Earths Elements: An Introduction*, Swiss: Springer International.

7장. 미중 전략 경쟁하의 중국의 경제-안보 딜레마

강지연. 2015. 〈제조강국으로 도약하는 중국〉. 《KIET산업경제》. https://www.kiet.re.kr/kiet_web/?sub_num=650&state=view&idx=3455 (검색일: 2020. 12. 10.).

김용신. 2019. 〈1972년 중미 (中美) 화해에 대한 '소련위협원인론'의 재고찰: 미–중–소 전략적 삼각관계 하의 중국 외교〉. 《중소연구》, 제44권 1호: 7–34

김용신. 2020. 〈중국 당–정 국가의 산업 부문 통제 기제 변화: 계획과 시장의 중층적 배태〉. 《중소연구》, 제44권 1호: 7–34.

김윤희·정준규. 2007. 〈중국 외상투자 산업지도 목록 개정의 영향과 전망〉. 《Global Business Report》, 07–043. http://dl.kotra.or.kr/pyxis-api/1/digital-files/c16960ef-ef11-018a-e053-b46464899664 (검색일: 2021. 12. 3.).

뉴시스. 2020. 〈중국이 승리했다"…RCEP로 아·태 경제 주도권 잡은 중국,〉. 《KITA 무역뉴스》, 11. 16. https://www.kita.net/cmmrcInfo/cmmrcNews/cmmrcNews/cmmrcNewsDetail.do?nIndex=60850&recommendId=0 (검색일: 2022. 2. 15.).

박홍서. 2019. 〈중국의 기술 굴기와 미국의 대응 : 중국의 대미 취약성과 그 함의〉. 《중국연구》, 79: 383–401.

베리 노튼. 2021. 〈중국의 글로벌 경제적 상호작용〉. David Shambaugh 편, 《중국의 외교정책과 대외관계》. 명인문화사.

산업연구원. 2009. 〈중국 10대 산업 진흥 계획과 우리 경제에 대한 시사점〉. 《KIEP 지역경제포커스》. https://www.kiep.go.kr/gallery.es?mid=a10103051200&bid=0019&act=view&list_no=7451 (검색일: 2022. 1. 15.).

안치영. 2022. 〈중국공산당은 왜 권력을 다시 집중하는 것일까〉. 《갯벌로에서》, 2월. https://webcache.googleusercontent.com/search?q=cache:vJyWxXX98WoJ:https://aocs.inu.ac.kr/webzine/app/view.php%3Fwz%3D82%26wc%3D1+&cd=1&hl=ko&ct=clnk&gl=kr (검색일: 2022. 3. 15.).

연선옥 2021. 〈볼보·벤츠·르노까지… 국내 車 시장에도 中 '지리 천하〉. 《조선일보》, 12. 26. 'https://biz.chosun.com/industry/car/2021/12/26/OL3H4YHXZ5A7TMY2PRJTCPKOOQ/ (검색일: 2022. 1. 10.).

우은식. 2019. 〈트럼프 WTO 흔들기 성공?… 美 거부권 행사로 항소기구 붕괴위기〉. 《NEWSIS》, 7. 31. https://newsis.com/view/?id=NISX20190731_0000727226 (검색일: 2021. 12. 30.).

은종학. 2021. 《중국과 혁신: 맥락과 구조, 이론과 정책 함의》. 한울아카데미.

이승주. 2021a. 〈경제·안보 넥서스(nexus)와 미중 전략 경쟁의 진화〉. 《국제정치논총》, 제61권 3호: 121–156.

이승주. 2021b. 〈세계 경제의 네트워크화와 미중 전략 경쟁: 복합 지경학의 부상〉. 《정치·정보연구》, 제24권 3호: 51–80.

장재은. 2019. 〈트럼프 "중국이 세계 장악 원한다" 중국제조 2025 지목〉. 《매일경제》, 5. 20. https://www.mk.co.kr/news/economy/view/2019/05/329552/ (검색일: 2021. 10. 5.).

조상홍. 2021. 〈中 "외상투자법"실행 후 외국인투자관리제도의 변화〉. 《KOTRA 해외시장뉴스》, 4. 28. https://dream.kotra.or.kr/kotranews/cms/news/actionKotraBoardDetail.do?SITE_NO=3&MENU_ID=130&CONTENTS_NO=1&bbsGbn=246&bbsSn=246&pNttSn=188091 (검색일: 2022. 2. 15.).

조철·조은교·박가영. 2019. 〈최근 중국 산업정책의 방향과 주요 내용〉. 《정책자료》, 2019-363, 산업연구원.

지만수. 2019. 〈미중 무역분쟁과 한국의 대응〉. 《한국경제학회, 경기연구원 정책토론회》, 3. 27.

허재철·박진희·최재희·김상규·김용신·양철·정재흥·황태연. 2019. 《현대 중국외교의 네트워킹 전략 연구: 집합, 위치, 설계 권력을 중심으로》. 대외경제경책연구원.

최병일. 2021. 〈미중 기술 패권경쟁의 위협과 기회〉. 《제9회 Global Strategy Report 미중 기술, 경제 패권 경쟁과 한국의 전략적 선택》, 4월. https://iia.snu.ac.kr/uploads/publication/9%ED%9A%8C%20%EA%B8%80%EB%A1%9C%EB% B2%8C%20%EC%A0%84%EB%9E%B5%20%EC%84%B8%EB%AF%B8%EB%82%98%20%EB%A6%AC%ED%8F%AC%ED%8A%B8.pdf (검색일: 2022-1-10).

최지선, 박용(2019), 〈中, 첨단산업 육성 '중국제조 2025' 포기"…무역협상 타결 위해 美에 유화 제스처〉. 《동아일보》, 10. 31. http://www.donga.com/news/article/all/20191031/98148260/1 (검색일: 2021. 10. 5.).

Chen, Ling, and Barry Naughton. 2016. An Institutionalized Policy-Making Mechanism: China's Return to Techno-Industrial Policy, *Research Policy* Vol. 45, No. 10: 2138-2152.

Feng, Kaidong. 2019. *Innovation and Industrial Development in China: A Schumpeterian Perspective on China's Economic Transformation*, Routledge.

Gilboy, George Gand Eric Heginbotham. 2004. The Latin Americanization of China?, *Current History*, Vol.103: 256-261.

Haley, Usha C.V., and George T. Haley. 2013. *Subsidies to Chinese Industry: State Capitalism, Business Strategy, and Trade Policy*. New York: Oxford University Press.

Kim, Yongshin. 2010. Manipulating the 'Balance of Power': Historical Reappraisal of the Sino-U.S. Rapprochement, *Thirty Years of China-U.S. Relations: Analytical Approaches and Contemporary Issues*. Rowman and Littlefield-Lexington: 19-35

Yongshin Kim. 2021. Rapid Growth outside of Policy Intention: Market Transition, Industrial Policy, and the Rise of Chian's Auto Industry, *Korean Political Science Review* Vol.55, No.3: 5–32.

Kim, Youcheer and Yongshin Kim. 2019. Institutional Origins of the U.S.–China Trade War: The Concurrence of America's Limited Legal Leverage and China's Overproduction, *Pacific Focus* Vol.34, No.3: 345–375.

Kroeber, Arthur. 2016. *China's Economy: What Everyone Needs to Know*, Oxford: Oxford University Press.

Li, Xiaojun. 2012. Understanding China's Behavioral Change in the WTO Dispute Settlement System, *Asian Survey*, Vol.52, No.6: 11–37.

Pearson, Margaret, Meg Rithmire, and Kellee Tsai. 2021. Party–State Capitalism in China, *Current History*, Vol.120, Issue 827: 207–213.

Reuters. 2018. Treasury Chief Mnuchin Slams Report that Trump Wants to Exit WTO, Reuters, June 29. https://www.reuters.com/article/us-usa-trade-wto/treasury-chief-mnuchin-slams-report-that-trump-wants-to-exit-wto-idUSKBN1JP1EC (검색일: 2021. 12. 30.)

Thun, Eric. 2004. Industrial Policy, Chinese–Style: FDI, Regulation, and Dreams of National Champions in the Auto Sector, *Journal of East Asian Studies*, Vol.4, No.3: 453–489.

Trump, Donald J, and Tony Schwartz. 2015. *Trump: The art of the deal*. Ballantine Books.

USTR. 2018. FINDINGS OF THE INVESTIGATION INTO CHINA'S ACTS, POLICIES, AND PRACTICES RELATED TO TECHNOLOGY TRANSFER, INTELLECTUAL PROPERTY, AND INNOVATION UNDER SECTION 301 OF THE TRADE ACT OF 1974, March 22.

https://ustr.gov/sites/default/files/Section%20301%20FINAL.PDF (검색일: 2021. 11. 11.).

USTR. 2019. U.S. Trade Representative and the U.S. Department of Treasury respond to the "White Paper" issued by China on June 2, 2019, June 3. https://ustr.gov/about-us/policy-offices/press-office/press-releases/2019/june/us-trade-representative-and-us (검색일: 2021. 10. 10.).

Wu, Yiyun, Xiwei Zhu, and Nicolaas Groenewold. 2019. The determinants and effectiveness of industrial policy in china: A study based on Five-Year Plans, *China Economic Review* Vol.53: 225-242.

路风·封凯栋. 2005.《发展我国自主知识产权汽车工业的政策选择》. 北京大学出版社.

北京大学国际战略研究院课题组. 2022. "技术领域的中美战略竞争:分析与展望",《国际战略研究简报》, 第123期.

2장. 신세계 질서와 세계 안보: 미국의 전략

1 Joseph Zeballos-Roig. "The US has blown past $6 trillion in 'war on terror' spending since 2001." *Business Insider*. Nov 22, 2019. https://www.businessinsider.com/us-spending-war-on-terror-stands-at-6-trillion-report-2019-11#:~:text=The%20US%20has%20blown%20past,climbing%20for%20decades%2C%20study%20says

2 https://www.thechicagocouncil.org/research/public-opinion-survey/2021-chicago-council-survey

4장. 미중 무역 전쟁: 트럼프 행정부의 다차원적 복합 게임

* 이 글은 《국제·지역연구》 28권 4호(2019)에 게재되었다.

1 물론 무역 전쟁이 중국 경제의 모든 분야에 파괴적 효과를 초래하는 데까지 이르지는 않을 것으로 보인다. 예를 들어, 중국 정부가 자본 통제 정책을 실시하고 있기 때문에 외환 보유고에 미치는 영향은 관리 가능할 것으로 예상된다(Chong and Li 2019).

2 글로벌 금융 위기 이후 세계 질서의 변화를 미중 관계의 복합성에 초점을 맞추어 설명을 시도한 연구로는 하영선(2011); 하영선·김상배(2012) 참조.

3 무역 전쟁에 대한 중국의 대응에 대해서는 Naughton(2018) 참조.

4 2018년 무역 불균형이 확대된 데는 중국 기업들이 2019년 미국의 관세 부과가 본격화되기 전에 대미 수출을 서두른 점도 작용했다(Leng 2018.

12. 8.). 2019년 3월 미국의 대중 무역 적자가 2014년 이후 가장 작은 규모인 207억 달러를 기록한 것을 감안할 때, 미중 무역 전쟁이 양국 간 무역 규모에 부정적 영향을 미치기 시작한 것으로 보인다(Mutikani 2019. 5. 9.).

5 반면, 미국은 2018년 410억 달러의 서비스 무역 수지 흑자를 기록했다(USTR "The People's Republic of China").

6 〈https://www.census.gov/foreign-trade/balance/c5700.html〉; 〈https://www.bbc.com/news/business-48196495〉에서 재인용.

7 2019년 3월 기준 미국의 GDP 대비 소비 비중은 67.2%로 보고되었다. 〈https://www.ceicdata.com/ko/indicator/united-states/private-consumption--of-nominal-gdp〉.

8 United States Census Bureau 〈https://www.census.gov/foreign-trade/balance/c5700.html〉.

9 2017년 기준, 중국은 한국·대만·일본·독일을 상대로 각각 224억 달러, 291억 달러, 64억 달러, 77억 달러의 무역 적자를 기록했다(General Administration of Customs, 〈http://www.customs.gov.cn/〉).

10 GDP 대비 연구개발의 비중을 기준으로 하면, 미국이 2.7%인 데 반해 중국은 2.1%이다.

11 미국 상공회의소가 중국제조 2025에 대해 조사하여 발간한 보고서의 부제가 "국내 보호에 기반한 지구적 야망(Global Ambitions Built on Local Protections)"인 것이 미국의 시각을 상징적으로 대변한다(U.S. Chamber of Commerce 2017).

12 중국 정부는 재정적 지원 이외에도 번호판 규제, 배기가스 가이드라인, 이중 신용 시스템(Dual-credit system), 중국-외국 기업의 합작과 기술 이전 의무화 등 다양한 방식으로 신에너지 차량의 개발을 지원하고 있다(Kennedy 2018).

13 리카이푸(李開復)는 혁신보다 실행 능력이 중요한 인공지능 산업의 특

성, 기업가정신, 국내 데이터 규모, 인공지능 산업을 실질적으로 관리할 엔지니어의 지속적 공급, 정부의 규제 정책 등을 종합적으로 고려할 때, 중국이 미국과 인공지능 경쟁에서 유리한 점을 다수 갖고 있다고 진단한다. Lee(2018).

14 National Bureau of Statistics of China. National Economic Performance Maintained within an Appropriate Range in 2018 with Main Development Goals Achieved. 〈http://www.stats.gov.cn/english/PressRelease/201901/t20190121_1645832.html〉.

15 로버트 라이트하이저(Robert Lighthizer) 통상대표부(USTR) 대표는 무역전쟁으로 인해 미국 기업들이 생산 기지를 중국으로부터 베트남·말레이시아·멕시코 등으로 이전하는 효과가 발생할 것으로 기대한다는 입장을 표명한 바 있다(Aeppel 2019).

16 중국 정부가 미국의 대중 투자에 대한 제한을 미국에 상응하는 수준으로 낮출 때까지 중국의 대미 투자를 제한할 필요가 있다는 것이다(Schell and Shirk 2017).

17 트럼프 행정부 무역 정책의 이러한 특징은 오바마 행정부의 재균형 정책과 메가 FTA 전략에 대한 비판적 검토에 기반한 것이다. 오바마 행정부의 메가 FTA 전략에 대해서는 Lee(2018) 참조.

18 트럼프 행정부가 국가 안보를 이유로 의회를 우회하여 통상 정책을 추진하면서 통상 정책에 대한 의회 권한의 강화 필요성에 대한 논쟁이 미국 내에서 치열하게 전개되고 있다(Packard 2019).

19 특히, 젊은 세대(18~29세)의 경우 중국에 대해 상대적으로 우호적인 인식(49%)을 가지고 있음에도, 65%가 중국의 경제력에 대한 우려를 갖고 있는 것으로 나타났다는 점으로 볼 때, 중국에 대한 위협 인식은 현재뿐만 아니라 미래의 이슈가 될 잠재력을 갖고 있다(Pew Research Center 2018. 8. 28.).

20 상호 의존이 평화에 미치는 복합적 영향에 대해서는 Gartzke and

Westerwinter(2016) 참고.

21 파렐과 뉴먼(Farrell and Newman)은 세계 경제가 긴밀하게 네트워크화됨에 따라 허브 국가가 '판옵티콘 효과(Panopticon effect)'와 '관문 효과(Chokepoint effect)'를 통해 비대칭적 상호 의존을 무기화할 수 있다고 주장한다(Farrell and Newman 2019).

22 공급 사슬의 재편 과정에서 인도·말레이시아·일본 등이 수혜자가 될 것이라는 전망이 나타나고 있다(Whittier 2019).

23 화웨이의 성장 전략에 대해서는 Gao and Liu(2012) 참조.

24 공급 사슬의 재편 또는 다양화를 시도할 수 있는 대기업들과 달리, 상당수 중소기업은 공급 사슬을 신속하게 재편하는 데 상당한 어려움을 겪을 것으로 보인다(Petty 2019). 따라서 미 행정부 내에서도 화웨이에 우회 수출을 시도하는 기업을 어떻게 처리할 것인지에 대해 의견이 통일되어 있지 않다. 이 기업들이 법의 취지를 위반했다는 점에서 제재 효과를 극대화하기 위해 엄격하게 대응해야 한다는 입장과 화웨이에 대한 수출 규모를 고려할 때 미국 기업들이 겪는 어려움을 고려해주어야 한다는 입장으로 나뉘어져 있다(Mozur and Kang 2019).

25 미국 무역 정책에서 양자주의 전통이 전혀 없었던 것은 아니다. 미국은 1980년대에도 일본을 비롯한 동아시아 국가들을 대상으로 양자적 접근을 통해 문제를 해결하고자 시도한 바 있다(Bayrard and Elliott 1994). 트럼프 행정부는 지난 30여 년 동안 사문화되다시피 한 수단을 다시 동원하여 양자주의를 추구한다는 점에서 주목의 대상이 되고 있다.

26 양자주의는 2000년대 양자 FTA가 확산되는 과정에서도 다시 대두되었다. 이때 양자 FTA는 순수한 경제적 동기보다는 다양한 정치적 또는 외교·안보적 동기에서 비롯된 것으로 평가되고 있다(Solis and Katada 2007; Ravenhill 2010).

27 China Briefing, 〈https://www.china-briefing.com/news/the-us-china-trade-war-a-timeline/〉.

28 “United States initiates WTO dispute against Indian duties on US imports,” https://www.wto.org/english/news_e/news19_e/ds585rfc_04jul19_e.htm〉.

29 글로벌 공급 사슬의 변화와 디지털화 등 변화하는 무역의 현실을 반영하여 WTO를 개편해야 할 필요성에 대해서는 Baldwin(2014) 참조.

30 United States-Mexico-Canada Agreement, 〈https://ustr.gov/trade-agreements/free-trade-agreements/united-states-mexico-canada-agreement〉.

31 UNITED STATES-MEXICO-CANADA TRADE FACT SHEET Modernizing NAFTA into a 21st Century Trade Agreement, 〈https://ustr.gov/about-us/policy-offices/press-office/fact-sheets/2018/october/united-states%E2%80%93mexico%E2%80%93canada-trade-fa-1〉.

32 미국이 주도한 협정을 세계 경제 질서의 프레임워크로 삼겠다는 전략의 일단은 이미 TPP에서 드러난 바 있다(USTR 2015).

33 이 부분은 이승주(2019)의 일부를 수정한 것이다.

5장. 미중 디지털 패권 경쟁과 초국적 데이터 거버넌스

* 본 장은 유인태. 2020. 〈자유무역질서의 파편화인가 아니면 분화인가? 복수 국가 간 특혜무역협정을 통한 디지털 무역 레짐들의 경합〉. 《국제정치논총》 60권 3호 49-84를 수정·보완 및 발전시켰다.

1 기존 유인태(2020) 논문에서는 논쟁적 다자주의(Contested multilateralism)와 경쟁적 다자주의(Competitive multilateralism) 사이의 개념적 차이를 두지 않았다. 여기서는 후자의 개념으로 사용하며, 이 둘 사이의 개념적 차이에 대해서는 유인태(2022)를 참조하라.

2 Aggarwal(1985)는 이를 메타레짐(Metaregimes) 그리고 레짐(Regimes)이라 구분한다.

3 '전자 상거래(Electronic commerce)'와 '디지털 무역(Digital trade)'을 엄밀히 구분하는 입장에서는 전자를 국내적 맥락에서 후자를 국제적 맥락으로 한정해서 사용하기도 한다. 그러나 최근에 맺어지는 국가 간 특혜무역 협정 조문에는 '전자 상거래'라는 용어를 사용한 별개의 장을 포함하는 경향이며, 이로 인해 이 두 용어는 치환되어 사용하도 한다.

4 국제 정치경제 영역에서 강대국 간의 합의하에서 기존 레짐을 활용한 새로운 사안 영역 포섭의 예로는 저작권 사안을 들 수 있다. 저작권 레짐의 경우, 미국과 유럽의 합의를 통해, GATT의 우루과이라운드 이후에 '무역 관련 지식재산권에 관한 협정(TRIPS)'의 형태로 WTO 체제 내로 포섭되었다. 그러나 국제 금융 사안 같은 경우, 선진국 간의 합의에도 실패하면서, 금융과 국제 무역과의 긴밀한 관계에도 불구하고, WTO 체제 내로 포섭되어 포괄적인 레짐을 형성하기보다는, 금융안정위원회(Financial Stability Board)라는 독립적인 기구의 설립으로 귀착되었다. 이러한 서로 다른 사안들의 레짐 수립 경로의 비교는 이 연구의 초점이 아니므로 상세한 분석을 생략한다.

5 미국과 유럽연합은 공동 결정을 통해 1998년에 '전자 상거래에 관한 WTO 작업 프로그램(WTO Work Programme on E-Commerce)'을 형성했다. "US, EU Outline Plans For WTO Program On E-Commerce" in *Inside, U.S. Trade's World Trade Online*(1998. 7. 17.)

6 미국의 프로포절은 https://drive.google.com/file/d/1mPHx-0nCevixcoobZXKMwWBcgaL DpFJf/view(검색일: 2020. 5. 30.)를 참조하라. 유럽연합의 프로포절은 http://trade.ec.europa. eu/doclib/docs/2019/may/tradoc_157880.pdf(검색일: 2020. 5. 30.)를 참조하라. 중국의 프로포절은 https://docs.wto.org/dol2fe/Pages/(검색일: 2020. 5. 30.)를 참조하라.

7 USMCA(Agreement between the United States of America, the United Mexican States, and Canada)는 2019년 12월에 서명되었고, 그 이후에 비준되었다. 캐나다는 가장 늦은 2020년 3월에 비준했다. USMCA는 미국 도널드 트럼프 대통령에 의해 제안되었고, 2017년부터 협상이 개시되었으며, 북미자유무역협정(North American Free Trade Agreement, NAFTA)의 2.0 버전이라 여겨지기도 한다.

8 CPTPP의 기원은 TPSEP(Trans-Pacific Strategic Economy Partnership)이며, TPSEP는 2005년도에 서명되어 2006년도에 발효되었다. TPSEP에는 브루나이·칠레·싱가포르·뉴질랜드가 있었으며 2008년도에 미국·페루·호주·베트남이 새로이 가입하면서 TPP로 개칭했다.

9 TPP의 디지털 무역 조항을 형성할 당시의 미국의 막강한 영향력을 고려했을 때, 그와 별다른 바 없는 CPTPP도 미국의 선호를 반영하는 것으로 보아도 문제가 없다(Yoo 2017).

10 Article 14.17, paragraph 1: "No Party shall require the transfer of, or access to, source code of software owned by a person of another Party, as a condition for the import, distribution, sale or use of such software, or of products containing such software, in its territory."

11 Article 14.8 "ensures that member states have laws and regulations that provide a minimum level of personal information protection, but it is flexible as it accommodates different national approaches."

12 Article 14.2는 "[this] Chapter shall not apply to: (a) government procurement; or (b) information held or processed by or on behalf of a Party, or measures related to such information, including measures related to its collection"이다. 그러나 이 조항은 (b)항에 있어 유의할 필요가 있다. 당사자("Party")가 누구인지 명확하지

않을 수 있기 때문이다. CPTPP 1장 3조에 의하면, 당사자란 국가 혹은 독립된 관세 영역을 지칭하며, 그 이하 단위, 예를 들어 지방 단위는 포함되지 않는다.

13 14장 8조 3번째 단락에서는 "each Party should take into account principles and guidelines of relevant international bodies"라고 쓰여져 있지만 특정 국제 기구를 언급하지 않는다.

14 CPTPP 14장 17절 2번째 절에서는 "For the purposes of this Article, software subject to paragraph 1 limited to mass–market software or products containing such software and does not include software used for critical infrastructure."라고 규정한다. 즉, 주요 인프라에 사용하는 소프트웨어는 예외 사항이다.

15 19장 16절 2번째 단락 "This Article does not preclude a regulatory body or judicial authority of a Party from requiring a person of another Party to preserve and make available the source code of software, or an algorithm expressed in that source code, to the regulatory body for a specific investigation, inspection, examination, enforcement action, or judicial proceeding…"

16 CPTPP 14장 13절 2번째 절은 "no Party shall require a covered person to use or locate computing facilities in that Party's territory as a condition for conducting business in that territory"라고 하지만, 3번째 절에서는 "legitimate public policy objective"일 경우는 요구할 수 있다고 단서를 단다.

17 USMCA 19장 2절 3번째 단락은 19장이 적용되지 않는 상황으로서 "government procurement; or except for Article 19.18 (Open Government Data) to information held or processed by or on behalf of a Party…"를 들고 있다.

18 이와 관련해서 유럽연합은 지침(Data Protection Directive 95/46/EC)과 규

제(General Data Protection Regulation 혹은 GDPR 5장 45조)에 있어 일관성을 보여왔다.

19 CETA는 유럽연합과 캐나다 간에 맺어진 특혜 무역 협정이다. 2014년 8월에 협상을 완료했으며, 최종적으로 2016년 10월에 참여국들이 서명했다. 한편, TiSA는 WTO 가입국의 23개국이 참여하고 있으며 2012년 2월 '서비스 프렌즈 그룹(Really Good Friends)'를 중심으로 한 비공식 논의에서 시작했으며, WTO의 '서비스 무역에 관한 일반 협정(General Agreement on Trade in Services, GATS)'에 기반하여 서비스 무역 협정을 추진하고자 한다. 2013년 3월에 공식 협상이 시작되어, 2013년 9월에 기본 협정문에 합의가 이루어졌으나, 2016년 11월의 21차 협상을 마지막으로 논의가 중단된 상태이다. 많은 무역 협상과 같이 협정문은 비공개이며, 누출된 문건이나 각국의 입장 발표를 통해 그 내용을 파악할 수밖에 없다.

20 https://wikileaks.org/tisa/ecommerce/ (검색일: 2020. 4. 17.).

21 미국이 제안한 '정보의 이동'에 관한 Art X.6 https://wikileaks.org/tisa/ecommerce/ (검색일: 2020. 4. 17.).

22 14장 8절의 각주 6 "For greater certainty, a Party may comply with the obligation in this paragraph by adopting or maintaining measures such as comprehensive privacy, personal information or personal data laws, sector-specific laws covering privacy, or laws that provide for the enforcement of voluntary undertakings by enterprises relating to privacy."

23 European Commission. "Report of the 21st TiSA Negotiation Round 2–10 November 2016."

24 'Recommendations to the European Commission on the Negotiations for the Transatlantic Trade and Investment Partnership' (2014/2228(INI)).

25 TTIP는 유럽연합과 미국 간에 제안된 무역 협정이다. 2013년 7월 미국 오바마 정권 때 협상을 시작했으나 트럼프 대통령 취임 후, 미-EU 간 무역 갈등으로 협상은 중단된 상태이다. TiSA와 마찬가지로 협상 내용은 여전히 공개되지 않아서 해당 정부 부처에 의해 표명된 입장이 가장 신뢰할 만한 공식적인 자료이기 때문에 이에 기반하여 작성되었다.

26 4번째 항목 2번째 단락 "In light of their complexity and sensitivity, as well as the vastly divergent views among the Members, more exploratory discussions are needed before bringing such issues to the WTO negotiation…" (WTO 2019c).

27 https://m.lawtimes.co.kr/Content/Article?serial=153943 (검색일: 2020. 4. 30.).

28 RCEP은 2011년에 그 틀을 도입하고 2012년에 협상 진행을 결정했다. 이에 2013년 1차 협상을 개시하고 2019년 11월 4일에야 협상이 타결되었지만, 인도가 그 과정에서 탈퇴해버렸다.

29 RCEP을 중국 주도의 무역 협정이라 볼 수 있는가라는 질문은 이 글의 연구 범위를 벗어나므로 생략한다. 단, RCEP의 형성에 있어 중국의 영향력은 회원국 중 가장 큰 시장을 보유하고 있는 국가로서 의심의 여지가 없다고 생각되며, 따라서 조문에 반영된 중국의 선호 또한 작지 않다고 유추할 수 있다. 협상 타결 과정에서 인도의 탈퇴는 RCEP으로 인한 대(對) 중국 무역 적자의 심화에 대한 염려 때문이며, 이는 RCEP에 중국의 영향력이 컸을 수 있다는 또 다른 근거이다(Yoo and Wu 2021).

30 https://www.politico.eu/article/ttip-rises-from-the-grave-to-fight-china/

6장. 미중 희토류·희소 금속 패권 경쟁

1 J.H.L. Voncken, 2016. *Rare Earths Elements: An Introduction*. Swiss: Springer International. p.5.

2 허재환, 2020. 《코로나 19 이후 G2의 운명》. 유진투자증권.

3 김연규, 2020. 〈미·중 패권 경쟁과 아프리카 신흥 쟁탈전〉. 《CSF 전문가 오피니언》, 7월. 대외경제정책연구원.

4 김연규. 2021. 〈美의 아킬레스건…'희토류 만리장성' 쌓는 중국〉. 《서울경제》, 11.19.

5 김연규, 2020. 〈미·중 패권 경쟁과 아프리카 신흥 쟁탈전〉. 《CSF 전문가 오피니언》, 7월. 대외경제정책연구원.

6 김연규, 안주홍. 2020. 〈2005년 이후 중국의 글로벌 희토류 공급망 장악과 미국의 대응〉. 《국제지역연구》, Vol.24, No.4. p.248.

7 Ned Mamula & Ann Bridges. 2019. *Groundbreaking! America's New Quest for Mineral Independence*. Washington DC: Washington Times. p.70.

8 Guillaume Pitron. 2020. *Rare Metals War: The Dark* Side of *Clean Energy & Digital Technologies*. Victoria, Australia: Scribe Publications. p.19.

9 Marc Humphries, 2019. *Critical Minerals and U.S. Public Policy*. Washington DC: Congressional Research Service.

10 이지평, 2010. 〈잠재적인 경쟁력 위협요인, 금속 자원 리스크〉. 《LG Business Insight》, 11. 17.

11 김연규, 2021. 〈희토류 독립 첫발도 못 뗀 韓…K배터리, 백일몽 그치나〉. 《서울경제》, 11. 26.

12 European Commission, 2020. "Critical Raw Materials Resilience:

Charting a Path towards greater Security and Sustainability", 3. 9,

13 한국무역협회. 2018. 《첨단 산업의 비타민, 희소 금속의 교역동향과 시사점》, 국제무역연구원. p.9.

14 Ibid., p.11.

15 Ibid.

16 이한듬, 권가림, 2021. 〈날뛰는 광물값에 수요업체 비상…머나먼 원자재 자립〉. 《머니투데이》, 5. 30.

17 김경훈, 박가현, 2021. 〈우리나라와 주요국의 희토류 공급망 현황 및 시사점〉. 한국무역협회 국제무역통상연구원. p.31.

18 Ibid.

19 Ibid.

7장. 미중 전략 경쟁하의 중국의 경제-안보 딜레마

* 이 장은 "미중 전략 경쟁 하의 중국의 경제-안보 딜레마: 중국의 산업정책과 통상정책의 결합," 국제정치연구, 25(2) (2022)에 게재되었다.

1 고부가가치 산업 수출에서 외자 기업이 차지하는 높은 비중 이외에도, 국내적으로 노동 집약적 수출의 핵심 근간을 이룬 노동 시장 구조 변화 역시 노동 집약적 경제 구조에 대한 체질 개선을 긴박하게 요구했다. 당시 중국의 국내 경제의 구조적 변화에 대해서는 베리 노튼. 2021, 《중국의 글로벌 경제적 상호작용》; David Shambaugh 편. 《중국의 외교정책과 대외관계》. 명인문화사. 참고.

2 '시장환기술' 정책에 대한 최초의 비판은 동일 저자들의 과학기술부 보고서에 바탕을 둔 路风·封凯栋. 2005. 《发展我国自主知识产权汽车工业的政策选择》. 北京大学出版社. 참고.

3 '중국제조 2025' 이후 후속 조치 및 세부 추진 전략에 대해서는 조철·

조은교·박가영. 2019. 〈최근 중국 산업정책의 방향과 주요 내용〉. 《정책자료》, 2019-363. 산업연구원. 참고.

4 Office of the United States Trade Representative(2018), Findings of the Investigation into China's Acts, Policies, and Practices related to Technology Transfer, Intellectual Property, and Innovation under Section 301 of the Trade Act of 1974, (March 22), https://ustr.gov/sites/default/files/Section%20301%20FINAL.PDF (검색일: 2021. 12. 20.); 박홍서. 2019. 〈중국의 기술 굴기와 미국의 대응: 중국의 대미 취약성과 그 함의〉. 《중국연구》, 79: 394-395.

5 USTR(2018), FINDINGS OF THE INVESTIGATION INTO CHINA'S ACTS, POLICIES, AND PRACTICES RELATED TO TECHNOLOGY TRANSFER, INTELLECTUAL PROPERTY, AND INNOVATION UNDER SECTION 301 OF THE TRADE ACT OF 1974, (March 22), https://ustr.gov/sites/default/files/Section%20301%20FINAL.PDF (검색일: 2021. 11. 11.).

6 최병일. 2021. 〈미중 기술 패권 경쟁의 위협과 기회〉. 《제9회 Global Strategy Report 미중 기술, 경제 패권 경쟁과 한국의 전략적 선택》, 2021. 04.
https://iia.snu.ac.kr/uploads/publication/9%ED%9A%8C%20%EA%B8%80%EB%A1%9C%EB%B2%8C%20%EC%A0%84%EB%9E%B5%2%EC%84%B8%EB%AF%B8%EB%82%98%20%EB%A6%AC%ED%8F%AC%ED%8A%B8.pdf (검색일: 2022. 1. 10.).

7 김문성. 2022. 〈2차 무역전쟁' 일어날까…미중 분쟁, 한국에도 '불똥' 촉각〉. 《연합뉴스》, 2. 12. https://www.yna.co.kr/view/AKR20220211113800501 (검색일: 2022. 2. 15.)

8 오진우. 2020. 〈美. 중국산 마스크 등 100여 개 의료용품 관세 면제〉. 《연합인포맥스》, 3. 7. https://news.einfomax.co.kr/news/

articleView.html?idxno=4074798 (검색일: 2022. 2. 15.).

9 조현숙. 2020. 〈마스크 최대생산 3M 두고도 품귀···제조강국 美 민낯 드러났다〉. 《중앙일보》, (4월 9일), https://www.joongang.co.kr/article/23751064#home (검색일: 2022. 2. 15.).

10 이승주. 2021a. 〈경제·안보 넥서스(nexus)와 미중 전략 경쟁의 진화〉. 《국제정치논총》, 제61권 3호: 121–156; 이승주(2021b), 〈세계 경제의 네트워크화와 미중 전략 경쟁: 복합 지경학의 부상〉. 《정치·정보연구》, 제24권 3호: 51–80.

11 권홍매. 2021. 〈중국의 3대 무역 파트너 국가: 미국, 일본, 한국〉. 《KOTRA 해외시장뉴스》, 7. 30. https://dream.kotra.or.kr/kotranews/cms/news/actionKotraBoardDetail.do?SITE_NO=3&MENU_ID=410&CONTENTS_NO=1&bbsSn=242&pNttSn=189654 (검색일: 2022. 3. 2.).

12 뉴시스. 2019. 〈美, '관세폭탄'에도 작년 대중 무역적자 473조원…사상 최대〉. 《KITA 무역뉴스》, 3. 7. https://www.kita.net/cmmrcInfo/cmmrcNews/cmmrcNews/cmmrcNewsDetail.do?pageIndex=1&sSiteid=1&nIndex=%2052041 (검색일자: 2022-2-10).

13 '라틴아메리카화(拉美化, Latin Americanization)'라는 용어는 2006년 세계은행이 제시한 '중진국 함정(Middle income trap)'이라는 용어도 대체되었지만, 중남미 국가에서 팽배했던 종속 발전에 대한 우려가 불식된 것은 아니다. 보다 구체적 논의는 Gilboy, George Gand Eric Heginbotham. 2004. The Latin Americanization of China?, Current History, Vol.103,: 256–261; 은종학. 2021. 《중국과 혁신: 맥락과 구조, 이론과 정책 함의》. 한울아카데미, p.34.

14 미중 통상 전쟁의 구조적인 원인으로 WTO 분쟁 해결 절차에서 미국의 법적인 영향력(Legal leverage)의 상대적 감소와 덤핑을 유도할 수밖에 없는 중국의 과잉 생산의 산업 구조에 대한 최근의 연구는

Youcheer Kim and Yongshin Kim. 2019. Institutional Origins of the U.S.–China Trade War: The Concurrence of America's Limited Legal Leverage and China's Overproduction, Pacific Focus Vol.34, No.3: 345–375. 참고.

15 Haley, Usha C.V., and George T. Haley. 2013. *Subsidies to Chinese Industry: State Capitalism, Business Strategy, and Trade Policy*, New York: Oxford University Press.

16 Trump, Donald J, and Tony Schwartz. 2017. *Trump: The art of the deal*, Ballantine Books.

17 White House. 2018. "Economic Report of the President: Together with The Annual Report of the Council of Economic Advisers", February. https://www.govinfo.gov/content/pkg/ERP-2018/pdf/ERP-2018.pdf (검색일: 2021. 12. 30).

18 우은식. 2019. 〈트럼프 WTO 흔들기 성공?… 美 거부권 행사로 항소기구 붕괴위기〉. 《뉴시스》, 7. 31. https://newsis.com/view/?id=NISX20190731_0000727226 (검색일: 2021. 12. 30.).

19 Reuters. 2018. Treasury Chief Mnuchin Slams Report that Trump Wants to Exit WTO, Reuters, June 29. https://www.reuters.com/article/us-usa-trade-wto/treasury-chief-mnuchin-slams-report-that-trump-wants-to-exit-wto-idUSKBN1JP1EC (검색일: 2021. 12. 30.).

20 Feng, Kaidong. 2019. *Innovation and Industrial Development in China: A Schumpeterian Perspective on China's Economic Transformation*, Routledge.

21 1995년 6월 처음으로 〈외국인 투자 산업 지도 목록〉을 발표한 이후, 2017년 현재 7차례 개정(1997, 2002, 2004, 2007, 2011, 2015, 2017). 외상 투자 목록은 대표적 비관세 무역 장벽으로 인지되어, EU 상의회의 경우 연례 입장문(Position paper)을 통해 외상 투자 지도 목록의 금지류

와 제한류를 축소할 것을 지속적으로 건의하고 있다. 김윤희, 정준규. 2007. 〈중국 외상 투자 산업 지도 목록 개정의 영향과 전망〉. 《Global Business Report》, 07-043. http://dl.kotra.or.kr/pyxis-api/1/digital-files/c16960ef-ef11-018a-e053-b46464899664 (검색일: 2021. 12. 3.).

22 산업연구원. 2009. 〈중국 10대 산업 진흥 계획과 우리 경제에 대한 시사점〉. 《KIEP 지역경제포커스》. https://www.kiep.go.kr/gallery.es?mid=a10103051200&bid=0019&act=view&list_no=7451 (검색일: 2022. 1. 15.).

23 Wu, Yiyun, Xiwei Zhu, and Nicolaas Groenewold. 2019. The determinants and effectiveness of industrial policy in china: A study based on Five-Year Plans, China Economic Review Vol.53: 225-242

24 Thun, Eric. 2004. Industrial Policy, Chinese-Style: FDI, Regulation, and Dreams of National Champions in the Auto Sector, Journal of East Asian Studies Vol.4, No.3, p.455.

25 1단계: 2015~2025년, 2단계: 2025~2035년, 3단계: 2035~2045년. 2012년 제조업 종합 지수를 참고하여 총 3그룹으로 국가를 분류했는데, 제1그룹에는 미국, 제2그룹에는 독일과 일본, 제3그룹에는 영국·프랑스·한국·중국을 포함시켰다. 1단계에서는 중국의 제조업 수준을 제2그룹 수준으로 제고시키고, 2단계에서는 중국 우위 산업에서 제2그룹 대열 중 선두 위치를 점하며, 3단계에서는 세계 제조업 제1그룹으로 진입하는 것을 목표로 한다. 강지연. 2015. 〈제조강국으로 도약하는 중국〉. 《KIET산업경제》. https://www.kiet.re.kr/kiet_web/?sub_num=650&state=view&idx=3455 (검색일: 2020. 12. 10.).

26 장재은. 2019. 〈트럼프 "중국이 세계장악 원한다" 중국제조2025 지목〉. 《매일경제》. 5. 20, https://www.mk.co.kr/news/economy/

view/2019/05/329552/ (검색일: 2021. 10. 5.).

27 최지선, 박용. 2019, 〈"中, 첨단 산업 육성 '중국제조 2025' 포기"… 무역 협상 타결 위해 美에 유화 제스처〉. 《동아일보》, 10. 31. http://www.donga.com/news/article/all/20191031/98148260/1 (검색일: 2021. 10. 5.).

28 Xiaojun Li(2012), Understanding China's Behavioral Change in the WTO Dispute Settlement System, Asian Survey, Vol.52, No.6: 11–37.

29 지만수. 2019. 〈미중 무역분쟁과 한국의 대응〉, 한국경제학회, 경기연구원 정책토론회. 3. 27.

30 USTR. 2018. FINDINGS OF THE INVESTIGATION INTO CHINA'S ACTS, POLICIES, AND PRACTICES RELATED TO TECHNOLOGY TRANSFER, INTELLECTUAL PROPERTY, AND INNOVATION UNDER SECTION 301 OF THE TRADE ACT OF 1974. March 22. https://ustr.gov/sites/default/files/Section%20301%20FINAL.PDF (검색일: 2021-11-11).

31 USTR. 2019. U.S. Trade Representative and the U.S. Department of Treasury respond to the "White Paper" issued by China on June 2, 2019, (June 3), https://ustr.gov/about-us/policy-offices/press-office/press-releases/2019/june/us-trade-representative-and-us (검색일: 2021-10-10).

32 뉴시스. 2020. 〈"중국이 승리했다"…RCEP로 아·태 경제 주도권 잡은 중국〉. 《KITA 무역뉴스》, 11. 16. https://www.kita.net/cmmrcInfo/cmmrcNews/cmmrcNews/cmmrcNewsDetail.do?nIndex=60850&recommendId=0 (검색일: 2022. 2. 15.).

33 조상훙. 2021. 〈中 "외상투자법" 실행 후 외국인투자관리제도의 변화〉. 《KOTRA 해외시장뉴스》, 4. 28. https://dream.kotra.or.kr/

kotranews/cms/news/actionKotraBoardDetail.do?SITE_NO=3&MENU_ID=130&CONTENTS_NO=1&bbsGbn=246&bbsSn=246&pNttSn=188091 (검색일: 2022. 2. 15.).

34 Yongshin Kim. 2021. "Rapid Growth outside of Policy Intention: Market Transition, Industrial Policy, and the Rise of Chian's Auto Industry", Korean Political Science Review Vol.55, No.3: 5–32.

35 연선옥. 2021. 〈볼보·벤츠·르노까지…국내 車 시장에도 中 '지리 천하〉. 《조선일보》, 12. 26. 'https://biz.chosun.com/industry/car/2021/12/26/OL3H4YHXZ5A7TMY2PRJTCPKOOQ/ (검색일: 2022. 1. 10.).

36 北京大学国际战略研究院课题组. 〈技术领域的中美战略竞争:分析与展望〉. 《国际战略研究简报》, 第123期. 이 보고서는 베이징대 국제전략연구원 홈페이지에 게시되었으나 해외 언론에 보도된 후 홈페이지에서 삭제되었다.

37 안치영. 2022. 〈중국 공산당은 왜 권력을 다시 집중하는 것일까〉. 《갯벌로에서》, 2월. https://webcache.googleusercontent.com/search?q=cache:vJyWxXX98WoJ:https://aocs.inu.ac.kr/webzine/app/view.php%3Fwz%3D82%26wc%3D1+&cd=1&hl=ko&ct=clnk&gl=kr (검색일: 2022. 3. 15.).

38 Margaret Peasrson, Meg Rithmire, and Kellee Tsai. 2021. "Party–State Capitalism in China", Current History, Vol.120, Issue 827: .207–213. 중국 당–정 국가의 산업 부문에 대한 통제 기제의 변화와 의미에 대해서는 김용신. 2020. 〈중국 당–정 국가의 산업 부문 통제 기제 변화: 계획과 시장의 중층적 배태〉. 《중소연구》, 제44권 1호: 7–34.

39 1969년 중소 분쟁과 1972년 상하이 공동성명 사이 미–중–소 삼각관계에 대해서는 Yongshin Kim. 2010. "Manipulating the 'Balance of

Power': Historical Reappraisal of the Sino–U.S. Rapprochement", Thirty Years of China–U.S. Relations: Analytical Approaches and Contemporary Issues, Rowman and Littlefield–Lexington, pp.19–35; 김용신. 2019. 〈1972년 중미(中美) 화해에 대한 "소련위협원인론" 의 재고찰: 미–중–소 전략적 삼각관계 하의 중국 외교〉. 《중소연구》, 제44권 1호: 7–34. 참고.

KI신서 10280

패권의 미래

1판 1쇄 인쇄 2022년 6월 20일
1판 1쇄 발행 2022년 7월 1일

지은이 이승주 전재성 김상배 유인태 김연규 김용신
펴낸이 김영곤
펴낸곳 (주)북이십일 21세기북스

인문기획팀장 양으녕 **책임편집** 최유진
디자인 푸른나무디자인
출판마케팅영업본부장 민안기
마케팅1팀 배상현 이보라 한경화 김신우
출판영업팀 이광호 최명열
e-커머스팀 장철용 김다운
제작팀 이영민 권경민

출판등록 2000년 5월 6일 제406-2003-061호
주소 (10881) 경기도 파주시 회동길 201(문발동)
대표전화 031-955-2100 **팩스** 031-955-2151 **이메일** book21@book21.co.kr

ISBN 978-89-509-0299-5 03340